KB201106

뉴노멀 시대,
교회의
위대한
모 험

뉴노멀 시대, 교회의 위대한 모험

이상훈 편저

강준민
권혁빈
김병삼
김우준
김지훈
송병주
이정엽
황덕영
Kevin Lee
Neil Cole
JR Woodward

교회성장연구소

| CONTENTS |

| 들어가는 말 |

코로나19로 전 세계에 비상이 걸렸다. 순식간에 엄습한 바이러스는 개인의 삶뿐 아니라 세계 경제와 미래에 대한 모든 전망을 불확실하게 만들었다. 지구 한 도시에서 시작된 지역적 유행병(endemic)이 전 세계적(pandemic) 현상으로 확장하는 데 걸린 시간은 단 2개월. 인류가 그토록 자랑했던 기술 문명의 발전과 세계화가 초래한 아이러니한 결과였다. 모든 것이 흔들렸다. 그리고 많은 것이 바뀌었다. 수백 년 동안 유지되어 왔던 가치관과 삶의 습관들까지도 변화되는 순간이 왔다.

그러나 위기는 기회의 또 다른 얼굴이라고 했다. 모두가 혼돈 가운데 있을 때 민첩하게 상황을 파악하고 능동적인 반응을 한 조직이 있었다. 가장 빠른 대응은 경제 산업 분야였다. IT 산업을 필두로 언택트(untact) 문화에 최적화된 서비스 업종을 가진 기업들은 오히려 이 기간에 급성장을 이뤘다. 마치 밀물과 썰물이 빠지듯 순식간에 흐름이 바뀌었다. 이후 다양한 조직과 개인이 새로운 환경에 적응하며 디지털 트렌스포메이션(Digital transformation)을 외치고 있다. 그렇게 쉴 새 없이 달린 1년. 시대는 뉴노멀(New normal)에 맞게 급속도로 재편되고 있다.

교회는 어떠한가? 한 번도 경험해 보지 못한 예배당이 닫히는 상황 속에서 교회 공동체는 더욱 큰 불안을 느낄 수밖에 없었다. 그러나 되돌아보면 이 기간이 좌절의 시간만은 아니었다. 무엇보다 팬데믹은 우리 스스로를 되돌아보게 만들었다. 텅 빈 예배당에서 카메라를 통해 의식을 집례하고 참여하는 모습이 어색하기만 했지만, 교회는 이 시간을 통해 자신의 존재론적 본질과 핵심을 자각하게 되었다. 건물 중심에서 사람 중심으로, 모이는 교회에서 흩어지는 교회로 중심축이 바뀌며 '우리가 교회'이고 '우리가 보냄 받은 사명자'라는 사실이 숙명처럼 다가왔다.

이 같은 의식 변화는 교회의 활동과 사역에도 영향을 미쳤다. 사실 이 책이 나오게 된 이유도 바로 그 때문이었다. 팬데믹이 발생한 후 선교적 교회를 지향하는 교회들의 연합체인 MiCA(Missional Church Alliance)에 소속된 목회자들은 격주 간격으로 온라인 모임과 세미나를 열었다. 한편으로는 코로나19가 교회와 성도들에게 미치는 영향을 진단하고, 다른 한편으로는 이 시대에 교회가 어떻게 대응해야 할지를 나누며 길을 찾았다. 이를 통해 우리는 시대 상황에 민첩하게 반응할 수 있었고 사명을 좇아가는 새로운 모험을 하게 되었다. 아무도 가보지 않은 길이었지만 외롭지 않았고 지치지 않았다. 모든 것이 불확실해 보이는 여정 속에서도 함께한 교회들은 본질에 기반을 두고 성도와 연약한 교회, 믿지 않는 이웃들을 섬기며 복음 전하는 일에 최선을 다했다. 개교회를 넘어 함께 예배하고 섬기는 연합 사역이 교회의 체질을 튼튼히 만드는 경험도 하게 됐다.

여기에 실린 글들은 바로 그러한 여정의 기록이다. 위기의 시대에 교회가 교회 되기 위해 고민하며 몸부림쳤던 열정과 체험이 담겨있다. 하나님께서는 교회를 변화시키기 위해 위기를 사용하신다. 한국 교회의 내일은 그런 측면에서

이 위기를 통해 배우고 변화될 수 있느냐와 직결된다. 우리는 지금 어디에 있는가? 무엇을 향해 가고 있는가? 본질을 붙잡고 사명에 충실한 교회 공동체를 세워가고 있는가? 스스로 묻고 점검해 보길 바란다. 그러한 도전을 위해 『뉴노멀 시대, 교회의 위대한 모험』은 크게 세 가지 차원에서 독특성을 가진다.

첫 번째, 이 책은 현장의 기록을 바탕으로 한다. 코로나 사태가 발생한 후 많은 책들이 나왔지만 이론적 담론에만 머물지 않고 실제 사역을 기반으로 한다는 점에서 목회자들과 성도들이 공감할 수 있는 부분이 많으리라 본다. 이 책의 저자들은 한결같이 사역 현장에서 같은 고민을 가지고 눈물로 기도하며 부딪쳐 길을 찾아가는 현장의 동료들이기 때문이다.

두 번째, 저자들의 다양성이다. 미국의 한인 교회와 한국 교회의 목회자뿐 아니라 현재 미국에서 선교적 교회를 이끌고 있는 운동가들도 참여했다. 팬데믹 시대에 요구되는 다양한 사역 주제들을 다루되, 각자 다른 관점에서 논의의 풍성함을 더하는 기회가 될 것이다.

세 번째, 교회의 미래적 대안을 제시하는 통찰력을 담으려 노력했다. 글쓴이들은 한결같이 현장 사역자이면서 동시에 이론적 전문성을 가진 리더들이다. 그들은 오랫동안 자기 분야에서 연구를 해왔고 여러 신학교에서 가르쳐 왔다. 교회의 미래를 내다보며 운동적 관점에서 실행 가능한 사역과 사역 전환을 위한 방안을 제시하려 했다.

글을 읽어가면서 미래적 과제를 품고 대화에 참여할 수 있기를 바란다. 이를 구체화하기 위해 각 장 끝머리에 서구 교회의 사역 트렌드와 고민해 볼 질문들을 담았다. 진정한 변화를 원한다면 모두가 함께 토론하고 학습하는 공동체가 되어야만 한다. 함께 길을 찾아가야 한다.

'교회의 위대한 모험'은 이제 시작되었다. 글을 읽는 독자 모두가 이 모험에 주체로서 초청을 받았다. 다시 일어나 함께 움직이기 위해 시대를 읽고 용기를 내길 바란다. 현실을 두려워하지 말고 위대한 부르심에 응답하며 기꺼이 그 여정에 참여하는 거룩한 모험을 하는 교회가 될 수 있기를 기대해 본다.

사랑하는 집필자들을 대신하여
로스엔젤레스 연구실에서
이상훈 교수

01 송병주

고신대학교 신학과와 동대학원(M.Div.)을 졸업한 송병주 목사는 미국 풀러신학대학원 신학석사(MAT)와 목회학 박사(D.Min.) 학위를 받았다. 현재 미국 선한청지기교회 담임목사로 섬기며 미주장신대학교 설교학 교수, KOSTA USA 공동대표로도 사역하고 있다. 저서로는 『오후 5시에 온 사람』, 『요한계시록』(공저)가 있다.

http://gsch.org/

*유튜브 〈양치는 선비의 하늘과 초원 이야기〉

뉴노멀 시대와 교회의 과제

송병주 목사(선한청지기교회)

코로나19로 인해 사회는 급격한 흔들림을 경험하고 있다. 따라서 이 시대를 분별하는 것은 하나님의 뜻을 분별하는 것만큼 중요하다. 교회와 그리스도인들은 지금 서 있는 자리에서 치열하게 성경을 읽어내야 한다. 하나님 앞에 머물며 깊은 안목과 분별력을 갖추어야 한다.

본장에서는 팬데믹 속에서 교회가 지역사회와 한 명의 성도를 세우는 사역에 어떻게 집중해야 하는지를 알아본다.

뉴노멀 시대와 교회의 과제

≫ 코로나19가 던진 사회적 멀미와 엇갈림

1) 코로나19는 변화 앞에 우리를 세운다

코로나19는 사회에 심각한 멀미를 일으켰다. 『호모 데우스』와 『사피엔스』의 저자 유발 하라리(Yuval Noah Harari)는 "폭풍은 지나가고 인류는 살아남겠지만, 우리는 다른 세상을 살게 될 것이다"라고 말했다.

코로나19는 전혀 새로운 것을 우리에게 강요하지 않았다. 단지 지난 20년 동안 천천히 진행되어 오던 일을 단 몇 개월 만에 현실화시켰다. 방향은 비정상적이지 않았지만, 그 속도가 비정상적이었다. 마치 느긋하게 스키를 타다가 갑작스럽게 현기증 나는 내리막길을 달려 내려온 것과 같았다. 두렵지만 다시 돌아갈 수 없고, 흔들리지만 넘어져서는 안 되며, 어떻게든 지나가야만 하는 내리막길 말이다.

이제 내일을 향해 나아갈 수밖에 없다. 어제의 것으로 돌아간다면 그건 정상화가 아닌 역행이다. 단순히 과거를 부정하자는 말이 아니다. 우리는 '정상(normal)'에서 '비정상(abnormal)'으로 들어온 것이 아니라, 새로운 표준과 일상(New normal)에 진입한 것이다. 이제 우리는 재부팅(reboot)이 아니라 리셋(reset)해야 한다. 다시 돌아가기 위한 준비가 아니라 운영체계와 CPU를 바꿔야 한다는 의미이다. 시대를 분별하는 것은 하나님의 뜻을 분별하는 것만큼 중요하다. 교회와 그리스도인들은 지금 서 있는 자리에서 성경을 읽어내어야 한다. 시대를 읽어내지 못한다면 성경에 갇히는 것이 아니라 전통주의에 갇혀 버린다. 시대를 읽어낼 때 성경은 닫히지 않고 다시 열린다. 시대를 읽어내는 안목과 분별력이 필요한 이유이다.

2) 시대를 아는 안목과 분별력 있는 행동의 길

시대가 변할 때마다 하나님은 시대를 읽어내는 분별력 있는 사람을 세웠다. 코로나 시대에 시대적 안목과 분별력을 가진 성경 인물을 묵상하다가 잇사갈의 자손들을 생각하게 되었다. 잇사갈의 자손들은 사울의 나라가 다윗의 나라로 전환될 때 열두 지파 지원자들 중 하나였다.

싸움을 준비한 군대 지휘관들이 헤브론에 이르러 다윗에게로 나아와서 여호와의 말씀대로 사울의 나라를 그에게 돌리고자 하였으니 그 수효가 이러하였더라
대상 12:23

당시는 사울의 나라에서 다윗의 나라가 되는 시기, 곧 한 나라의 왕이 바뀌는 엄청난 혼란기이자 대격변기였다. 이때 모든 열두 지파는 다윗과 함께할 용사와 군대를 파송하며 격변기를 보내었다. 그때 필자의 관심을 끄는 이들이 잇사갈 지파가 파송한 200명이었다.

잇사갈 자손 중에서 시세를 알고 이스라엘이 마땅히 행할 것을 아는 우두머리

여기서 주목할 부분은 '시세를 알고'라는 표현이다. KJV성경에는 'men that had understanding of the times', '시대에 대한 분별력을 가진 사람들'로 기록되어 있다. 시대를 읽고 그 시대에 맞게 마땅히 행해야 할 바를 알았던 사람들이라는 것이다.

다른 지파들의 경우 최소 수천 명에서 많게는 5만 명 넘게 다윗을 지지했다. 하지만 잇사갈 지파는 시대를 읽는 능력과 마땅히 행해야 할 일을 분별할 수 있는 리더 2백 명만이 참여했다. 비록 적은 수지만, 시대를 읽고 무엇을 해야 하는지 아는 2백 명은 다른 지파의 수천, 수만 명만큼의 의미가 있었다. 사울의 나라가 끝이 나고 왕조가 바뀌는 엄청난 전환기에 하나님은 시대에 대한 분별력을 가진 사람들을 통해 새 시대를 열었다.

코로나 시대 교회는 잇사갈의 자손과 같은 자질을 갖추어야 한다. 성경을 열심히 읽어도, 뜨겁게 기도해도, 시대를 분별할 안목이 없고 마땅히 해야 할 일이 무엇인지 모르면, 모든 것을 망칠 수 있다. 하나님은 성경에 능통한 만큼 시대의 안목과 분별력을 가진 사람을 사용하신다. 시대적 분별력이 없으면 하나님을 사랑하고 성경을 열심히 읽어도 가짜뉴스에 휘둘린다. 생각의 차이를 인정하지 않는 키보드 워리어(Keyboard warrior)가 되어 독설과 욕설을 내뱉는 경우도 많다. 신념이든 신앙이든 시대적 분별력과 사회적 예의, 인간적 배려를 잃어버리면 빈대 때문에 초가삼간에 불 지르는 일을 정당화할 수 있다. 하나님이 잇사갈의 아들 200명을 기쁘게 받으신 것처럼, 하나님의 교회와 성도들은 'New normal'의 시대를 이끌어 가기 위해, "시세를 알고 이스라엘이 마땅히 행할 것을 아는" 준비가 필요하다.

3) 서양과 동양의 엇갈림

지금 일어나는 변화의 앞에서 서양과 동양의 엇갈림을 본다. 우리는 선진국으로 알고 있는 서구가 리더십을 상실하고 해결책을 찾지 못하여 우왕좌왕하는 모습을 볼 수 있었다. 섣부른 말이지만, 산업혁명 이후 문명을 이끌어 가는 것 같았던 서구의 황혼이 한순간에 빨리 감기처럼 다가온 듯하다.

반면, 동양의 방법론과 물적 토대가 향후 시민사회가 나갈 방향과 IT 기술의 융합 그리고 공공의료와 정부 역할론이 함께 떠올랐다. 그러나 그 속에서도 한국과 중국 그리고 일본을 보면서 또 다른 엇갈림을 발견할 수 있었다.

첫째, 서구의 황혼을 본다.

서구가 주도하고 이끌어 온 세계질서에 한계가 다가왔다. 특히, 서구를 특징하는 도시화와 세계화 그리고 상대주의의 전성시대는 팬데믹의 숙주 역할을 했다. 탁월한 의료인과 세계 최고의 병원이 있어도 영리 중심의 병원과 제약회사 그리고 보험 체제로 인해 공중보건과 공공의료에 매우 취약한 것이 한순간에 폭로되었다. 또한 해체주의와 후기 구조주의적인 포스트모더니즘적 경향으로 공동체와 공공성보다는 개인의 주관적 성향과 생각에 전착하여 판단하고 행동하는 성향이 방역에 있어서 약점이 되었다. 도시화와 세계화 역시 코로나19의 위기와 확산의 원인이 되었다. 사실상 현대는 도시화와 세계화의 장점만 생각했지, 이것이 불러올 치명적 위기를 간과했고 대응에 매우 무력했다. 밀집화된 대도시는 지역감염을 부추겨 의료붕괴로 이어졌다. 동시에 세계화는 전염병이 국경을 넘게 했다. 국경을 봉쇄해도 잠깐의 시간만 벌어줄 뿐 팬데믹을 막을 수 없었다. 모든 길은 로마로 통한다는 말처럼, 모든 길은 바이러스로 통했다.

세계화에 기초한 국가 분업화 시스템은 마스크 하나도 자력으로 생산할 수 없는 서구의 한계를 드러내었다. 또한, 밀집된 인구는 물품 부족에 대한 우려로 식품과 생필품을 사재기했다. 화장지를 더 챙기기 위해 싸우는 뉴스 영상은 서구의 민낯이었고 그 낯섦에 현기증을 느낄 정도였다. 이로 인해 촉발된 집단 이기주의와 자국 우선주의는 세계화의 리더십을 실종시켰다.

단순히 문제점들이 도출되어 서구의 황혼이라고 하는 것이 아니다. 문제의 실체가 드러나고 있음에도 불구하고 겸손히 배우려 하지 않는 모습이 '서구의 황혼'의 실체이다. 고대에 찬란한 문명을 자랑하던 동양이 산업혁명 이후 변화하는 세계 재편 속에도 과거에 갇혀 오만함을 보이다가 황혼을 맞이했던 모습이 겹쳐 떠오른다. 이처럼 팬데믹은 또 다른 역사의 엇갈림을 보여준다.

둘째, 동양의 엇갈림을 본다.

동양에서 팬데믹 상황을 잘 극복해 낸 경우가 여럿 있었다. 특히 한국과 대만은 방역의 표준을 제시했다. 반면 중국과 일본은 여전히 불안한 모습을 보였다. 전자는 관련 정보를 국민들에게 공개하며 확산을 막는 데 주력했지만, 후자는 바이러스의 전파를 감추는 데 집중했기 때문이라고 본다.

일본은 검사를 최소화하고, 관료주의적 태만을 보이며 현실을 부정했다. 바이러스를 막고 치료하는 데 통제력을 사용한 것이 아니라, 질병을 숨기는 데 주력했다. 올림픽 연기 이후 검사를 늘렸지만, 경제 활성화를 우선으로 하는 느슨한 방역으로 감염자가 폭발적으로 늘었다. 반면, 중국은 초밀착 감시 체제에 기초한 빅브라더(Big brother)의 독재적 봉쇄조치로 문제를 해결하려 했다. 국가의 강제력을 환자를 치료하는 기회 제공보다는 환자를 가두어 확산을 막는 데 사용했다. 도시를 봉쇄하고 개인의 인권과 자유를 희생시키는 전체주의적 국가 강제력을 이용해 실제로 어떤 일이 있었는지 감추었다. 중국과 일본은 유발 하라리가 말하는 전체주의적 감시(Totalitarian surveillance)에 기초하였고, 특히 중국은 초밀착 감시(Under the skin)를 실시했다. 정보를 폐쇄하고 가공하며 개인의 자유와 인권을 강력하게 감시하고 통제하는 빅브라더의 출현을 볼 수 있었다.

반대로 한국은 유발 하라리가 말하는 시민 자율권(Citizen empowerment)에 기초하여 근접 감시(Over the skin)를 실시하고, 정보의 공개와 투명성에 기초하여 빅브라더 없이 성숙한 시민의식으로 공공성을 성취할 수 있음을 보여 주었다. 공공성을 위해 정보를 투명하게 공개하되, 개인의 인권과 자유가 침해당하지 않는 근접 감시와 시민 자율권은 중국의 초밀착 전체주의적 감시와 결을 달리하는 성숙한 시민민주주의의 우월성을 보여 주었다. 특히 IT 기술의 발달과 고속 인터넷 인프라 그리고 공공의료 체계와 보험 시스템은 융·복합적 시너지를 극대화했다. 타국에 의존하지 않고 자체생산을 통해 안정적인 마스크 공급을 실현함으로 경제 봉쇄보다는 개인의 일상과 자유를 최소한으로 보장한 점은 특별했다. 한국의 대응은 독점적 권력에 의한 통제보다 시민사회의 합의가 훨씬 효과적인 것을 보여 주었다. 특히 국경 봉쇄나 경제 봉쇄를 하지 않고 일상을 보장하며 시민들의 자발적인 참여를 통한 방역 원리를 제공하며 K-방역이라는 새로운 브랜드를 창출했다.

이처럼 팬데믹 시대의 문제를 해결해 가는 동양의 모습 속에서도 엇갈림을 본다. 중국과 일본처럼 동양의 봉건주의적 사고와 관 주도의 통제가 효과적일 수 있지만, 그것은 문명의 진보가 아니라 빅브라더를 초래하는 위험한 궤도 이탈이다. 특히 중국이 보여 주는 통제는 해결책이 아니라 또 다른 위험을 잉태하는 일이다.

서구는 'No brother', 중국은 'Big brother'의 위험을 보여 주었다면, 한국은 'Good brother' 혹은 'Good brethren'의 방법으로 위기를 타파했다. 이 점은 여전히 엇갈림과 멀미 속에 있는 교회에게 어떤 이정표를 따라가야 할지 방향을 보여준다. 각자 알아서 하도록 개인의 영적 자유에 맡길 것인지, 강력한 지도력으로 풀어갈 것인지, 아니면 형제와 형제의 시민 자율권에 기초하여 공동체를 투명하게 묶어갈 것인지 교회의 방향을 찾아야 한다.

>>> 엇갈린 교차로에서 세우는 이정표

서양과 동양의 엇갈림, 그리고 동양 안에서의 엇갈림을 보면서 우리는 팬데믹 이후 어떻게 변화를 모색해야 할지 고민하게 되었다. 멀미가 가득한 교차로에서 다음과 같은 이정표를 제안해 본다.

1) 이퀄라이저와 피스메이커

첫째, 교회가 이퀄라이저가 되어야 한다.

바이러스가 유럽으로 번지기 시작하던 시기에 사람들은 이 현상을 '이퀄라이저(equalizer: 모든 계층의 사람을 동등하게 만드는 사건)'라고 했다. 실제로 코로나19로 인해 목숨을 잃은 사람 중에는 유명인이 적지 않았다. 한 나라의 공주도 있었고, 영국의 총리도 위기를 겪었으며, 갑부, 유명 배우도 마찬가지였다. 일부를 보자면 이퀄라이저가 맞다.

하지만 속을 들여다보면 놀랄 수밖에 없다. 결국 소외계층이 가장 치명적인 피해를 입었기 때문이다. 미국의 경우, 코로나19로 인해 사망한 사람 중 아프리카계 미국인이 42%, 특히 루이지애나주와 미시시피주에서는 68%에 달했다. 이 통계는 의료보험과 시스템으로부터 보호받지 못하는 이들이 희생되었음을 나타낸다. 자신의 생존조차 버거운 상황에 타인의 복지를 향한 여력이 없었던 것이다. 한국에서도 마찬가지였다. 줄 서서 마스크를 사던 국민들이 불만을 터뜨릴 때, 그 줄에 설 수조차 없는 외국인들도 있었다.

여기서 우리는 또 다른 사회적 바이러스가 있음을 본다. '이퀄라이저'라 했던 코로나19조차 가난과 차별을 심화시켰다. 이를 통해 우리는 공공성과 소외의 영역을 향한 교회의 존재 목적을 다시 생각해야 한다. 분명, 바이러스로 인한 고통은 평등하지 않았다. 교회는 코로나19가 만들어낸 또 다른 불평등을 향해 이퀄라이저의 역할을 감당해야 한다.

둘째, 교회는 피스메이커가 되어야 한다.

고대사회에 내려온 내러티브 중에 우리에게 도전을 주는 이야기가 있다.

현자가 도시 입구에서 질병을 만났다. 현자는 질병에 이렇게 물었다.

"너는 어떻게 이렇게 1만 명이 모이는 도시를 폐허로 만들 수 있느냐?"

그러자 질병이 대답했다.

"저는 그저 300명을 죽였을 뿐입니다."

"온 도시가 죽음의 도시가 되었는데, 어떻게 그런 말을 하느냐?"

"저는 단지 300명을 죽였는데, 그들이 서로 미워하고 혐오하며 죽여서 도시를 저렇게 만들더군요."

코로나19로 인해 확산하는 공포심과 함께 사회적 이방인들을 향한 혐오와 배제라는 사회적 바이러스가 퍼져가는 것을 본다. 그 모습이 "누가 우물에 독을 풀었는가?"를 외치며 사회적 희생양을 찾아 복수하려던 네로 황제와 로마인의 광기를 연상시킨다. 실제로 서구에서는 코로나19 이후 아시아계에 대한 차별과 폭력이 보고되고 있다. 여기에 인종, 종교, 계층, 젠더 갈등이 결합할 가능성이 매우 높다. 이는 필연적으로 국가주의 그리고 사회적 적개심과 결합하여 차별과 혐오를 정의와 선으로 왜곡하게 될 위험이 크다는 뜻이다.

재난이 일어나면 사회는 희생양을 찾고, 필연적으로 차별과 혐오를 불러온다. 개신교회는 로마 시대 재난의 희생양이었다. 좋은 소식(Good news)과 거룩한 예전이 인육식으로 왜곡되어 고통당했다. 재난을 통과하고 있는 세계 속에서, 교회는 사회적 차별과 적개심의 한 축이 될 것인지, 아니면 피스 메이커(Peace maker)로서 십자가를 질 것인지 선택해야 한다. 사회적 발열과 폐렴을 일으킬 바이러스가 될지, 아니면 사회적 백신과 치료제가 될지 선택해야 한다.

2) Glocal : 생태, 환경, 그리고 가정과 이웃

첫째, 세계화의 위기와 기회

먼저, 앞으로 지리적 세계화의 위기는 가속되고 지역적 국가적 고립주의가 강화될 수 있다. 이것은 필연적으로 국가우선주의, 집단 이기주의로 국가적 사재기 현상을 일으킬 가능성을 본다. 이를 통해 세계 분업적 경제 구조에 대한 새로운 생각이 다시 정리되며 변화가 일어날 수 있다. 이로 인해 관광산업은 필연적으로 약화할 것이다.

경제적 세계화는 약소국의 경제 종속화 곧 약소국가의 하도급 업체화 같은 위험성을 내포했다. 이제는 종속화가 아닌 존중화로 전환할 수 있는 기회로 경제구조를 재편해야 한다. 하지만 현실적으로 선진국이 다시 제조업 위주로 전환할 수는 없다. 따라서 종속화하는 모습이 아닌 강대국과 약소국이 함께 상생하는 경제 구조를 찾아야 한다. 한국이 인도네시아와 만들어 내는 공생 모델이나, 개성공단 등을 통해 서로 상생할 수 있는 방법을 찾아야 한다.

국가 우선주의를 부추기게 되는 것도 사실이지만 바이러스 대응에 있어서 국제적 연대와 공조의 필요성은 더욱 강력하게 필요하다. 바이러스뿐 아니라, 생태계와 환경 문제를 위한 연대의 세계화의 필요성은 역시 절실하다. 빅브라더(Big brother)와 같은 정보의 독점과 힘의 논리로 재편되는 세계 질서가 아니라, 정보의 공유와 협업을 통해 형성되는 국제적 연대를 더욱 발전시켜야 한다.

교회 역시 세계 선교의 위기 앞에 서 있다. 하지만, 이것은 전통적 선교 방법의 위기이지만, 하나님의 선교에 있어서는 또 다른 기회가 될 수 있기 때문에 비즈니스 선교(BAM, Business As Mission)와 생태, 질병, 환경을 중심으로 하는 새로운 선교모델을 찾아야 한다.

둘째, 도시화의 위기와 이웃의 재발견

또한, 백신과 의료의 발달로 가능했던 도시화도 위기에 부딪혔다. 그렇다고 하여 당장 대도시가 해체되고, 지방도시 분산화 같은 물리적 현상으로 이어지지 않겠지만, 개인주의와 소집단 이기주의 같은 파편화 현상을 심화시킬 것이 우려된다. 따라서 사회적 거리두기가 이어지고, 도시 공동체보다는 철저한 핵가족화와 개인주의가 심화될 가능성을 본다. 개인주의는 자신을 보호하기 위한 것처럼 보이지만, 결국에 공동체 의식을 파괴하고, 결국 개인을 고립시키며 파괴하는 단계로 이어질 것이다. 이것은 교회도 피할 수 없는 변화의 현실이 될 것이다.

하지만, 여기서 교회는 존재 가치를 새롭게 발견할 수 있다. 새롭게 공동체를 재구성하고, 공동체적 인간으로서 절대 채워지지 않을 사회적 관계를 새롭게 구성할 수 있다. 다른 어떤 집단도 갖고 유지하지 못한 이익사회 '게젤샤프트(Gesellschaft)'가 아닌 공동사회 '게마인샤프트(Gemeinschaft)'의 가능성을 새롭게 교회론으로 재창출할 수 있다.

또한 재택근무가 늘고, 사회적 거리두기가 지속된다면, 건물의 필요성과 공간에 대한 이해도 분명히 달라진다. 물론 물리적 거리 유지를 위한 공간의 재구성 문제도 나오겠지만, 결국은 물리적 거리를 유지하되 안전한 사회적 거리를 갖기 위한 관심이 커질 것이다. 교회는 건물과 공간의 용도 변화를 피해가기 어려울 전망이다. 이 점을 통해 교회의 존재가치를 새롭게 발견할 수 있다. 단지 많은 사람을 수용하기에 편한 시설로 존재하던 곳을 사회적 안전거리를 유지한 채 개인과 소수를 더욱 가치 있게 돌보는 환대를 위한 시설로 재구성할 수 있다.

도시화로 인해 교회가 집단감염과 지역감염의 고위험군으로 분류되는 상황에서 공동체성의 해체는 필연적이다. 지금 한국 교회가 대응하는 온라인 예배는 흩어지는 예배의 본질을 살려내지 못하고, 다만 모이지 못한 교회의 궁여지책이 될 위험이 더 크다. 그리고 모이는 교회를 살려내지 못하면, 온라인 예배는 개인주의 신앙을 더욱 강화할 위험성이 크다.

또한, 물리적으로 거리두기를 해야 하는 시기이지만, 인간은 사회적 거리를 포기할 수 없는 존재다. 타인을 피하는 방식만으로는 전염병을 궁극적으로 해결할 수 없다. 교회는 물리적 거리두기를 통해 가장 안전한 물리적 거리를 만들어 사회적 거리감을 줄이고 공동체 의식을 가질 수 있는 공간을 구성해야 한다. 이것은 한번에 많이 불러모으겠다는 생각을 버릴 때 가능하다.

도시화가 문제라고 대도시를 해체하고 갑자기 시골로 갈 수 없는 것처럼, 사람들은 도시를 중심으로 살아야 한다. 교회 역시 한순간에 해체할 수 없다. 되도록 많은 사람을 모아 예배하는 공간이라고 인식했던 교회의 역할을 바꾸어야 한다. 개인과 가정과 소그룹을 위해 물리적 거리두기에 기초한 가장 안전한 사회적 공간을 창출해야 한다. 이를 통해 심리적 압박과 우울을 겪는 사람들에게 가장 안전한 도시 공동체로 재탄생해야 한다. 집단으로 모일 때 가장 위험한 곳인 교회가 가정과 소그룹으로 찾아가기 가장 안전한 공동체가 되도록 재탄생할 수 있다. 이제는 본당과 교회 시설, 그리고 전통적인 모임의 개념을 리모델링해야 한다. 이를 통해 지금까지 집단적 밀접, 밀착, 밀폐 같은 도시화의 부산물 같은 교회를 개인과 가정과 소그룹을 위한 열린 공간과 안전한 공간으로 도시 교회를 재구성해야 한다. 다시 옛날처럼 채우려 하지 말고, 넓은 공간을 소수를 위해 거리를 유지할 수 있는 안전한 공간으로 재구성해야 한다. 교회가 지역사회의 공동체성과 공공성을 유지하는 데 가장 안전한 곳이 되게 함으로 교회 공간의 필요성과 존재감을 다시 회복할 수 있다.

3) 언택트(Untact)와 콘택트(Connect)

코로나19 이후 모든 부문에서 콘택트(contact)가 언택트(untact)로 전환되었고, 동시에 환대를 위한 공간과 대면은 실종되었다. 일반 사회 부문에서도 큰 방법론적 변화를 만들어 내게 될 것이다. 그리고 방법론을 넘어서 전통적인 개념과 담론 자체의 변화까지 일으켰다. 실제로 많은 영역에서 온라인이 오프라인을 대체하거나 온라인과 오프라인이 결합하는 방식으로 전환되었다. 실제 공연 업계는 온라인과 오프라인이 결합한 하이브리드 방식으로의 전환이 일어났다. 그리고 이런 경향은 앞으로 VR에 대한 논쟁으로 확장하리라 예상한다. 무엇보다 앞으로 AI가 4차 산업혁명의 가속화를 어디까지 가져올지 아무도 예상하지 못한다. 그래서 지금은 온라인 예배와 오프라인 예배 사이에 논쟁이 있지만, 곧 VR 예배를 두고도 논쟁할 것이다.

필자는 사람이 환대받음으로 존재한다고 믿는다. 공간을 공유하는 과정이 없는 연결은 결국 제한적이다. 언택트라고 해서 콘택트를 거부할 수 없다. 사람은 어떤 형태로든 기필코 서로 연결한다. 온라인을 발전시켜야 하지만, 오프라인의 필수적 요소를 잘 결합해야 한다.

교회의 방향은 이렇게 본다. 쉽게 VR을 받아들이기 전에, 온라인을 가장 온라인답게, 오프라인을 가장 오프라인답게 사용하는 올라인(All line)화를 추구해야 한다. 막연한 온라인과 오프라인의 경계가 모호해져서 온라인의 오프라인화와 오프라인의 온라인화가 강화되면, AI와 아바타와 VR의 삼위일체를 만들어낼 위험이 더 크기 때문이다. 교회는 가장 온라인답게 하기 위해 소그룹을 더 작게 나누고, 일대일 중심의 영성훈련을 개발해야 한다. 그리고 온에어(On air)를 융합하여 공중파와 차별화된 온라인 방송용 콘텐츠를 개발하고 성도들에게 공급해야 한다.

오프라인을 오프라인답게 하는 일은 또 다른 모색이고 도전이다. 온라인과 오프라인이 상호 시너지 효과를 일으키게 하기 위해 교회 공간은 앞장에서 제안한 것처럼 일대일 만남과 소그룹을 위해 더욱 안전한 공간으로 거듭나야 한다. 이것은 앞에서 다룬 것처럼 교회 시설의 재구성으로 이어진다. 따라서 물리적 거리두기를 강화하되, 이것이 가장 안전하게 사회적 관계를 가깝게 하고, 영적 거리 좁히기(Spiritual nearing)가 될 수 있게 하는 공간 창출을 해야 한다. 이로써 교회는 가장 안전한 곳으로서 공간을 통한 환대와 나눔을 실현해가며 온라인과 오프라인은 협력 관계가 될 수 있다. 이것은 단지 온라인이냐 오프라인이냐는 논쟁을 넘어서야 한다. 지금 교회는 여전히 온라인이든 오프라인이든 'In church(혹은 On-church)'의 제한된 관점에서 생각하는 경향이 크다. 이제 교회는 'In church'를 넘어 'Out of church(혹은 Off-church)'의 개념에서 올라인(All line)을 또한 생각해야 한다. 교회는 온라인과 오프라인에서 어떻게 생존할 것인지에 대한 논의를 넘어서서 교회 밖의 일상 속에서 어떻게 영향력을 미칠 수 있을지 더 깊게 고민해야 한다. 교회에서 교회 조직으로 만나고 모이는 것보다, 교회 밖의 사람들과 함께하며 나누고 지역 활동가의 모습으로 지역 공동체를 이어갈 수 있어야 한다. 새로운 언택트 시대에 새로운 연결고리(connect)를 만들어 가야 한다.

4) 공공성·공공의료

코로나19를 겪으며 교회의 존재 가치가 치명적으로 하락했다. 시사주간지 〈시사IN〉과 공영미디어 KBS가 공동으로 기획한 국민 신뢰도 웹 조사(2020년 05월) 결과는 다음과 같다.

1위는 +75가 된 질병관리본부고, 2위는 +72가 된 의료인·의료기관이었다. 반면 종교단체는 국회의 −33, 언론기관의 −45 보다 낮은 −46을 기록했다.

여기에서 종교의 신뢰도 하락에 가장 큰 영향을 준 것이 기독교라고 한다. 교회사 적으로 재난 이후에 교회가 부흥했었는데, 이번 재난은 교회가 쇠퇴의 통로가 될 것 으로 예상한다. 이유가 무엇일까?

과거에 교회는 재난의 시대에 자기희생 적인 공공성을 보여 주며, 미움과 반목의 세상 속에서 사회 통합적 기능을 수행했 다. 하지만 이번에 교회는 공적으로 기여 하는 모습을 보여 주지 못했고, 사회통합 의 기능보다 분열주의를 획책했다. 오히 려 자신들의 집단감염과 지역감염을 외면한 채 소집단 이기주의의 모습만 보

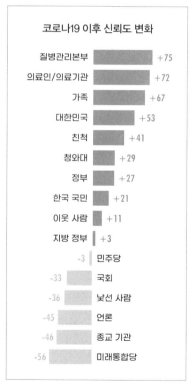

코로나19 이후 신뢰도 변화

질병관리본부	+75
의료인/의료기관	+72
가족	+67
대한민국	+53
친척	+41
청와대	+29
정부	+27
한국 국민	+21
이웃 사람	+11
지방 정부	+3
−3	민주당
−33	국회
−36	낯선 사람
−45	언론
−46	종교 기관
−56	미래통합당

여 주었다는 평가를 받는다. 공공성을 잃어버린 교회는 가장 신뢰를 크게 상실했다. 국회와 언론보다 떨어진 신뢰도는 종교의 존재 이유를 묻게 되었다. 이번에 질병관리본부만큼이나 신뢰도를 얻은 분야는 의료인과 의료기관이었다. 코로나19의 위기 상황에서 사람들은 의료인에게서 자기희생적 모습을 본 반면 교회가 공공성에 성숙하게 대처하지 못했다고 느낀 것이다.

교회는 이번에 공공성에 대한 감수성이 없는 모습을 노출했다. 현장예배의 중단을 공공성의 이유가 아니라 이념적 핍박으로 인식한 태도는 일반 '비기독교 사회인'을 '반기독교 사회인'이 되게 만들어 버렸다고 해도 과언이 아니다.

교회 예배의 재개를 왜 클럽과 극장에 비교했을까? "클럽도 문 여는데, 왜 교회는?"이라는 말은 결국 교회를 스스로 클럽이나 극장과 같은 곳으로 여기는 화법이다. 왜 교회는 손해 보려 하지 않았을까? 왜 불공평하다고만 소리쳤을까? 공익에 참여하지 않은 채 예배를 막지 말라고 외치는 소리는 공평과 정의의 외침이 아니라 님비현상처럼 보였다. 교회는 오히려 '더 높은 이유'를 제시하며 대면 예배를 자제해야 했다. 그리고 현장예배를 재개하려면 '다른 이유'를 말해야 했다. 필자는 교회에 대한 안타까운 마음에 대면 예배를 재개할 경우 모두 공감할 만한 이유를 제시했으면 좋겠다는 생각이 든다.

교회를 영업장과 같이 취급하지 말라고 했지만, 사실 영업장과 같이 취급한 건 일부 목회자였다. 미국도 예배 중지 행정명령과 권고는 지금도 계속되고 있다. 그런 요청을 하는 미국 주 정부와 연방정부가 이념 때문이라고 누가 생각할까? 대면 예배를 재개할 때도 교회가 충분히 지역사회로부터 공감대를 산 다음에 진행했으면 좋겠다는 생각이 든다.

여기에서 교회가 가야 할 방향을 본다. 교회를 지키려 하기보다, 교회의 존재 이유를 지키기 위해 노력해야 한다. 교회라는 조직이 아니라, 성도의 삶과 생명을 지키려 해야 한다. 교회를 넘어 사회의 공공성을 지키기 위해 희생해야 한다. 공공성을 지키기 위해 교회가 어떤 희생을 감수할 때, 지역 공동체는 교회를 신뢰하고 지켜 준다. 너무 늦은 것이 아닌지 걱정되지만, 이것이 우리가 가야 할 이정표다.

지금까지 많은 교회와 목회자들이 공공성에서 하나님 나라를 실현하는 길을 '교회의 왕권화'로 오해한 측면이 크다. 그래서 교회는 권력을 장악하려고 했고, 크리스텐덤(Christendom: 기독교가 지배하는 국가나 사회)형 기독교를 만드는 것이 정복하고 다스리는 삶이라고 오해했다. 그러나 로마를 향한 예수님의 방법은 달랐다. 로마제국에 대한 예수님의 대응은 기독교 제국이 지배하는 크리스텐덤이 아니라 겸손과 섬김의 리더십으로 십자가를 감당하는 하나님 나라였다. 교회가 여왕의 자리에 앉으면 기독교 제국은 있어도 하나님 나라는 없다. 오히려 교회가 더 낮은 자리에 서며 공공성을 추구할 때 교회의 존재감은 다시금 일어날 수 있다.

5) 부모 세대와 자녀 세대

코로나 시대의 가장 큰 영적 피해자는 어른 세대와 자녀 세대이다. 교회에 가장 오고 싶어 하는 세대와 교회에 가장 와야 할 세대가 가장 교회에 오기 어려운 상황이 되었다. 교회는 어른 세대를 위해 온라인 예배에 많은 투자를 했지만, 그들은 온라인 예배에 가장 만족도가 낮으며, 적응하기 힘들다고 말한다. 반면에 온라인 예배를 가장 잘 드릴 수 있는 자녀 세대에게는 교회의 관심과 지원이 너무 약했다.

일반 학교도 미디어의 활용은 교사의 개인역량에 달린 경우가 많다. 기독교 교육도 마찬가지다. 이를 위해서, 여력이 있는 교회는 자녀 세대와 어른 세대를 위해 전담 영상 제작 사역자를 배치해야 한다. 소규모 교회의 경우 인적 물적 인프라가 받쳐주지 않는 경우가 많기 때문에 이에 교단총회와 같은 기관이 선제적으로 프로그램을 제공해야 한다. 이를 위해 기독교 방송 및 문화 관련 단체들과 범용적인 콘텐츠를 개발하는 노력이 필요하다.

경제적으로 어려움을 겪는 문화선교 단체와 어린이선교 단체가 총회 교육위원회와 함께 교육 콘텐츠를 제작하고 제공하면 새로운 길이 된다. 노인들에게 삶의 의미를 찾아 주고, 아이들에게 흥미를 심어 주는 콘텐츠 개발은 이제 옵션이 아닌 필수다. 팬데믹과 온라인 전환으로 인해 가장 큰 피해를 입은 자들에게 지원을 집중해야 한다. 교회는 예배당을 비우고, 방역함으로 역할을 다했다고 생각해서는 안 된다. 가정에서 교회 출석 이상의 교육을 할 수 있도록 콘텐츠를 제공해야 한다.

이를 위해서 교회는 부모 세대의 교육에 더욱 집중해야 한다. 다음 세대를 돕기 위해서는 부모 세대가 가정에서 교사의 역할을 해야 하는 시대가 되었다. 하지만, "부모가 가르치는 역할을 잘 감당해야 합니다"라는 말만 할 뿐 실천하지 못하고 있었다. 그러므로 부모가 교사 역할을 할 수 있도록 도울 뿐 아니라, 제공되는 모든 온라인 영상 콘텐츠는 철저하게 부모와 함께하는 프로젝트가 되게 해야 한다. 콘텐츠 개발과 부모 세대의 신앙교육 참여는 팬데믹이 어른 세대와 자녀 세대를 새롭게 발견하게 했다. 물론 여전히 바라보지 못하고 있다면, 팬데믹은 넘길지라도 다음 세대와 함께 내일을 잃어버리게 된다. 어쩌면 다른 것을 내려놓고 포기하더라도 교회는 다음 세대 교육과 부모 훈련에 모든 역량을 기울여야 한다. 오늘은 잃더라도 내일은 잃지 않기 위해 지금 준비해야 한다.

>>> 선한청지기교회, 멀미 속에서 줄을 타다

1) 프로토콜과 함께 지나온 일

첫째, 빨리, 함께, 그리고 늦게

코로나19가 시작되고 가장 중요한 원리는 '빨리, 함께, 그리고 늦게'였다. 먼저 할 수만 있다면 방역 관련 조치는 선제적으로 빨리 진행해야 한다고 생각했다. 그래서 교회적으로 코로나19 대처방안을 4단계로 만들어서 전 성도에게 알리고 가장 선제적으로 대응했다.

이를 위해서 한 달에 한 번 모이던 당회가 필요에 따라 모이며, 함께 기도하는 가운데 의사소통을 빠르게 진행했다. 그리고 목회자들도 실시간으로 뉴스를 업데이트하며 빠르게 상황을 전달하고, 당회가 과감한 결정을 할 수 있도록 도왔다. 신속하게 대응하고 소통하는 일 다음에 우리는 '함께'했다. 한국과 미국의 상황을 실시간 모니터링하며, 주 정부와 카운티 정부, 그리고 보건국과 교육국의 진행 상황을 통합적으로 파악하며 공유했다. 의사결정을 바로 할 수 있는 근거를 갖추고 빠르게 함께 단호하게 결정했다.

그리고 '함께'의 원리에 따라 동부지역 교회협의회와 지역에서 결성된 MiCA 목회자들과 함께 프로토콜을 공유하고 서로 수집한 정보를 공유하며 선제적 조치와 관련된 결정이 연합된 결정이 되도록 도왔다. 이를 통해 교회 리더십들이 공동 대응이라는 측면에서 안정감을 갖고 적극적으로 선제 대응을 할 수 있었다.

이것을 통해 교회 구성원들에게 당회와 목회 리더십에 대한 신뢰감을 형성하는 데 매우 유익했다. 속도만 빨리하는 것이 아니라, 장기적인 4단계 계획이 제시되고, 전문가 그룹의 자문과 정부 시책에 기반하며, 다른 교회와 연대하여 진행되는 과정을 일목요연하게 했던 작업은 성도들의 신뢰도와 안정감을 높였다.

'빨리' 그리고 '함께'만큼 중요한 것은 '늦게'였다. 아무리 봉쇄정책을 시행하는 것이 잘 진행된다고 하더라도 언제 대면 예배를 재개할 것인지는 예민한 문제였기 때문이다. 선제적 조치를 '빨리' 그리고 '함께' 했다면 재개는 '늦게' 한다는 원칙을 공유했다. "가장 빨리 선제 조치를 하는 교회가 되는 것보다 가장 늦게 대면 예배를 재개하는 교회가 되는 것이 목표입니다"라고 선언했다. 이 모든 것이 성도들의 안전과 돌봄에 최우선이 있다는 점이 다른 어떤 것보다 중요했기 때문이다. 이 또한 성도에게 신뢰도를 얻어 가는 과정이었다고 본다. '늦게, 홀로 그리고 빨리' 구조가 아니라, '빨리, 함께 그리고 늦게' 구조를 통해 교회의 지향점이 어디에 있는지 성도들이 이해하게 되었다. 이것은 "얼마나 상황 대처 능력이 뛰어났느냐?"라는 평가가 아니라, 교회 리더십이 "어떤 가치를 가장 소중하게 여기느냐?"를 보여 주는 과정이었다.

둘째, 리더십의 소통과 영적 연합

코로나19 상황에서 중요하게 생각한 것은 리더십의 소통 구조와 영적 연합이라고 생각했다. 그래서 재택근무를 하는 중이라도 화요일부터 금요일까지 매일 아침 목회자들이 시간을 내어 서로 영적으로 한마음을 이루고 성도들의 형편과 LA 상황을 파악하여 기도하는 시간을 가졌다. 또한 당회원들도 한 달간은 매주 수요일과 주일 2회 온라인 모임을 통해서 서로 영적인 교제를 하고 교회와 성도들을 위해 기도하며, 긴급한 안건들을 처리했다. 이를 통해 당회원들이 다양한 성도들의 상황을 파악하고 개인의 생각을 녹여서 공동체의 방향에 통합할 수 있도록 하는 시간이었다. 리더십의 소통과 영적 연합은 추후 성도들을 위한 중보기도로 이어지고, 긴급한 상황에 대한 의사결정과 성도들의 형편을 돌아보는 데 매우 유익했다. 무엇보다 사역적인 점검과 영적인 상호 돌봄이 같이 일어나서 당회와 목회자들의 하나 됨이 어려울 때 안정감을 갖게 했다.

셋째, 단일 플랫폼을 통한 소통구조 안정화

코로나19 상황이 진행되면서 제일 먼저 한 일은 단일 플랫폼으로 전 성도의 소통 구조를 만드는 일이었다. 먼저 홈페이지에 지금 상황에 불필요한 기능을 제거하고 〈극복 코로나19〉 메뉴를 넣어 통합적 플랫폼이 되게 했다. 그리고 온라인 예배로 바로 가는 링크와 온라인 헌금으로 바로 가는 링크를 연결했다. 진행되고 있는 교회의 정책을 소개하고 진행 방향을 한눈에 볼 수 있도록 했으며, 코로나19와 관련한 가짜 뉴스가 범람할 때 꼭 알아야 할 중요한 소식을 위해 게시판을 만들었다. 또한, 온 성도들이 서로 기도제목을 나누고 목회자들과 소통할 수 있는 게시판을 신설했다. 그리고 자녀들과 주중 가정 모임을 돕기 위해 콘텐츠와 방법론을 제공해 줄 게시판도 구성하여 모든 것을 한 메뉴에서 볼 수 있도록 일원화했다.

그리고 어려운 성도와 이웃을 돕는 나눔 헌금을 시작하면서, 취지와 방법을 담은 영상과 함께 〈극복 코로나19〉 메뉴 첫 화면에서 바로 재정 지원을 요청하고 추천할 수 있게 했다. 그래서 성도들이 코로나19 상황에서 어떻게 해야 하는지, 상황이 어떻게 되는지 알고 싶을 때, 통합된 플랫폼을 통해 한번에 알 수 있도록 일원화했다.

또한 모든 분이 홈페이지를 방문하지 않기 때문에, 직접 소통할 수 있도록 카카오톡 채널을 만들어 매주 토요일마다 목회서신 영상을 보냈다. 담임목사의 메시지를 통해 성도들이 안심하고, 우리가 한 배에 탄 공동체임을 잊지 않도록 했다. 또한 이를 통해 성도들이 온라인 예배와 온라인 헌금에 빨리 적응할 수 있도록 도왔다.

넷째, 공적 펀드 구성: 나눔 헌금과 나눔 사역의 확대

코로나19가 시작되면서 제일 먼저 내린 결정은 어려운 이웃과 미자립교회를

돕기 위한 나눔 특별헌금 시행이었다. 그리고 다가오는 부활절 헌금을 전액 나눔 펀드로 전환하는 일이었다. 온라인으로 전환하면 헌금이 급감할 것이 불 보듯 뻔한 상황이라 쉽지 않았지만, 당회가 결정하여 성도들에게 알렸다. 그리고 놀랍게도 헌금은 10만 달러에 달했다. 이렇게 6차에 걸쳐서 어려운 성도들과 나눔의 시간을 가졌고, 그 외에도 매주 기초생활이 여의치 않은 분들을 위해 시장 보기, 반찬 나눔을 지속적으로 시행하고 있다. 출산을 하신 분, 환우들, 장애인들, 독거노인 중심으로 계속해서 드라이브스루(Drive through)로 매주 나눔을 실천했다.

그리고 한 걸음 더 나아가서 여름 단기선교 후원금으로 마련된 예산 2만 달러는 지역사회와 선교지를 위한 마스크 프로젝트로 전환하였다. 한편 미자립 교회와 목회자들의 어려움을 본 정부의 융자 지원으로 절약하게 된 예산 중 5만 달러를 후원금으로 전환하였고, 노회를 통해 연간 예산이 5만 달러가 되지 않는 교회에 각 2천 달러씩 지원했다. 지역 미자립교회를 돕는 일은 우리 교회 이름으로 직접 하지 않고, 노회와 교회 협의회를 통해 진행했다.

그렇게 총 17만 달러를 매주 반찬 지원, 장바구니 지원, 6차에 걸친 나눔 펀드 지원 등으로 이웃에 나누었다. 그리고 지역사회 병원과 소방서, 교회 주변 이웃들에게 마스크를 무상으로 전달하고, 성도를 위해 40% 할인된 가격으로 마스크 공동구매를 진행했다.

다섯째, 인적자원과 목적에 맞는 시설 변경 투자

코로나19 이후, 온라인과 현장예배의 결합은 피할 수 없었고, 현장예배의 횟수가 줄면서 재정적으로 나눔이 필요한 일과 투자가 필요한 일, 그리고 긴축해야 할 것을 구별해야 했다. 과감한 긴축을 하면서도 나눔과 투자는 확대하기로 한 것이다.

우선순위는 미디어 사역자를 파트타임에서 풀타임으로 전환하여 재정적으로 안정된 환경을 제공했다. 그리고 교육부서 미디어 제작을 위해 파트타임 사역자를 추가로 세웠다. 자칫 교육부서에 소홀해지기 쉬운 상황이지만, 다음 세대를 위한 온라인 예배와 다양한 콘텐츠 제작을 적극 지원하기 위해서이다.

또한 사람만큼 필요한 장비를 구입하고 시설을 보강했다. 온라인과 현장예배에 맞게 구성하였고, 교육부에도 작은 스튜디오를 만들어 시설을 보강했다. 이런 준비가 있어서 온라인 여름성경학교를 3주간 열 수 있었고, 양질의 교육 콘텐츠를 제작할 수 있었다. 그리고 노년 세대를 위한 특별한 프로그램을 제작하여 가장 소외되기 쉬운 세대에 문화적·영적 공급이 끊어지지 않도록 투자했다.

2) 향후 예배와 교회가 나아갈 길 그리고 방법론

첫째, 늦게, 멀리, 그리고 적게

팬데믹으로 인해 온라인으로 전환할 때 원칙은 '빨리, 함께, 그리고 늦게'였다. 그리고 현장 대면 예배 재개를 준비하면서 세운 원칙은 '늦게, 멀리, 그리고 적게'이다. 하지 않을 수는 없지만, 가장 늦게 해도 무방하다고 본다. '늦게'는 '철저히'를 전제로 한다. 그리고 목적은 결국 '안전하게'에 있다. 대면 예배로 소수가 모일 때는 물리적 거리두기를 철저하게 지켜서 '멀리'를 지키게 한다. 가장 '안전한 공간'을 창출하기 위해서다. 이제 환대는 멀리를 통해 실현되는 가까움이다. 전체 100명보다 소그룹과 50명 이후의 모임으로 '적게' 모이는 것이 목적이다. 이 또한 '안전하게'를 위해서다.

금요일에 온라인 예배를 녹화할 때, 꼭 필요한 다섯 커플만 신청을 받아서 매주 예배에 참여할 기회를 제공한다. 그리고 끝나면 실외에서 목회자들이 먼저 한 커플씩 성찬을 하고, 다섯 가정만을 위해 축복 찬양과 축복기도를 드리고 마친다. 그리고 주일에는 소규모로 실내 본당이 아닌 실외 잔디밭에서 소규모로 대면 예배를 준비하고 있다.

대면 예배는 가장 안전한 공간을 창출하여 진행해야 한다. 영적인 회복이 필요한 이들이 물리적 거리두기(Physical distancing)를 지키면서도, 영적 거리 좁히기(Spiritual nearing)를 경험할 수 있도록 준비한다. 그리고 대면 예배도 '언제부터 매주 할 것인지' 논의를 하지 않기로 했다. 뉴노멀은 시간에도 적용된다고 보고, 대면 예배는 한 달에 한 번 운영하여 예배의 새로운 패러다임을 만들기로 했다.

둘째, 한 사람, 한 가정, 그리고 소그룹을 위한 공적 공간화

코로나19와 공존해야 하는 상황이 되면서 염려되는 부분은 두 가지였다.

첫째는 '바이러스 감염'이고 둘째는 '코로나 블루'였다. 교회의 가장 중요한 역할은 바이러스로부터 성도의 안전과 건강을 지키는 것이지만, 만남을 통해 코로나 블루에 빠져 있는 성도를 돌보는 일도 매우 중요하다. 두 마리 토끼 같은 두 가지를 극복하기 위해서는 가장 안전한 만남의 장소 준비가 필수이다. 교회 건물은 집단적 대규모 모임 친화적으로 세워졌다. 그래서 지금 본당에 많은 투자를 하는 것은 부적절하다. 오히려 코로나 시대에 심리적, 영적 우울함과 침체를 경험하는 사람들에게 집중하는 영혼의 외과의사 같은 접근과 준비가 필요하다.

그래서 선한청지기교회는 아웃도어의 테라스를 전면 바꾸어 물리적 거리두기(Physical distancing)를 지키면서 가족이나 소그룹이 가장 안전하게 모일수 있도록 장소를 제공하고 있다. 앞으로 사람들은 언택트(untact)지만 커넥트(connect)를 원하기에 가정에서 만나기도 어렵고, 식당이나 카페에서 만남도 불안할 때, 가장 안전한 장소는 교회가 되게 함으로 교회라는 건물의 존재 목

적을 이룰 수 있다고 본다. 실내보다는 실외로 해서 한 사람, 한 가정, 소그룹에 철저히 친화된 공간을 리모델링함으로써 바이러스는 병원이, 그리고 코로나 블루는 교회가 감당하는 구조로 교회의 역할을 찾아가고자 한다. 가장 안전하면서 코로나 블루를 담당하는 영혼의 의사 같은 교회의 역할을 감당하려 한다.

또한 다음 세대가 거의 교회에 오지 못하여 공동체에 속하였다는 의식을 상실한 상황이기 때문에 기존에 사용하던 예배당을 새롭게 재구성하여 주일 혹은 주중에 교회에서 가정 예배를 드릴 수 있도록 제공할 계획이다. 방역을 위해 주일 예배는 가정에서 온라인으로 드리지만, 그 대신 주중에 교회에 와서 가정 예배를 드리는 것이다. 정해진 시간에 정해진 장소를 한 가정만이 사용할 수 있도록 한다. 이처럼 자녀들에게 교회 공동체의 소속감을 공유하기 위한 방법을 찾고 있다.

셋째, 온라인 중심 사역과 양육 구조 확대

새가족부는 온라인으로 운영하고, 등록을 받았다. 그리고 교회의 모든 제자 훈련 콘텐츠를 온라인으로 전환하여 진행하고 있다. 온라인으로 전도와 선교를 하는 팀을 구성하고, 성경공부도 온라인으로 가볍게 커피를 마시며 전도, 소그룹 형성이 되도록 준비하였다.

온라인은 소그룹 사역에 새로운 도전이다. 커피 브레이크 모임 100여 명, 여성 중보기도 모임 80여 명이 온라인 소그룹 모임으로 성경공부와 기도 모임을 한다. 그리고 목장도 온라인 소그룹 모임 활성화를 위해서 목회자들에게 모두 원격 화상 회의 플랫폼인 줌(Zoom)를 제공해서 목장과 사역원 모임을 소그룹으로 계속해서 진행해 갈 수 있도록 했다. 그러나 오프라인 모임 없이는 한계성이 있기에 가장 안전한 오프라인 공간을 준비 중이다.

실외 아웃도어 파티오에 안전거리를 둔 소그룹 공간을 리모델링하고 있다.

6개월에 1, 2회는 오프라인 만남의 시간을 가져서 온라인의 한계를 극복할 수 있도록 돕는다. 또한 목회자들은 드라이브스루 심방을 통해 틈틈이 성도들을 챙기며 온라인 모임의 시너지가 나타나도록 한다. 그리고 3개월마다 초원 및 목장 보고를 통해 목회자 자신이 비전과 간증을 나누며 온라인 목양 사역을 서로 격려한다.

넷째, 다양성과 단순성의 균형 잡기

현재 양 날개 같은 요구사항을 경험한다. "다품종 소량소비 시대이기에 다양성을 제공해야 한다"는 의견과 "백화점식(다품종 대량소비)의 교회는 어렵다. 단순한 시스템을 가져야 한다"는 요구가 주어져 있다.

필자는 이 두 가지 긴장을 다음과 같이 정리하여 교회의 방향을 잡았다. 먼저, 중앙집권화(centralized)되어 있는 사역과 리더십을 소그룹 리더들에게 위임하여 분권(decentralization)하는 것이다. 이를 통해 소그룹의 특수성을 인정함으로 소그룹이 창출하는 다양성을 얻어낼 수 있다고 본다. 즉, 교회가 백화점식으로 다양성을 제공해 주는 것이 아니라, 소그룹의 자율권을 제공함으로 소량 생산이더라도 소그룹의 자발적 다양성이 일어나는 형식을 추구한다.

그리고 목회 리더십은 교회를 통해 거시적으로 다양한 것을 하려고 하지 말고, 다양성을 만들어 낼 수 있는 소그룹 리더들을 양성하는 데 집중해야 한다. 이렇게 교회 차원에서 단순함이 있을 때, 소그룹과 성도들의 자발적 모임에서 다양성이 창출될 수 있다고 본다.

다섯째, 신앙생활에서 생활신앙으로 가는 교회

코로나19는 대집단으로 모이는 교회를 멈추게 했다. 교회가 현장에서 모일 수 없어서 차선책으로 온라인 사역을 추구하는 것이 아니라, 오히려 세상으로 보냄 받은 교회가 시대적 기조에 맞추어 사역의 방식을 새로이 하는 기회로 만들어야 한다. 이것은 목회철학과 세계관의 변화를 요구한다. 개인주의와 신앙 소비주의에 갇힌 기독교인과 교회가 온라인으로 사역의 장을 바꾼다고 시대에 부응하는 게 아니다. 과거의 영광에 갇힌 채 전달 방식만을 온라인 콘텐츠로 바꾼다면 결코 시대에 부응한다고 볼 수 없다. 지금은 농법을 바꾸어야 하는 상황이 아니라 농토를 바꾸어야 할 때다. 지금은 가지치기를 할 때가 아니라 뿌리를 뽑아내야 할 때이다. 교회가 겪는 위기는 현실 대처 능력이 부족해서가 아니라, 본질을 잘못 잡았기 때문임을 고백해야 한다. "교회에 가자"가 아니라 "교회야, 가라"를 외쳐야 한다. 'Going Church'가 아니라 'Being Church'가 되고 'Becoming Church'로 살아야 한다. 교회 마당이 아니라 '마을'로 나가고, 신앙생활을 넘어 '생활신앙'이 되게 해야 한다. 시대만큼이나 본질을 따라잡아야 한다. 단지 모으지 못한 예배로 끝나지 않기 위해서는 교회라는 생태계를 넘어 하나님 나라 생태계에 헌신하도록 성도들을 격려하며 만인 제사장으로서 영적 근육을 강화하게 해야 한다.

아직도 교회를 지켜야 한다고 주장하는 이들을 본다. 하지만, 지금은 교회라는 조직을 지켜야 할 때가 아니라, 교회의 존재 목적을 지켜야 할 때다. 팬데믹은 우리에게 교회의 존재 이유에 관한 질문을 던지고 있다. 그리고 세상은 우리의 대답을 기다리고 있다.

≫ 결론: Re-Open 을 Re-Start 로

코로나19를 겪으면서 교회의 공적 역할은 다시금 증대되고 있다. 팬데믹을 겪으면서 한국 교회가 사회에 던진 메시지는 무엇일까 생각해 본다. 교회는 공적인 역할보다 교회의 집단 이기주의에 더 전착한 이미지를 보이지 않았을까 싶다. 교회가 사회를 향해 던진 메시지보다 사회가 교회를 향해 던진 메시지가 더 많았던 시기였다는 생각을 하게 된다.

이런 상황이 계속된다면 교회는 팬데믹 이후 'Re-Open', 다시 열었을 때 달라진 것이 없을 것이라는 생각이 든다. 그저 닫힌 문에서 열린 문이 될 뿐이다. 교회는 Re-Open이 아니라 Re-Start가 되어야 한다. 내부 리모델링을 넘어 체질을 개선하고, 마치 주인이 바뀌듯이 철학과 방법론의 변혁이 필요하다.

Re-Start의 첫 번째 의미는 초심의 회복이다. 계시록을 보면, 하나님은 에베소 교회를 향해 첫사랑을 잃어버렸으니 다시 회복하라고 말씀하셨다. 교회는 메시지를 다시 회복해야 한다. 규모의 경제를 지향하여 덩치로 힘을 가져서는 안 된다. 복음과 십자가만 바라보고 이웃을 품는 것이 첫사랑의 회복이며 Re-Start의 출발점이다. 펜데믹 이전으로 돌아가는 것이 아니라, 첫사랑으로 돌아가는 시작이 없으면 Re-Open은 본질을 잃어버린 교회가 다시 이어질 뿐이다.

Re-Start의 두 번째 의미는 뉴노멀(New normal)에 맞는 새로운 런처(launcher)와 애플리케이션(application)을 만드는 일이다. 이는 옛날로 다시 돌아가서 시작하는 것이 아니라 전혀 다른 곳으로 새로이 나아가는 시작을 의미한다. 교회는 전도와 선교 그리고 소그룹과 교회의 활동에 대해 이전으로 돌아갈 수 없는 새로운 시도를 해야 한다. 오프라인을 온라인으로 전환하다가, 다시 온라인을 오프라인으로 전환하는 것은 새로운 시작이 아니다.

애플이 CPU를 인텔에서 M1으로 바꾸면 모든 앱(app)은 완전히 다르게 작동한다. 새로운 하드웨어와 운영체제에 맞게 전환(converting)하지 못한 앱의 구동을 위해 로제타 같은 런처(launcher)를 만드는 능력도 필요하게 되었다. 동시에 완전히 새로운 생태계를 구성하는 일도 진행되고 있다. 이처럼 교회는 온라인과 오프라인의 전환과 하이브리드 운영 능력 그리고 완전히 새로운 방법을 찾는 길을 동시에 열어야 한다. "성전을 허물라 내가 다시 지으리라"라고 하셨던 예수님의 선언에 귀를 기울이고 시작해야 한다.

Re-Start의 세 번째 의미는 다시 모이기(Re-Gathering)이다. 다시 시작한다는 말은 분명히 사람들이 다시 모이는 것을 통해 일어난다. 미스바 광야에 모이고, 성전에 모이고, 마가 다락방에 모일 때, 다시 시작한다고 할 수 있다. 회개하기 위해, 기도하기 위해, 성령을 구하며 다시 모이기 시작해야 다시 시작한다고 할 수 있다.

구약의 선지자들이 예언한 것과 요한계시록이 분명히 보여주고 있는 것처럼 흩어진 사람들과 쫓겨난 사람들 그리고 팔려 간 사람들이 다시 돌아오고 모이기 시작하는 일이 가장 강력한 회복의 전환점이다. 그들이 다시 모임은 논쟁하기 위해서가 아니라 회개하기 위해서였다. 우리의 힘을 과시하고 싸우기 위해서 모이는 일이 아니라, 우리가 틀렸고 잘못했음을 회개해야 한다. 이렇게 다시 모이기 시작할 때, 다시 시작할 수 있다.

팬데믹이 지나고 교회는 그저 Re-Open하지 않아야 한다. 다시 시작할 수 없으면 다시 열지 말고 그냥 닫힌 교회로 있는 편이 더 나을지 모르겠다. "똑같은 일을 다시 할래?" 하는 질문 앞에서 뻔뻔한 대답을 하지 않아야 한다. "다시 시작하겠다"는 말에 진정성이 담기고, 기대감을 얻으려면 어제 내린 셔터를 올리기만 해서는 곤란하다. 다시 시작하지 못하면 다시 열지 않겠다는 결단과 각오가 있을 때 새로운 시작에 의미가 있다.

Key point

1. 코로나19가 던진 사회적 멀미와 엇갈림

1) 코로나19는 변화 앞에 우리를 세운다

우리는 '정상(normal)'에서 '비정상(abnormal)'으로 들어온 것이 아니라, '새로운 표준과 일상(New normal)'에 진입한 것이다.

2) 시대를 아는 안목과 분별력 있는 행동의 길

하나님은 성경에 능통한 만큼 시대의 안목과 분별력을 가진 사람을 사용하신다. 하나님이 잇사갈의 아들 200명을 기쁘게 받으신 것처럼 하나님의 교회와 성도들은 "시세를 알고 이스라엘이 마땅히 행할 것을 아는" 준비가 필요하다.

3) 서양과 동양의 엇갈림

서구는 'No brother', 중국은 'Big brother'의 위험을 보여 주었다면, 한국은 'Good brother' 혹은 'Good brethren'의 방법으로 위기를 타파했다.

2. 엇갈린 교차로에서 세우는 이정표

1) 이퀄라이저와 피스메이커

우리는 공공성과 소외의 영역을 향한 교회의 존재 목적을 다시 생각해야 한다. 교회는 사회적 차별과 적개심의 한 축이 될 것인지, 아니면 피스 메이커(Peace maker)로서 십자가를 질 것인지 선택해야 한다.

2) Glocal : 생태, 환경, 그리고 가정과 이웃

교회가 지역사회의 공동체성과 공공성을 유지하는 데 가장 안전한 곳이 되게 함으로 교회 공간의 필요성과 존재감을 다시 회복할 수 있다.

3) 언택트(Untact)와 콘택트(Connect)

이제 교회는 'In church'를 넘어 'Out of church'(혹은 Off—church)의 개념에서 올라인(All line)을 또한 생각해야 한다. 그리고 교회 밖의 일상 속에서 어떻게 영향력을 미칠 수 있을지 더 깊게 고민해야 한다.

4) 공공성·공공의료

교회를 지키려 하기보다, 교회의 존재 이유를 지키기 위해 노력해야 한다. 교회라는 조직이 아니라, 성도의 삶과 생명을 지키려 해야 한다. 교회를 넘어 사회의 공공성을 지키기 위해 희생해야 한다. 오히려 교회가 더 낮아짐의 자리에 서며 공공성을 추구할 때 교회의 존재감은 다시금 일어날 수 있다.

5) 부모 세대와 자녀 세대

다음 세대를 돕기 위해서는 부모 세대가 가정에서 교사 역할을 해야 하는 시대가 되었다. 부모가 교사 역할을 할 수 있도록 도울 뿐 아니라, 제공되는 모든 온라인 영상 콘텐츠는 철저하게 부모와 함께하는 프로젝트가 되게 해야 한다.

Think point

코로나19는 교회의 현실과 미래를 직시하게 했다. 뉴노멀 시대를 헤쳐 나가기 위해 교회는 모험을 운명처럼 받아들이고 새로운 항해의 닻을 올려야 한다. 톰 레이너(Thom S. Rainer)는 그의 책 『코로나 이후의 목회』에서 의외로 많은 교회가 팬데믹 상황에 잘 적응하고 대응해 왔음을 확인했다고 말했다. 물론 그 이면에는 그렇지 못한 교회도 많이 있었음을 뜻한다. 무엇이 이 차이를 만들어 냈을까? 톰 레이너는 "준비 없이는 새로운 목회 세상을 대할 수 없다"고 표현했다. 나의 관찰도 동일하다. 공포스러운 상황 변화 속에서 새로운 돌파구를 만들어 내는 교회들은 한결같이 '시대를 읽고 준비해온 교회'임을 알게 되었다. 교회로서의 분명한 정체성과 어떤 상황 속에서도 사명을 감당하려는 노력이 세상을 변화시키는 원동력이 된다.

그런 측면에서 본 챕터는 많은 것을 생각하게 만든다. '변신'이 아닌 '본질'로 돌아가는 교회, 불평등과 소외, 혐오와 배제라는 사회적 바이러스를 무력화시킬 수 있는 이퀄라이저와 피스메이커가 되어 상생과 연대를 불러일으킬 수 있는 교회가 되라는 저자의 외침이 큰 도전이 된다. 공포가 밀려올수록 사람들은 참된 공동체를 원한다. 개인주의와 파편화가 가속화되는 세상의 속에서 교회는 대안 공동체(Alternative community)가 될 수 있는가. 안전하고 믿을 수 있는 공동체, 세상을 위해 존재하되 성도와 이웃의 생명을 지키기 위해 사랑과 환대를 실천할 수 있는 예수의 공동체가 될 수 있는가. 그러한 교회가 될 때만이 소망이 있다.

이제, 제도와 습관에 머물려는 관성과 싸우라. 본질을 붙잡으라. 시대를 읽고 대응하기 위해 더 깊이 연구하고 연대하여 새로운 길을 만들

라. 교회의 미래는 왕관을 벗고 낮은 곳에 임하신 그리스도의 길을 따를 때 열린다. 그의 마음을 품고 교회와 세상, 다음 세대를 바라보는 새로운 눈이 열리기를 바란다.

Discussion

1. 리더로서 시대를 읽고 분별할 수 있는 안목을 갖기 위해 어떤 노력을 기울이고 있는가?

2. 교회의 공공성 회복이 필요한 영역은 무엇인가? 이를 위해 우리 교회/공동체가 감당할 수 있는 실천적 사역은 무엇인가?

3. '빨리, 함께, 그러나 늦게', '늦게, 멀리, 그리고 적게' 의 사역 철학이 우리 교회와 공동체에 주는 의미와 적용점이 있다면 나누어 보자.

02 / 권혁빈

한양대학교 철학과(B.A.)를 졸업하고 장
로회신학대학교 대학원(M.Div.)에서 공부
한 권혁빈 목사는 영국 버밍엄대학교에서
조직신학 석사 학위(M.A.)를 받고, 케임브
리지대학교에서 종교철학 박사(Ph.D.) 학
위를 받았다. 두란노 바이블칼리지 부학장
과 햇불트리니티신학대학원대학교 교수를
역임하였고, 온누리교회 부목사와 미국
얼바인 온누리교회 담당을 거쳤다. 현재
미국 씨드교회를 개척하여 섬기고 있다.
저서로는 『사랑에 이르는 신학』이 있다.

https://seedch.org/

*씨드교회(Seed Church) 홈페이지

뉴노멀 시대와 새로운 목회 패러다임

권혁빈 목사(씨드교회)

팬데믹 시대 이후에 교회는 더욱 단순해져야 한다. 목회자의 삶도 단순해야 하고, 사역, 재정, 양육 프로그램은 물론 심지어 예배 자체도 단순화하여 본질에 집중해야 한다. 교회가 성도들의 다양한 필요를 채워 주는 일은 어찌 보면 당연한 일이겠으나, 자칫하면 더 강화하고 집중해야 할 핵심 가치들을 간과하여 성도와 교회의 기초 체력을 약화할 수 있다.

코로나 이후, 교회는 본질을 추구하는 동시에 새로운 목회 패러다임을 찾아야 할 것이다. 본질을 지키며 새 시대의 목회 대안을 찾는 여정, 우리는 어떤 길로 나아가야 할까?

뉴노멀 시대와
새로운 목회 패러다임

코로나 팬데믹으로 인해 전 세계가 뒤집어졌다. 누구도 이 상황을 만만하게 보는 사람은 없다. 그렇다. 실제로 만만하지 않다.

더욱이 이제는 코로나19가 존재하지 않았던 과거로 돌아가지 못한다고 한다. 그것은 하나의 가설이나 이론이 아니다. 이미 우리는 그 변화를 느끼고 있다. '과거로의 회귀'가 아닌, 뉴노멀(New normal)은 이미 시작되었다. 달라질 세상에 사람들과 사회는 이미 빠르게 적응 중이다.

왜 하필 이때 팬데믹이 왔을까? 개척한 지 1년 남짓한 때에 팬데믹을 맞이한 나로서는 당황스럽기도 하고 심지어 참담하기도 하다. 그러나 다시 묻는다. 이것이 과연 재앙일까? 어쩌면 좋은 기회가 아닐까? 위기가 곧 기회라고 설교를 해왔지만 이 상황을 통한 하나님의 의도를 고민해 볼수록 이는 분명 기회다. 다만 우리의 눈이 방법론보다 본질에, 과거보다 미래에 가 있다면 말이다.

다시 말해, 이 상황은 선교적 본질과 하나님 나라를 위한 진정성 안에서의 기회다. 교회가 기독교의 본질로 돌아가, 그 본질에서 벗어나는 것을 과감히 내려놓는 결단 하에서의 기회다. 더 이상 어설픈 변화나 잔머리는 통하지 않는다.

그 기초 위에서 우리는 아직 확실하게 보이지 않는 길을 더듬어 가려고 한다. 어렴풋하더라도 방향을 잡고 새로운 시도를 해야 한다. 본질을 찾는 시도는 아무리 불투명해 보이는 길일지라도 안전하다. 이 글은 바로 그 시도를 위한 하나의 노력이다.

본 글을 통해 필자는 다가올 포스트 코로나 시대에 필요한 교회의 패러다임의 변화를 예측해 보고 이에 따른 몇 가지의 구체적인 대안을 제시하고자 한다. 격변의 시기에 대안을 제시하는 것 자체가 무모한 시도이지만, 본질에 무게를 둔 채 이미 나타나고 있는 변화의 방향을 가늠하는 것은 생각보다 위험하지 않은 도전이다.

≫ 복잡한 교회에서 단순한 교회로

혼돈스럽고 복잡한 세상일수록 사람들은 단순함을 동경하고, 단순함이 주는 여백에 매력을 느낀다. 단순함 속에 있는 본질에 대한 갈망과 편리함 그리고 응집된 힘이야말로 이 예측 불가능한 시대를 뚫고 나아갈 수 있는 활로가 아닐까 싶다.

애플, 페이스북, 구글 등 세계적 디지털 플랫폼 기업들을 보면 이미지와 제품 그리고 사용자 경험(User experience) 등이 최대한 단순하게 이루어져 있다. 그리고 엔트로피 법칙을 역행하듯 시간이 지날수록 더 단순해져 간다. 왜 그럴까? 생존을 위한 싸움에서 불필요한 곳에 에너지를 낭비하면 곧 패배로 이어진다. 선택과 집중, 이를 통해 응집된 힘이야말로 복잡한 경쟁의 시대에 기업의 생사를 가르는 문제다. 물론 교회는 존재론적으로 기업과 엄연히 다르지만, 단순함의 원리가 갖는 역학에 있어서는 결코 예외일 수 없다. 더욱이 이 엄청난 변화의 시기에 적응하기 위해서는 복잡한 교회 형태로는 답이 없다.

코로나 사태를 직면하며 목회자로서 느끼는 불안감은 단지 성도의 수나 재정에 관한 것이 아니다. 오히려 교회의 사활은 예배, 성도의 영성, 공동체, 사역의 역동성 등 그동안 다져온 기초체력에 달려 있다. 특히 이런 예측 불가의 상황에서 교회가 견고하게 서 있기 위해서는 본질에 충실하고 개교회에 주신 비전에 얼마나 최적화되어 있는가에 의해 결정된다.

교회의 변화가 얼마나 쉽지 않은지 우리는 잘 알고 있다. 교회는 전통의 영향을 많이 받고, 사회적으로도 보수적인 성향이 강한 곳이다. 주로 연령대가 높은 성도에 의해 의사결정이 이루어지고, 다양한 의견이 있다 보니 변화 자체에서 많은 잡음과 불평을 야기한다. 특히 변화가 필요한 때, 복잡한 의사결정 구조나 다양한 사역과 양육체계를 가진 교회는 크고 작은 홍역을 치를 수 있다.

교회를 구성하는 핵심 가치는 예배와 양육을 통해 각 성도가 가지는 '하나님과의 관계', 그 영성에 기초한 '공동체', 그리고 하나님 나라를 위한 '선교적 사명'이다. 이 세 가지의 핵심 가치는 교회를 이루는 뼈대이고 그 구조가 견고할 때 교회는 건강을 유지할 수 있다. 반면, 교회를 구성하는 요소가 복잡할수록 영적 에너지가 분산되고 본질적이지 않은 부분에 집중하게 된다.

음식점은 음식의 질을 유지하기 위해서 메뉴 추가에 신중해야 한다. 손님의 요구에 따라 메뉴를 늘리면 기존 메뉴의 재료 신선도와 맛을 유지하기 어렵다. 교회의 사역이 다양해진 것은 상당 부분 성도의 필요에 의해 이루어진 현상이며, 교회가 성도의 필요를 채워 주는 일은 어찌 보면 당연한 일이다. 그러나 자칫하면 더 강화하고 집중해야 할 핵심 가치들을 간과하여 성도와 교회의 기초체력을 약화시킬 수 있다.

목회자의 사역도 마찬가지다. 지나치게 많고 다양한 사역은 목회자 자신뿐아니라 교회의 역량을 약화시키는 요소로 작용할 수 있다. 목회자는 많은 필요들에 둘러싸여 있다. 그러나 너무 복잡한 스케줄과 많은 사역에 관여하다 보면 자신의 영적 성장을 위해 시간을 쏟지 못하고, 교회의 변화와 발전을 위해 연구하고 준비할 여력이 남지 않는다. 목회자가 영적 깊이와 실력을 쌓을 수 없는 상황이 지속되면 그 교회의 미래는 불 보듯 뻔하다.

팬데믹 시대 이후의 교회는 더욱 단순해야 한다. 목회자의 삶도 단순해야 하고, 사역, 재정, 양육 프로그램은 물론 심지어 예배 자체도 본질에 집중해야 한다. 본질에 집중하기 위해서 단순해야 하고, 미래를 준비하는 힘을 모으기 위해서 단순해야 하며, 변화에 적응하고 혁신을 일으키기 위해 단순해야 한다. 교회의 비전도, 양육 프로그램도, 의사결정 구조도, 연간 행사 일정도, 심지어 매주하는 광고도 최대한 단순해져야 한다.

팬데믹의 상황 속에서 다양한 프로그램과 사역에 의존했던 교회는 달라진 상황에 일일이 적응하는 어려움을 이미 느끼고 있을 것이다. 반면 단순함을 유지했던 교회는 혼동과 변화의 과정을 최소화할 수 있다. 지금이라도 교회의 전반에 걸쳐 불필요하거나 우선순위가 아닌 것들을 내려놓는 혁신이 필요하다. 이런 과정은 빠를수록 좋고 느릴수록 더 어려워진다.

≫ 제도적 교회에서 유기적인 교회로

교회가 유기적이어야 한다는 말이 쉽게 와닿지 않을 수 있다. '유기적'이라는 말을 생명과 관계있는 개념으로서 더 구체화하자면 비제도적, 자발적 또는 참여적, 그리고 일상적이 되어야 함을 의미한다. 교회의 구조가 단순하지 않을 때 팬데믹 상황과 변화에 적응하기 어렵듯이, 교회의 제도화는 그 변화를 막는 요소가 될 수 있다. 교회가 제도나 시스템을 피할 수는 없지만 그것은 늘 위기를 동반한다. 사람들로 구성된 교회는 구조상 갈등이 생기거나 쉽게 정치화, 서열화 또는 권력화되기도 한다. 또한 경직된 의사구조의 형태를 가진 교회는 필요한 변화의 요구를 감지하지 못하거나 소통이 단절되어 소수만의 교회로 전락할 위험이 있다.

교회는 구조상 담임목사에게 의존도와 집중도가 높다. 물론 담임목사가 영적 권위를 가지고 목회적 소신을 발휘하여, 변화를 시도할 수 있는 구조가 되어야 한다. 그러나 목회적 소신을 객관화하고 적절한 소통과 논의의 과정이 확보되지 않는 한 교회는 여러 가지 위험에 노출될 수 있다.

교회가 유기적이 되기 위해서는 성도들과의 소통을 최대한 전방위적이고 폭넓게 해야 한다. 또한 교회의 재정을 투명하게 공개하고, 가능하다면 의사결정권을 분산시켜서 소수의 오류가 전체에 미치는 영향력을 최소화하는 구조를 가져야 한다. 나아가 교회가 지나치게 직분화 또는 서열화되는 것을 경계해야 한다. 중직자가 아닌 일반 성도들도 사역과 의사결정에 참여할 수 있다면 교회는 훨씬 더 폭넓은 의견들과 다양한 전문성을 수용해 필요한 변화를 만들어 가기 쉬운 구조가 된다.

두 번째, 유기적인 교회의 특징은 리더십에 대한 의존성에서 팔로워십(followership)의 강화로 이동하는 것이다. 교회의 역동성은 좋은 리더십을 기초로 하되 성도 개인의 자발성과 적극적인 참여로 인해 이루어진다. 이는 예배, 공동체, 사역 등에 있어서 성도가 더욱 능동적이고, 참여적인 구조와 문화를 말한다.

팬데믹 시대에는 신앙생활을 이끌어 주는 주체가 교회에서 가정이나 개인으로 더욱 옮겨 가게 될 것이다. 많은 성도가 이번 거리두기를 통해 자신의 신앙의 현주소를 보게 되었으리라 생각한다. 팬데믹 상황은 개인의 영성에 대한 책임이 결국 자신에게 있다는 것을 깨닫게 해 준다. 예배 참석, 봉사, 직분, 각종 양육 프로그램 등 외적 활동의 요소들이 없어졌을 때 자신의 신앙을 궁극적으로 지탱해 주는 내면 신앙의 실체를 볼 수 있다. 결국 그것은 하나님과 나와의 진정성 있는 관계이고, 그 영적 책임은 자신에게 있음을 자각해야 한다.

그것을 위해 우선 우리의 예배가 수동적이지 않도록 경계해야 한다. 예배를 그저 시청자의 태도로 바라보지 않도록 하는 노력이 필요하다. 찬양은 찬양팀이나 성가대가 하고, 기도는 대표기도 하는 사람이 하며, 설교는 그저 듣고 끝나는 것이 아니다. 자신이 예배의 주체임을 기억하고 스스로 능동적인 참여를 훈련해야 한다.

교회 또한 이러한 상황에 대한 대책이 있어야 한다. 팬데믹 시대의 교회는 더 이상 성도에게 일방적으로 콘텐츠만 제공하는 역할에 그쳐서는 안 된다. 비대면 사회일수록 소그룹을 강화해야 하고, 다양한 소통 채널을 확보해야 한다. 온라인도 일방적이 아닌 상호소통이 가능한 문화를 가져야 하고, 가능하다면 성도의 필요에 실시간으로 대응할 수 있는 시스템을 갖춰야 한다. 즉 언제 또는 어디에 있든 기도제목을 나누거나, 구제 및 사역에 참여할 수 있고, 목회적 돌봄을 받을 수 있는 온라인 시스템을 구축해야 할 것이다.

세 번째, 유기적인 교회는 성도의 일상과 삶의 자리를 더욱 중요시하는 교회다. 우리가 하나님의 아들이요, 딸이라는 것은 교회에서만의 언어가 아니다. 직장에서도 나는 하나님의 자녀요 학교에서도, 세상 속에서도 그렇다.

온라인으로 예배하면서 신앙생활에 있어 일상의 중요성을 더욱 생각하지 않을 수 없다. 진정한 예배는 결코 교회에서 끝나지 않는다. 예배 시간에 경험하는 하나님과의 깊은 만남은 나를 교회를 넘어 세상 속에서 예배자로 만들어 준다. 주일의 예배가 주중의 예배로 이어지는 것이다. 참된 예배의 영성은 현실로부터 외진 곳에 있지 않고 오히려 그 반대다. 크리스천은 세상에 적극적으로 나아가며 예배가 무너진 세상 속에서 주님을 만나고 주님을 경배한다.

예배학자 알렉산더 슈메만(Alexander Schmemann)은 '세속주의의 핵심은 예배에 대한 부정(Negation of worship)'이라고 말한다. 우리의 예배가 일상으로 넘어가지 않을 때 우리는 교회에서 예배를 열심히 드리고도 세속주의에 빠질 수 있다.

하나님을 교회 공간에 가두는 신앙은 신앙이 아니라 불신앙에 가깝다. 그런 믿음은 우리의 일상에 대한 그분의 임재와 개입을 방해한다. 교회는 성도들로 하여금 세상에서 교회로 피하는 법을 가르치는 것이 아니라, 이미 세상 가운데 계시는 하나님의 지문을 발견하는 법을 가르쳐야 한다.

이러한 패러다임의 전환은 이전부터 주장되었지만 하나님은 이 시대에 보다 크게 말씀하시고 계신다. 언제 다시 팬데믹 이전의 상태로 돌아갈까만을 고대하는 자에게는 급한 바람과 같은 소리가 잘 안 들릴 수도 있다. 그러나 이 시간을 자성과 회개의 계기로 삼고 교회와 신앙의 본질을 회복하기를 갈망하는 자에게는 큰소리로 들릴 것이다.

≫ 모이는 교회에서 흩어지는 교회로

팬데믹 시대에 대해 깊이 생각할수록 이 상황이 교회의 진정성을 회복하기 위한 기회라는 확신이 더 강해진다. 함께 모여 예배드리지 못하고, 많은 사역이 중단된 것 같지만 사실 방법만 달리하면 교회의 본질을 지키는 일에는 큰 문제가 없다. 성도들은 여전히 말씀과 기도로 하나님을 만날 수 있고, 온라인으로 예배에 참여할 수 있으며, 조금만 기술적 노력을 기울이면 성도 간 교제와 나눔도 가능하다.

다만 이 상황에서 더욱 강조해야 할 교회의 역할이 있다면 그것은 다름 아닌 교회의 '선교적 기능'이다. 교회 존재의 목적이 교회 안보다 밖에 있음을 인식하고, 크리스천의 삶에 있어 진정성 있는 예배를 회복하는 것이다. 세상 속에서 하나님 나라의 확장을 위해 살아가는 크리스천의 선교적 역할이 이 상황 속에서 가장 절실히 요구된다.

팬데믹으로 인해 우리는 어쩔 수 없이 흩어졌다. 그러나 우리가 흩어진 그 자리야말로 하나님이 임재하시는 곳이요, 삶으로 드리는 참된 예배의 자리이며, 복음을 전해야 하는 선교지다. 교회의 본질로 돌아가자는 선교적 교회 운동은 그런 의미에서 팬데믹 시대의 상황과 너무 잘 맞아떨어진다. 모이는 것 자체가 어려워진 상황에서 모이는 것을 부정하자는 것은 아니다. 교회는 모이기를 힘쓰며, 우리는 영적 나태를 낳고 교회의 공동체성을 약하게 하는 상황에서 벗어나기를 고대해야 한다.

20세기 초, 네덜란드의 신학자요, 언론인이요, 정치인이었던 아브라함 카이퍼(Abraham Kuype)는 교회가 제도적 교회와 유기적 교회로 나누어진다고 설명한다. 제도적 교회가 형체를 가진 물리적 모임으로서의 교회라면, 유기적 교회는 세상에서 활동하는 크리스천을 말한다. 하나님 나라의 확장은 제도적 교회와 유기적 교회가 상호 보완적인 관계에서 균형을 이룰 때 가장 효과적으로 이루어진다. 앞문이 닫히면 뒷문이 열린다는 말처럼, 모이기 힘든 이 상황에서 교회는 흩어지는 역할을 통해 하나님 나라를 위한 지상과제를 수행해야 한다.

그런 면에서 교회는 하나님의 사람들이 모일 뿐 아니라 본격적으로 세상에 그들을 파송하는 곳이 되어야 한다. 교회는 성도가 세상에서 살다가 숨는 도피처가 아니라 세상에 나갈 성도들을 준비시키고 훈련하는 곳으로서 기능할 때 그 본연의 임무에 가장 충실할 수 있다. 우리가 모이는 이유가 흩어지기 위함에 있었음을 보여 주는 팬데믹 상황은 그런 의미에서 교회에 찾아온 은혜의 시간이다.

성도의 섬김과 사역의 장이 세상이 아닌 교회 안에만 집중되어 있을 때 교회는 교회 되지 못한다. 성도는 세상에서 하나님의 사역에 참여하는 사람, 즉 최전방(Front-line)의 선교사이다. 그런 의미에서 하나님 나라 사역에 있어 주연은 성도이고, 교회는 성도 중심이 되어야 한다. 교역자는 단지 성도들이 교회 생활을 잘하도록 도와주는 존재가 아니라 세상에서 하나님 나라를 위해 활동하는 성도들을 파송하고 도와주는 자로서의 선교적 역할을 감당해야 한다.

교회와 성도의 존재 자체가 세상 속에서 하나님 나라의 확장을 위한다는 개념은 코로나 사태가 이 시대에 가르쳐 주는 매우 중요한 진리다. 거짓 가르침은 신앙을 개인과 개교회적 차원으로 국한해 개인과 교회를 병들게 한다. 교회가 하나님 나라를 추구하지 않으면 그 교회는 반드시 누군가의 왕국을 추구하게 되어 있다. 성도가 세상에서의 본분을 잊고, 교회 안에서 사람들의 인정받는 일에 집중하고 영향력을 추구할 때 교회도 죽고 세상도 죽는다.

그런 면에서 팬데믹 시대는 신앙생활의 구심점을 교회가 아닌 세상으로 옮기게 하는 촉매제 역할을 한다. 이제 교회는 그런 신학적 도전에 대해 피상적이 아니라 구체적으로 반응해야 한다. 설교자의 메시지에서, 예배의 내용에서, 소그룹의 구성과 역할에서, 각종 사역에서 흩어진 교회의 선교적 DNA를 활성화시켜야 한다. 특히 이제는 온라인으로 인해 이전보다 교회 밖에 있는 사람들을 위한 접촉이 더 간편하고 쉬워졌다. 시간과 공간을 넘어 해외에 있는 미전도 지역과의 간격도 좁아졌다. 이 시대는 이전의 어떤 시대보다도 선교를 위한 가장 절호의 기회요, 골든타임이다.

흩어짐이란 단지 전도지를 가지고 나아가는 것이 아니다. 근본적으로는 우리 자신이 전도지여야 하고, 크리스천의 일상과 삶이 복음의 매개체가 되어야 한다. 이제 교회는 마켓플레이스, 대중문화, SNS 등 사람들이 있는 세상으로 담대히 나아가야 한다. 그 세상의 한복판에서 믿지 않는 사람들의 공감대와 호의를 끌어낼 수 있는 다양한 사역을 시도해야 한다. 신문에는 주로 교회에 대해 부정적인 기사만 나오기에 그들이 기독교에 가지고 있는 선입견을 바꿀 수 있는 사역이 절실히 필요하다. 크리스천의 문화와 신앙을 간접적으로나마 경험할 수 있는 프로그램과 커뮤니티를 만들고 그들과 대화할 기회를 만들어 가는 데 총력을 기울여야 한다.

≫ 소그룹: 오프라인에서 온·오프라인으로

언택트 시대에 중요성이 강조된 것은 콘택트다. 당연하게 들릴 수도, 역설적으로 들릴 수도 있지만 부인할 수 없는 사실이다. 크리스천에게 있어 여럿이 서로 같은 공간에 모여 예배하고 교제하는 것은 포기할 수 없는 가치다.

크리스천의 신앙이 성장하고 삶이 변화되는 데 있어 소그룹의 역할은 아무리 강조해도 지나침이 없다. 특히 이번 팬데믹 기간을 보내며 교회들이 소그룹 모임의 중요성을 더욱 인식하게 되었으리라 생각한다. 함께 모여 예배를 드리지 못할지라도 소그룹 모임을 정기적으로 했던 교회는 친밀한 관계로 묶여 있기에 공동체성에 있어 위기감을 덜 느낄 것이다.

성도들이 긴밀하게 연결되지 못한 교회는 현장에서 예배하지 못하는 위기가 찾아왔을 때 더 큰 혼란을 경험할 수밖에 없다. 반면, 자주 모이고 소그룹 참여율이 높은 교회는 주로 리더 훈련이 잘 되어 있고, 성도 간의 응집력이 강하며, 교회의 비전과 방향에 있어 공감대가 높기에 위기에 강하다. 신앙이 본질적으로 관계적인 것처럼 교회는 관계적인 공동체이고, 그것에 기초하여 활력과 역동성 그리고 영적 효율성을 가진다.

팬데믹 시대에 사회활동이 줄면서 사람들의 외로움이 가중될 것은 매우 자명하다. 모든 것이 빠르게 변하고 심지어 문명이 바뀌어도 관계에 대한 인간의 기본적인 욕구는 쉽게 변하지 않을 것이다. 더욱이 신앙적 관점에서 볼 때 인간의 관계에 대한 필요성은 단지 욕구가 아니다. 그것은 타락한 본성에도 불구하고 우리에게 남아 있는 하나님의 형상이요, 개인의 신앙을 자라게 하는 영적인 터요, 교회를 구성하는 본질적 요소다. 그런 면에서 교회는 이전보다도 더 소그룹의 중요성과 필요성을 강조해야 하고, 이 부분에 있어 더 많은 관심과 열정을 기울여야 할 것이다. 문제는 이전과는 다른 방식이 필요하다는 것이다.

콘택트하기 어려운 상황에서 콘택트하기 위해서는 이전의 방법이 아닌 다른 방법을 이용해야 한다. 즉, 비대면의 방식으로 대면하는 온라인 콘택트가 그 방법이다. '온택트(ontact)'라고 하기도 한다. 비대면 시대인 지금으로서는 유일한 콘택트 방법이다. 이미 빠른 변화 속에 있는 상황에서 예전의 방식만을 고집하면 할수록 소그룹의 역동성은 더 약해질 것이다. 아쉽더라도 교회는 이제 온라인으로 모이는 데 익숙해져야 하고, 또한 그렇게 될 것이다.

코로나19로 인해 이미 많은 성도가 온라인으로 모이고 있다. 성도의 연령대가 대체로 디지털에 익숙하지 않은 분들이 많고, 교회가 사회보다 온라인 적응력이 떨어지는 것도 사실이다. 하지만 성도들이 더욱 디지털 기술과 문화에 익숙해질 수 있도록 교회 차원에서 지속적으로 도와야 한다. 이는 단지 영상을 제작하고 시청하는 차원이 아니라, 디지털 기술을 통한 소통과 네트워크 그리고 각종 사역 및 선교에 이르기까지 참여하도록 이끄는 것이다. 본질이 유지되기 위해서는 방법론이 바뀌어야만 한다.

디지털 기술을 통한 소그룹 모임은 단점도 있지만 여러 면에서 장점도 많다. 특히 시간적인 면에서 오프라인으로 모이는 것보다 적은 시간을 요구한다. 물론 성도 간의 관계는 직접 만나서 시간을 함께 보내며 깊어지지만, 모임의 목적이라는 면에서만 보면 확실히 효율성이 증가한다. 불필요한 대화를 줄일 수 있고, 식사나 간식을 준비하는 시간도 절약된다. 또한 이동할 필요가 없기에 시간과 비용이 절약되고 이동이나 주차, 교통 혼잡 문제도 해결된다.

또한 어느 공간에서 모일지 고민할 필요가 없고, 가정에서 모일 경우 초대자가 부담을 느낄 일도 없다. 방문자가 선물을 사갈 필요도 없다. 같은 장소에 있지 않기에 불필요한 긴장감과 갈등의 요소도 직접 대면하는 것보다 줄어들 수 있다. 여러 제약요소와 핑곗거리가 줄어듦으로 인해 참여도도 높아진다.

물론 이런 모든 것이 다 장점은 아니다. 함께 모여 차를 마시며 담소를 나누고, 다른 이들을 위해 식사를 준비하는 수고를 하고, 시간과 공간 등 여러 면에서 희생을 하며 얻어지는 사랑과 공동체성은 온라인으로 대체하기 어렵다.

그렇기에 오프라인 소그룹 모임은 매우 중요하며, 계속되어야 한다. 하지만 예상컨대 백신 접종이 완료되어 팬데믹이 끝난다고 해도 온라인 소그룹 모임은 계속 활성화될 것으로 보인다. 지금이라도 교회는 온라인 소그룹을 강화하는 데 총력을 기울여야 할 것이다. 성도들에게 온라인 모임을 위한 기술을 가르치고, 모든 교회의 양육과 사역을 소그룹 위주로 가져감이 현명하다.

>>> 차세대교육: 교회에서 가정으로

팬데믹으로 인한 자가격리로 인해 아이들은 이전보다 집에 있는 시간도, 부모와 함께 있는 시간도 더 많아졌다. 바깥이 위험해진 만큼 포스트 코로나 시대 또한 집에서 더 많은 시간을 보내야 할 것이다. 무슨 의미인가? 아이들에게 가정의 역할과 영향력이 더 커진다는 뜻이다. 힘든 점도 있지만 이 상황은 부모에게 있어 자녀의 신앙교육을 위한 매우 소중한 기회이다.

어린아이에게 가정은 어른들보다 훨씬 큰 의미를 가진다. 그들에게 가정은 우주이자 온 세상이다. 그곳에서 일상을 배우고 삶을 배운다. 가정이 평안하면 아이는 세상을 평안한 곳이라고 생각한다. 그러나 가정에 긴장과 싸움이 있으면 아이는 세상이 불안전한 곳이라고 느낀다.

아이에게 부모란 어떤 존재인가? 아이에게 부모는 하나님을 반영하는 존재이다. 아빠와 엄마가 자신을 사랑한다고 느끼면 그들은 하나님의 사랑을 느낀다. 반면 부모의 무조건적인 사랑을 느끼지 못할 때 하나님의 사랑은 아이들에게 공허한 개념이 된다. 그런 의미에서 가정은 매우 신비스럽고 신성한 곳이다. 가정은 하나님을 만나고, 배우고, 체험하는 공간이다.

네 자녀에게 부지런히 가르치며 집에 앉았을 때에든지 길을 갈 때에든지 누워 있을 때에든지 일어날 때에든지 이 말씀을 강론할 것이며 너는 또 그것을 네 손목에 매어 기호를 삼으며 네 미간에 붙여 표로 삼고 또 네 집 문설주와 바깥 문에 기록할지니라 신 6:7-9

"집에 앉았을 때에든지 … 누워 있을 때에든지 일어날 때에든지", "집 문설주와 바깥 문에" 등은 모두 집과 관련된 표현이다. 이는 아이들에게 말씀을 가르치는 장소가 바로 가정임을 의미한다. 그런 면에서 부모는 아이들에게 있어 최초의 교사이자 가장 영향력 있는 교사이고, 모든 교사가 사라져도 끝까지 남아 있는 마지막 교사이다.

또한 이 표현들은 일상의 활동, 즉 일상의 시간을 말한다. 이 일상의 때야말로 아이들에게 말씀을 가르칠 수 있는 하나님의 때다. '집에 앉았을 때' 즉 아이들과 거실에 앉았을 때 그 대화 속에 하나님이 계셔야 한다. '누워 있을 때' 즉 아이들이 잠자리에 들 때에 부모는 하나님의 축복을 선포해야 한다. '길을 갈 때에', 즉 운전하거나 산책할 때 부모는 자녀들에게 크리스천의 모습을 보여 줄 수 있어야 한다. 그 시간이 쌓여 자녀들의 의식과 무의식에서 신앙을 싹트게 하고, 결국 그것들이 그들의 믿음의 근간을 이룬다.

신앙교육이란 무엇인가? 그것은 하나님과 아이들을 연결하는 일이다. 즉 하나님과의 접촉점(Contact point)을 만드는 것인데, 그 접촉점이 바로 가정이요 부모이다. 신앙교육의 핵심은 '비형식적이고 무의도적'이어야 한다. 그렇다면 그 주체는 교회보다도 가정이 우선되어야 한다. 교육 방법은 특별히 다른 것이 없다. 부모가 크리스천으로 살면 된다. 의식하지 않아도 부모의 신앙과 가치관이 흘러 들어가게 하는 것, 이론 위주가 아니라 실습 위주의 교육이다.

신앙교육에서 가지고 있는 가장 큰 오해는 교육의 주체를 교회라고 여기는 것이다. 분명히 말하지만, 기독교 교육의 핵심은 교회가 아니라 가정이다. 이것은 개인적인 의견이 아니라 성경이 가르치는 바요, 모든 기독교 교육학자들이 일관적으로 주장하는 바이다.

매우 자명한 사실 중 하나는, 교회가 아이들에게 영향을 미칠 수 있는 시간이 절대적으로 부족하다는 것이다. 일주일에 한두 시간이니 고작해야 1년에 100시간도 안 된다. 하지만 부모가 아이에게 영향을 미칠 수 있는 시간은 3천 시간 이상이다. 교회보다 30배나 더 많다. 물론 시간만으로 자녀의 신앙교육이 좌우될 수는 없다. 하지만 보다 많은 시간의 양은 아이들의 신앙교육에 있어 절대적으로 유리하며, 그런 면에서 교육의 주체로서의 가정의 역할과 책임감은 더욱 강조될 수밖에 없다.

많은 부모가 자녀를 각 교육부서에 데려다주면 아이들의 믿음이 자랄 것이라는 좋은(?) 믿음을 가지고 있다. 성적은 학원에 데려다주면 오를지 모르겠지만, 신앙은 부모가 자녀들의 신앙교육에 책임감을 갖지 않는 한 교회의 교육만으로 성장하지 않는다. 다시 말해 부모가 진짜 신앙의 모습을 보여 주지 않는한 교회에서 어떤 좋은 프로그램을 한들 밑 빠진 독에 물 붓기이다. 교회의 교육은 반드시 가정교육의 기반 위에 서 있어야 한다. 물론 교회 교육에서의 좋은 시스템과 노력이 필요하다. 그러나 반드시 큰 돌부터 넣어야 한다. 신앙교육이 가정에서 이루어질 수 있는 생태계를 먼저 만들어 놓아야 한다. 이제는 차세대교육의 주체를 가정으로 양도해야 한다. 교회는 그것을 지원하는 역할을 할 뿐이다.

영향력 있는 크리스천 사회학자요 교육학자인 파커 파머(Parker Palmer)는 신앙교육에 대해 다음과 같이 말한다. "신앙을 가르치는 것은 더 이상 지식을 가르치는 행위가 아니라 진리에 대한 순종이 실천되는 공간을 창조하는 일이다." 그 공간이 가정이 될 때 신앙교육은 최고의 효과를 발휘한다. 가정은 배운 바를 실천할 수 있는 곳이요, 자녀의 신앙교육에 있어 절대 포기할 수 없는 최적의 장소이다. 배운 바를 실천하는 공간으로 가정을 창조하라. 그것은 가정을 말씀으로 살아낼 수 있는 생태계로 만드는 것이다.

팬데믹 기간은 신앙교육에 있어 부모의 책임을 다시 회복하는 골든타임이다. 이 거룩한 책임감이 부모에게도 좋은 영적 도전이 될 것임은 너무 분명하다. 그것은 가족 모두에게, 그리고 각자의 삶의 전반에서 아름다운 변화를 경험하게 될 것이다.

≫ 전도: 방법론에서 진정성으로

디지털 시대의 마케팅은 기존의 방식으로 이루어지지 않는다. 팬데믹 시대의 교회에 대한 논의에서 '마케팅'이라는 단어가 뜬금없이 들릴 수 있지만, 우리 시대의 삶의 패턴을 이해하기 위해서는 시장에서 사람들의 소비 형태를 반드시 파악해야 한다. 특히 전도에 대해서는 더욱 그렇다. 그 시대의 문화 속에서 적응된 삶의 패턴이 커뮤니케이션이나 접근, 나아가 신앙생활에 어쩔 수 없이 영향을 미치기 때문이다.

기독교 본질인 복음은 절대적이고 변화가 없다. 하지만 복음이 전달되는 방식은 변할 수 있다. 아니, 반드시 변해야 한다. 방법론을 본질과 혼동하여 고수함으로써 처한 시대에 적응하지 못할 때, 교회는 쇠퇴의 길을 걸을 수밖에 없다. 복음은 상황(context) 속에 있으며 그 상황의 옷을 입을 때 오히려 본질을 유지할 수 있다.

　현재도 그렇지만 당분간 온라인 시대의 홍보나 마케팅은 상당 부분 팬덤(fandom) 방식으로 이루어질 것이다. 그것이 유일한 형태는 아니겠지만 현재 그리고 당분간 앞으로 다가올 미래에 가장 유효한 형태인 것은 분명하다. 예를 들어 나이키나 아디다스 등 스포츠 브랜드는 자신들의 회사를 지지하는 전문가, 얼리어답터(Early adopter), 마니아층을 위해 커뮤니티를 만들고, 지지층을 확보해 브랜드 가치와 매출을 올린다. 즉 커뮤니티를 통해 고객과 친밀한 관계를 얻고 회사의 상품에 대한 사용자 경험(User experience)을 갖게 한다. 이를 통해 그들로부터 피드백을 받고 충성도를 끌어올린다.

　전 세계를 열광하게 만든 한국 그룹 방탄소년단(BTS)도 마찬가지다. 방탄소년단은 '아미(ARMY)'라는 팬클럽에 다양한 콘텐츠를 제공하고 아미는 그 콘텐츠를 자신과 연결된 사람들에게 공유한다. 방탄소년단의 성공에 가장 큰 영향을 미친 것 중 하나가 바로 탄탄한 팬클럽이다. 아미는 온·오프라인 공간에서 방탄소년단을 지지하고 그들의 콘텐츠를 퍼뜨린다. 세계무대에서 수상시키기 위해 글로벌 규모의 팬덤이 조직적으로 움직이며, 자발적으로 다양한 모임과 놀이의 장을 만들기도 한다. 그들은 지역과 시간과 문화를 넘어, 전 세계의 아미를 집결해 하나의 팬덤으로 움직인다.

　방탄소년단은 SNS 및 미디어를 통해 팬들과 직접 소통하고, "더 나은 세상을 만들자"는 자신들의 세계관을 공유한다. 팬들은 그들의 노래뿐 아니라 그들이 전하는 메시지와 그들의 행동 하나하나를 통해 진솔함과 매력 그리고 친밀감을 느낀다. 친밀감은 단지 보이는 것이나 감정에 호소하는 것만으로는 불가능한 차원의 관계를 말한다. 비즈니스가 아니라, 팬들에 대한 사랑과 존중으로 연결된다. 다시 말해 진정성이다.

방탄소년단의 노래, 공연, 말과 행동은 그들의 세계관과 연결된 감동 포인트다. 진정성은 사람의 마음을 얻을 수 있는 가장 강력한 방법인데, 이것이 팬덤의 핵심이다. 진정성을 느낀 사람은 자발적으로 자신이 경험한 감동을 다른 사람에게 반드시 전한다. 한두 예만 들었지만 이러한 팬덤이 요즘 기업이나 각종 단체에서 총력을 기울이는 마케팅의 형태다. 단순히 비즈니스나 연예계의 이야기로 치부하기에는 시대와 문화의 코드를 읽는 데에 중요한 힌트를 제공한다. 특별히 이 팬덤은 주로 온라인으로 활동이 이루어지기에 파급속도나 영향력이 이전 시대의 어떤 마케팅보다도 강력하다. 그러나 그런 방법론에 앞서 주목해야 할 것이 있다. 그것은 바로 팬덤을 움직이게 하는 원동력이다.

목회자나 교회가 성도를 팬으로 생각하거나, 팬덤 자체가 전도나 목회의 방법론이 되어야 한다고 말하는 것은 결코 아니다. 하지만 이 팬덤의 메커니즘 속에 오늘날 교회와 성도가 회복해야 할 매우 중요한 가치들이 있다. 진정성 있는 성도의 신앙과 삶, 그리고 이를 통한 커뮤니티의 형성과 확산이다.

그동안 교회는 다양한 방법으로 전도를 해왔다. 사영리를 가르쳤고, 길거리와 캠퍼스에 나가 복음을 전했으며, 각종 행사를 통해 믿지 않는 자들을 교회로 초청했다. 어느 하나 귀하지 않은 것이 없다. 하지만 조금 더 이 시대를 이해하고, 새롭게 다가온 탈 기독교의 문화 속에서 복음을 전하기 위해서는 더 이상 어떤 방법론에 의존해서는 안 된다. 유일한 돌파구는 우리가 이전보다 신앙과 삶에 대해 더 진정성을 가지는 것이다. 너무나 당연한 말 같지만, 우리는 진정성 없이 복음을 전하기 훨씬 어려운 시기를 맞이했다. 그러나 진정성은 나의 성격이나 상황, 직업과 상관없이 사람을 나에게로 이끈다.

언택트 시대로 인해 믿지 않는 사람과의 접촉이 더 쉬워졌고 콘텐츠를 나누는 방법도 간편해졌다. 하지만 누군가를 통해 복음의 진정성을 경험하지 못한 사람은 콘텐츠와 방법론에 의해 움직이지 않는다. 한 영혼을 향한 사랑과 관심의 진정성이 느껴질 때 그 관계를 통해 복음은 감동이 되고 큰 울림이 된다. 많은 것이 디지털화된 세상 속에서 크리스천이 자신의 신앙을 살아내는 아날로그적 모습은 더 큰 가치로 느껴질 것이다. 또한 설교에 있어서, 목회적 관계에 있어서, 교회의 비전과 사역에 있어서 그 진정성이 느껴지는 만큼 교회의 영향력 또한 확대될 것이다.

≫ 결론

팬데믹 시대가 긍정적이든 부정적이든 관계없이 우리에게 주어진 시대임은 분명하다. 그것은 애써 부인할 수도 없다. 도리어 시대의 변화를 무시하면 그 대가를 치러야 할 수밖에 없다. 그리고 그 변화의 요청도 우리에게 그리 많은 시간을 줄 것 같지는 않다.

목회하는 자로서 교회의 변화가 얼마나 어려운 것인지 충분히 공감한다. 목회자만 바뀐다고 될 일도 아니고 함께 의사를 결정하는 교회의 리더와 성도, 특히 시대의 변화에 상대적으로 적응이 느린 세대에게도 도전이 될 것이다. 하지만 다시 생각해 보면 누구도 공감하지 않을 수 없는 팬데믹의 위기야말로 교회의 변화를 끌어낼 수 있는 절호의 기회다. 우선은 새로운 시대에 맞는 목회철학과 방향의 전환에 대해 성도들의 공감대를 끌어내는 것이 필요할 것이다. 그리고 그 원칙에 따른 구체적 안건들이 생기면 보다 강한 설득력을 가지고 변화를 시도할 수 있으리라 생각한다.

1. 복잡한 교회에서 단순한 교회로

팬데믹 시대 이후의 교회는 더욱 단순해야 한다. 본질에 집중하기 위해서 단순해야 하고, 미래를 준비하는 힘을 모으기 위해서 단순해야 하며, 변화에 적응하고 혁신을 일으키기 위해 단순해야 한다.

2. 제도적 교회에서 유기적인 교회로

교회의 제도화는 그 변화를 막는 요소가 될 수 있다. 교회가 제도나 시스템을 피할 수는 없지만 그것은 늘 위기를 동반한다. 경직된 의사구조의 형태를 가진 교회는 필요한 변화의 요구를 감지하지 못하거나 소통의 단절과 소수만의 교회로 전락할 위험이 있다.

3. 모이는 교회에서 흩어지는 교회로

팬데믹으로 인해 우리는 어쩔 수 없이 흩어졌다. 그러나 우리가 흩어진 그 자리야말로 하나님이 임재하시는 곳이요, 삶으로 드리는 참된 예배의 자리이며, 복음을 전해야 하는 선교지다.

4. 소그룹: 오프라인에서 온·오프라인으로

자주 모이고 소그룹 참여율이 높은 교회는 주로 리더 훈련이 잘되어 있고, 성도 간의 응집력이 강하며, 교회의 비전과 방향에 있어 공감대가 높기에 위기에 강하다.

64 | 뉴노멀 시대, 교회의 위대한 모험

5. 차세대교육: 교회에서 가정으로

팬데믹으로 인한 자가격리로 인해 아이들은 이전보다 집에 있는 시간
도, 부모와 함께 있는 시간도 더 많아졌다. 부모가 진짜 신앙의 모습을
보여 주지 않는 한, 교회에서 어떤 좋은 프로그램을 한들 밑 빠진 독에
물 붓기이다. 교회의 교육은 반드시 가정교육의 기반 위에 서 있어야
한다.

6. 전도: 방법론에서 진정성으로

유일한 돌파구는 우리가 이전보다 신앙과 삶에 대해 더 진정성을 가지
는 것이다. 한 영혼을 향한 사랑과 관심의 진정성이 느껴질 때 그 관계
를 통해 복음은 감동이 되고 큰 울림이 된다.

위기에 강한 교회는 본질에 충실한 교회다. 분명한 정체성을 가진 성도로 구성된 교회는 어떠한 도전이 와도 흔들리지 않는다. 그런 의미에서 코로나19는 강력한 각성을 불러일으키며 본질로 돌아갈 기회를 교회 공동체에 제공하고 있다. 실제로 이 위기를 기회로 여기며 선교적 돌파를 이루어 내고 있는 교회의 공통점은 한결같다. 본질에 입각해 단순하며(simple), 유기적(organic)이고, 선교적(missional)인 특성을 가지고 있다. 모든 사역이 분명한 핵심가치 위에서 왜(why), 무엇을(what), 어떻게(How) 해야 하는지가 선명하다.

일상의 삶이 중요하다면 교회의 사역 역시 이를 뒷받침 하는 체제로 바뀌어야 한다. 내부에 충실한 성도가 아니라 세상 한복판에서 선교적 삶을 살아 낼 수 있는 제자를 만들어 내는 데 노력과 열정이 집중되어야 한다. 패러다임 시프트(Paradigm shift)를 넘어 사역의 시프트(Ministry shift)가 발생해야 한다. 그렇다면 우리는 교회를 어떻게 가볍고 단순화시킬 수 있을까. 어떻게 공동체를 옭아매 왔던 낡은 구조와 제도로부터 탈출할 수 있을까? 자신의 사명을 깨닫고 열정을 품은 성도들이 교회와 세상 속에서 자신의 은사를 활용해 마음껏 사역할 수 있는 구조를 만들기 위해 우리는 어떤 노력을 기울여야 하는가. 이를 통해 부르심이 사역이 되고 상상이 현실이 되는 교회가 되어야 한다. 그것이 일상에서, 가정에서, 온라인에서 펼쳐지기 위해 우리는 무엇을 바꾸고 변화시켜야 할 것인가? 함께 고민할 수 있기를 바란다.

Discussion

1. 우리 교회는 위기에 강한 교회인가? 위기 속에서 우리는 어떤 대응을 해 왔는가? 변화를 가로막고 있는 오래된 관행과 습관이 있다면 무엇인지 살펴보고 어떻게 교회가 더욱 단순해질 수 있는지 생각해 보자.

2. 시대에 맞는 목회 철학과 사역 방향을 재설정하고 리더들과 토론해 보자.

3. 유기적 교회는 자발적이고 참여적인 사역 문화가 제공될 때 형성된다. 성도들이 주체가 되어 움직이는 문화를 형성하기 위해 할 수 있는 구체적인 방안을 찾아보자.

03 / 김병삼

감리교신학대학교 신학과(B.A.)와 동대학원(M.Div.)을 졸업한 김병삼 목사는 미국 개렛 신학대학원에서 목회 신학석사(M.Div.), 유나이티드신학대학원에서 선교학 박사(D.Miss.) 학위를 받았다. 현재 만나교회 담임목사로 사역하며, (사)월드휴먼브리지 대표와 하늘다리호스피스 이사장으로 섬기고 있다. 저서로는 『웰컴 투 광야』, 『잃어버린 교회를 찾아서』, 『PRAY ON – 기도의 불을 켜라』외 30여 권이 있다.

https://manna.or.kr/

*유튜브 〈만나 미디어교회〉

창의적 예배와 설교

김병삼 목사(만나교회)

코로나19는 우리가 적응할 새도 없이 세상을 바꾸어버렸다. 교회도 예외는 아니었다. 세상을 뒤집어놓은 변화의 물결은 도미노처럼 교회에까지 밀려들어왔다. 목회자들이 우왕좌왕하며 당황한다면 그런 모습을 본 성도들은 더욱 큰 영적 두려움에 휩싸일 것이다.

"변하는 세상 가운데서 변하지 않는 복음을 어떻게 전할 것인가?" 교회가 담대하고 용기 있게 다양한 시도를 해나간다면 질문의 답은 의외로 간단히 찾을 수 있다.

창의적 예배와 설교

코로나19는 사회 전반적으로 많은 변화를 불러일으키고 있다. 교회도 예외는 아니다. 함께 모여 예배하는 공동체인 교회는 모일 수 없는 상황에서 예배의 방법을 고민해야 했다. 이런 불가피한 변화들에 대해 성경적으로, 신학적으로 응답하는 것은 교회의 전통적인 의무이며, 마땅히 해결해야 할 사안이다. 신학적 해석 못지않게 실제적인 대안을 제시하는 것도 중요하다. 그리고 그 대안으로서 등장한 것이 '온라인을 통한 비대면 미디어 예배(이하 다양한 비대면 예배는 미디어 예배로 통일)'이다.

내가 섬기고 있는 만나교회의 미디어 예배는 예배를 위해 모일 수 없어 헤매고 있을 때 자연스럽게 길을 찾아 주었다. 이전의 미디어 예배는 예배 실황을 중계해 주는 정도의 역할을 했었다. 하지만 이제는 예배의 구성과 메시지가 모두 '영상화'를 염두에 두고 이루어져야 할 정도로 미디어 예배의 중요성이 커졌다. 코로나19는 모든 교회로 하여금 예배의 변화를 피할 수 없도록 만들었다.

미디어 예배를 드려야 하는 상황에서 교회는 또 다른 중대한 도전을 받는다. "변하는 세상 가운데서 변하지 않는 복음을 어떻게 전할 것인가?" 이 질문에 시급하게 응답하는 것이다. 예배의 변화가 사회의 변화에 따른 불가피한 선택에 그치는 것이 아니라, 복음의 본질을 찾아가는 하나의 길이 되어야 한다. 변화의 이유가 단지 생존을 위해서가 아니라 교회를 변하지 않는 복음 위에 다시금 세우기 위함이 되어야 한다. 그러므로 교회는 세속화된 공동체가 아니라, 세상 속에서 하나님의 기대와 소명을 가지고 세상을 변화시키는 거룩한 교회 공동체가 되는 꿈을 다시 꾸어야 한다. 이런 꿈을 위해 만나교회가 치열하게 고민하고 실행하며 얻은 유익들을 나눔으로써 다가올 시대의 예배와 설교에 작은 도움이 되었으면 한다.

>>> 영상으로 예배해도 괜찮을까?

코로나19가 장기화하면서 많은 사람이 미디어로 예배를 드리고 있다. 처음에는 온라인 예배가 불가피한 상황이었지만 지금은 예배의 표준 중 하나가 되었다. 출애굽기 3장에서 하나님은 모세를 부르시며 "네가 선 곳은 거룩한 땅이니 네 발에서 신을 벗으라"(출 3:5)라고 말씀하셨다. 이는 우리가 서 있는 곳에 하나님이 임하시면 그곳이 곧 거룩한 장소가 된다는 것을 의미한다. 다가올 시대의 교회는 사람들을 모이게 할 뿐 아니라 흩어져서도 예배할 수 있도록 도와야 한다. 하나님이 계신 곳이 곧 예배의 자리이며, 결국 삶의 모든 영역에서 하나님을 예배할 수 있다는 뜻이기 때문이다. 이 예배의 형태를 활용하여 교회의 건물을 넘어 삶의 자리에서 예배하는 기회로 삼아야 한다.

많은 성도가 영상예배에 거부감을 느끼기도 하고 우려를 표하기도 한다. 그러나 예배는 하나님에 대한 사랑을 표현하는 것이기에 방식이 달라도 신령과 진정으로 드리는 것이라면 용납할 수 있어야 한다. 하나님은 예배하는 자를 찾으시며 다른 모양과 다른 환경에 있는 사람일지라도 그들의 모든 것을 기꺼이 받으시기 때문이다. 이런 점에서 미디어 예배는 얼마든지 영적인 예배를 드릴 수 있는 또 다른 모양과 환경이다.

문제는 우리가 새로운 것에 대해서는 선뜻 익숙해지려 하지 않는다는 것이다. 익숙하지 않은 형식에 대해 마음을 열기 어렵기 때문에 미디어로 예배하는 것이 누군가에게는 여전히 불편하고 불만족스러울 수 있다. 그러나 예배가 하나님을 향해 마음을 열고 사랑을 표현하는 것임을 인정한다면, 미디어가 그러한 예배를 가능케 한다는 것을 기억해야 한다. 이런 이유로 만나교회는 예배를 디자인할 때 믿음의 공동체가 함께 참여할 수 있는 다양한 방법들을 연구하고 시도한다. 미디어 예배는 그 일환 중 하나로, 교회에 찾아올 수 없는 성도들을 위해 시작했다.

>>> 더 많은 사람이 더 많은 예배를 드릴 수 있다

미디어 예배의 가능성은 선택의 확장성에 있다. 만나교회에는 예배의 순서마다 다양한 콘셉트가 있다. 어떤 예배는 기도하고 찬양하는 데 시간을 좀 더 할애하고, 어떤 예배는 클래식 연주와 함께 예배를 진행한다. 비록 모두를 만족시킬 수 없겠지만 다양한 형식, 가능성을 준비하는 것은 가능한 한 많은 사람이 가장 기쁘게 하나님께 사랑을 표현할 수 있는 예배로 나아오도록 돕기 위해서다.

그렇기 때문에 만나교회의 예배는 '교회 중심'적인 예배가 아니라 '선교 중심'적인 예배라고 할 수 있다. 선교 중심적인 예배는 아직 하나님을 향한 사랑을 경험하지 못하고, 표현하지 못한 사람들이 자연스럽게 예배 가운데 들어오도록 돕는 예배다. 하나님은 매일 사랑을 표현하는 자들의 고백도 기뻐하시지만, 사랑한다는 고백을 자주 하지 못하는 성도들의 고백을 더 기쁘게 받으신다. 하나님은 이 땅의 모든 백성이 구원받기를 원하시며, 이 땅의 모든 백성이 예배하기를 원하시기 때문이다. 미디어 예배를 통해 더욱 다양한 예배가 드려진다면 아직 예배에 적응하지 못한 사람들이나 마음이 닫혀 있는 사람들이 더욱 마음을 열고 예배의 자리로 나아올 수 있을 것이다.

지난 고난주간에 만나교회는 미디어로 특별새벽기도회를 진행했다. 미디어로 새벽기도회를 드리면서 발견한 유익은 새벽 시간에 예배에 참여하는 성도가 늘어났다는 점이다. 보통 현장에서 새벽기도회를 진행하면 2천여 명 정도가 참여했다. 많은 성도가 출근 준비 및 자녀의 등교 준비 등으로 기도 시간을 충분히 가지지 못하고 서둘러 교회를 떠나야 하는 아쉬움도 있었다. 반면, 미디어로 새벽기도회를 진행하자 평균 동시접속자 수가 1천8백여 명 정도였다. 가정 단위로 시청하는 경우가 많음을 고려하면 적어도 약 3천 명 이상이 예배를 드렸다고 추산한다. 또한 교회를 오가는 이동 시간이 없기 때문에 기도에 좀 더 시간을 투자할 수 있다는 것이 무엇보다 큰 장점이었다. 기도회가 시작된 오전 5시 30분부터 설교가 끝난 뒤까지 접속 중인 성도가 유지되었다는 것이 현장 예배로 기도회를 진행할 때와 큰 차이였다.

고난주간 새벽기도회를 통한 새로운 시도 중 하나는 온라인 성찬식이었다. 코로나19 이후 온라인 성례전에 대한 여러 가지 논의가 있었다. 감리교신학대학교 예배학 박해정 교수는 〈온라인 성찬에 대한 소고〉에서 "코로나19와 같은 제한적인 상황에서 온라인 성찬을 통해 누구도 배제되지 않고, 모두가 동등하게 그리스도의 거룩한 식탁에 올 수 있도록 교회는 보다 적극적으로 성도들을 초대해야 한다"고 말한다. 만나교회는 실제로 성금요일 새벽기도회 때 온라인 성찬을 진행했다. 전날 광고를 통해 각 가정에서 성찬에 참여할 준비를 할 수 있도록 안내했고, 온 가족이 함께 참여함으로써 성찬의 의미를 가정에서 함께 생각해 볼 수 있는 시간을 가졌다. 참여한 가정들은 성만찬 준비를 직접 해보는 새로운 경험에 더해, 그리고 사랑하는 가족들과 그리스도 안에서 연합을 경험함으로써 더 감동적이고 뜻깊은 시간을 보낼 수 있었다고 고백했다.

새벽기도회를 미디어로 진행할 수 있다는 것은 현대를 살아가는 그리스도인들에게 특별한 가능성을 제시해 준다. 새벽기도는 한국 교회의 독특하면서도 훌륭한 유산이지만, 현대에 들어서는 그 의미가 점점 약해지고 있다. 농경사회에서 출발한 새벽기도가 현대인의 삶에 더는 맞지 않다는 이유 때문이다. 그러나 미디어 새벽기도를 통해서, 삶의 방식은 달라졌어도 여전히 하루를 말씀과 기도로 시작하고, 또 하루의 일과 중에도 짬을 내어 영상으로 기도회에 참여하는 것이 성도들의 영적 성장에 많은 도움이 된다는 사실을 다시금 발견하게 된다. 비록 현장에 와서 예배하는 횟수는 줄었더라도 미디어 새벽기도회는 성도들에게 영적 긴장감을 불러일으키고 하루를 말씀으로 시작하며 삶 속 깊숙이 뿌리내릴 수 있도록 도와준다.

≫≫ 처음으로 온 가족이 함께 예배드렸어요

그동안의 예배는 세대별로 철저하게 분리되었다. 미취학 아동, 취학 아동, 청소년, 청년, 장년, 요즘에는 시니어까지 다양하게 나눈다. 이러한 선택은 연령대에 맞는, 각 세대의 문화에 적합한 예배를 드릴 수 있다는 장점이 있었다. 특히 교회가 아이들을 신앙적으로 교육할 수 있는 장을 만들어 주었다는 점에서 긍정적인 효과가 있었다. 하지만 그 이면에서는 세대 간의 단절, 신앙을 공유하지 못하고, 아이들을 신앙으로 교육함에 있어 부모의 책임을 면제해 버리는 부작용도 있었다.

그런데 코로나19가 가져온 유익 중의 하나는 가족이 함께 예배할 수 있는 기회를 제공했다는 것이다. 현장예배가 완전하게 통제되어 모두가 미디어로 예배할 수밖에 없던 때, 오히려 오랜만에 혹은 처음으로 온 가족이 모여 예배하는 은혜를 누릴 수 있었다는 고백들이 들려왔다. 이는 무엇을 의미할까? 교회에 특정 세대만을 위한 예배가 아니라, 온 가족이 모이고 함께 말씀을 듣고 기도하며 은혜를 나눌 수 있는 통합예배가 필요하다는 것이다. 이런 예배를 통해 부모와 자녀의 신앙이 함께 성장할 수 있다. 부모는 자녀를 신앙 안에서 교육하는 법을 배워 가고, 자녀는 부모의 신앙을 가까이에서 보고 배울 수 있기 때문이다.

가정에서 가족이 함께 예배를 형성하면 모든 구성원이 더욱 적극적으로 예배에 몰입할 수 있을 것이다. 또한 예배 중 기도 시간에 부모가 자녀를 위해 기도해 주는 순서를 편성할 수도 있고, 부모와 자녀 간, 가족 구성원 간의 신앙적 유대를 강화할 수 있는 가능성이 크다. 이러한 온세대 예배의 장점에 주목하여 만나교회는 여름부터 청소년부 예배를 장년예배와 통합하여 부모와 자녀가 함께 예배할 수 있도록 했다. 또한 정기적으로 온 가족이 함께 예배할 수 있도록 기획하여 자연스럽게 모든 성도가 이런 유익을 경험할 수 있도록 할 예정이다.

≫ 미디어로 예배하면 헌금이 줄어들까?

많은 교회가 미디어 예배를 두려워하는 큰 이유 중의 하나는 헌금이 줄어들 것이라고 생각하기 때문이다. 그런데 아이러니하게도 헌금을 통해서 온라인 예배의 또 다른 가능성을 확인해 볼 수 있었다.

만나교회에는 '한 셈 치고'라는 헌금 프로젝트가 있다. 한 셈 치고 헌금은 구제나 선교를 목적으로 특정한 용처를 정해 두고 헌금을 드리는 것이다. 한 예로, 몽골에 기독병원을 건립하기 위해 '한 셈 치고' 헌금 프로젝트를 시행하고,

예배 중에 힘을 모으자고 독려했는데 예상보다 훨씬 더 많은 헌금이 모였다. 여기서 주목할 것은 그중 적지 않은 액수가 만나교회 성도가 아닌 분들이 드린 헌금이라는 점이다. 여기서 알 수 있는 것은, 성도들이 교회에 오지 않는다고 헌금을 하지 않는 것이 아니라, 우리의 정성이 하나님 나라를 위해 어떻게 쓰이는지를 분명하게 보여 준다면 헌금을 드린다는 사실이다. 미디어 예배를 통해 더 많은 사람이 마음을 모을 수 있고, 거룩한 사역에 즐거이 헌신할 기회를 제공할 수 있다.

≫≫ 다양한 설교의 시도

현대 사회에서 '정보의 전달'을 위한 매개체가 빠르게 변화했다. 과거에는 문자로 정보를 전달했지만 기술의 발전함에 따라 현재는 영상이 가장 강력한 정보전달의 수단이다. 미디어를 다루는 데 익숙한 미디어 세대는 자신이 필요로 하는 정보를 영상에서 빠르고 정확하게 찾아낸다. 이미 우리는 영상으로 정보를 전달하는 시대의 한가운데에서 살아가고 있는 것이다.

이런 상황에서 코로나19가 교회에 가져온 가장 큰 변화 중 하나는 설교이다. 설교의 중요성이 그 어느 때보다 커졌다. 미디어의 파도를 타고 한 번의 설교가 수만 명의 사람들에게 전달되기 때문이다. 그야말로 우리는 '설교의 홍수' 시대에 살고 있다. 그렇기 때문에 어떻게 하면 효과적으로 말씀을 전할 수 있을지를 고민해야 한다.

한편으로 설교가 미디어라는 형태로 기록되는 현상은 목회자들로 하여금 건강한 경각심을 갖게 했다. 그동안 담임목사가 아닌 교회학교나 다른 부서 담당 목회자들의 설교는 해당 부서의 예배에 참여하는 성도만 들을 수 있었다. 그러나 코로나19로 인해 모든 예배가 영상으로 기록되고, 부서의 예배가 모든 이들에게 공개되면서, 이제 모든 목회자들은 목회자로서의 역량을 키우고 예배와 설교를 질적으로 향상시켜야 한다는 부담감을 가지게 되었다. 설교의 다양성과 창의적 전달을 고민하면서도 설교자로서의 역량을 갖춰야 하는 지금의 상황은 한국 교회의 미래를 준비하는 젊은 목회자들이 성장하고 배우는 기회로 작용할 것이다.

결론적으로 미디어를 통한 설교는 철저하게 하나님의 관점에서 성경적으로 준비되어야 하지만 동시에 효과적 전달이라는 측면에서는 창의성이 고려되어야 한다. 만나교회는 오래전부터 이런 고민을 해왔다. 그래서 철저하게 하나님의 관점에서, 그리고 청중의 관점에서 말씀을 준비하고 예배를 준비한다.

1) 대화하는 설교

창의적인 설교를 위해 먼저 다양한 전달 방식을 시도해 볼 수 있다. 만나교회에는 '토크설교'가 있다. 목회자 한 사람을 통해 일방적으로 전달하는 것이 아니라 초대된 신앙인과의 '대화'를 통해 그 삶에서 일하신 하나님을 선포한다. 하나님께서 한 신앙인의 삶을 통해 말씀하시고 일하시는 과정을 나누며 청중은 우리의 생각보다 크신 하나님을 발견하는 시간을 가진다.

한 예로, 유럽무대에서 활발하게 활동 중인 테너 윤정수 집사와 함께 진행했다. 그의 삶과 하박국 3장 17-18절 말씀을 통해 고난 속에서도 신실하게 일하셨던 하나님의 은혜를 나누는 귀한 시간을 만들었다. 무엇보다도 찬양하는 사람으로 부름 받은 윤정수 집사가 고난 중에도 끝까지 사명을 붙잡을 수 있었던 비결을 찬양을 통해 고백했는데, 코로나19로 지친 성도들에게 하나님의 은혜와 소망을 선포하는 시간이 되었다.

2) 함께하는 설교

코로나 시대에 미디어 예배가 바꾼 또 한 가지는 성도들이 다양한 설교자들의 설교를 접할 수 있다는 것이다. 이런 점에 주목하면, 또 다른 형식의 설교가 가능하다. 만나교회는 여름마다 '이열치열 부흥회'를 연다. 이 부흥회에서는 초청된 설교자가 토요일과 주일, 오전과 오후 총 4번의 예배에서 하나의 말씀을 전하는 것이 아니라 4개의 설교를 하나의 연속된 시리즈로 전한다는 특징이 있다. 한 사람에게서 4개의 다른 말씀과 은혜를 경험하는 것이다. 며칠간 진행된 기존의 부흥회를 주말 예배 시간을 통해 단기간 진행하는 것으로 이해하면 쉽다.

비슷한 맥락에서 뒤집어 생각해 보면, 여러 명의 설교자가 한 예배에서 함께 말씀을 전할 수 있다. 이는 금세 지루함을 느끼고 익숙해지기 쉬운 미디어 예배의 한계를 극복할 수 있으며, 설교가 한 사람의 이야기가 아니라 공동체의 고백으로 받아들일 수 있게 한다는 장점이 있다.

3) 청중과 소통하는 설교

설교의 다른 가능성은 미디어를 통한 상호작용에서 찾아볼 수 있다. 설교라는 의사전달 방식은 일방적이다. 설교자가 강단에서 말씀을 전하고, 회중은 이를 듣는다. 그런데 코로나19로 인해 미디어로 예배하면서 생긴 변화는 설교 중에 실시간으로 청중이 반응하고 소통할 수 있는 창구가 열렸다는 것이다. 만나교회는 예배를 온라인으로 중계할 때 실시간 채팅을 적극적으로 활용한다. 함께 모이지 못하는 성도들과 목회자들이 온라인 공간에서 서로의 안부를 묻기도 하고, 기도제목을 위해 서로 기도해 주고, 예배에서 받은 은혜를 나누는 시간을 가진다.

온라인 소통은 몸은 떨어져 있지만 예배공동체로 하여금 주 안에서 하나 됨을 느끼게 하는 강력한 수단이 된다. 물론 예배와 설교 중에 채팅을 한다는 것을 받아들이기 힘든 분들도 일부 있겠지만, 채팅으로 '아멘'을 외치고 기도하는 모습은 온라인에서도 얼마든지 하나의 예배 공동체로 기능할 수 있다는 것을 보여 준다.

4) 강단 밖에서의 설교

미디어로 예배하면서 시도했던 새로운 설교 방식 중 하나는 바로 설교 영상을 사전 제작하는 방법이다. 만나교회는 한동안 성도들이 모일 수 없었던 시기에 주중 예배를 위한 설교 영상을 제작한 바 있다. 설교를 담당하는 목회자들이 예배 현장의 강단이 아닌 서재나 카페 같은 일상적인 공간에서 말씀을 전하는 영상을 제작하여 예배를 드렸다. 또한 설교의 배경이 되는 장소에 설교자가 직접 찾아가는 특별한 설교 영상을 제작할 수도 있다. 교회학교는 고난주간 한 수도원을 찾아 가상칠언의 말씀을 묵상하는 콘셉트로 예배를 준비하여 드리기도 했다. 이러한 시도는 예배에 참여하는 사람들에게 교회에 나오지 못하는 죄책감을 덜어 주면서도 설교자가 청중에게 다가간다는 느낌을 더 갖게 함으로써 미디어로 예배하는 성도들이 미디어 예배의 한계를 극복할 수 있도록 도움을 주었다.

강단을 벗어난 또 다른 형태의 창의적인 설교 방식으로 '설교를 품은 영상 콘텐츠'가 있다. 지금은 유튜브 콘텐츠를 통한 새로운 설교 메시지의 전달이 가능한 시대다. 전통적인 설교의 형식을 벗어나서 설교의 메시지, 복음의 메시지를 품은 다양한 형태의 영상 콘텐츠로 말씀을 전할 수 있다. 만나교회 청년부는 '문화살롱'이라는 콘텐츠를 제작하고 있다. 청년들이 접하는 영화, 드라마, 책

그리고 그 밖의 여러 문화적 요소들을 그리스도인의 관점에서 해석하고 그 속에 숨어있는 기독교적 메시지를 발견하여 함께 나눈다.

또 다른 방법으로는 성도들이 말씀에 반응하며 살아내는 이야기들을 인터뷰 형태의 콘텐츠로 전달할 수 있다. 보통 이런 이야기나 메시지는 간증의 형태로 예배 시간에 이루어지는 경우가 많은데, 앞으로는 인터뷰라는 방송 콘텐츠의 형태로도 성도들의 간증과 그들의 삶을 향해 전하는 목회자의 생각과 마음을 담아낼 수 있을 것이다.

미디어를 통해 '설교'는 형태를 달리하여 강단이라는 공간과 고정된 예배 시간을 넘어 청중들에게 다가갈 수 있다. 이런 설교를 품은 미디어 콘텐츠들을 적극적으로 개발하고 시도할 필요가 있다.

5) 단 하나의 설교

예배를 영상으로 드리면서 예배의 기획과 준비가 더욱 중요해졌다. 이러한 변화는 모든 부서가 함께 예배를 준비하는 데 도움이 되었다. 어린이부터 성인까지 모든 부서의 예배가 동일한 메시지로 준비되며, 말씀을 위한 자료를 공유하고 이를 교육으로 확장한다. 이렇게 되면 온세대 예배를 드릴 때뿐 아니라, 각각의 예배를 드린 가족들이 모였을 때 하나의 메시지를 가지고 서로의 생각을 이야기할 수 있다. 결국 교회에서의 예배 경험을 가정에서의 신앙교육으로 연결할 수 있다.

이를 위하여 만나교회는 가정에서 함께할 수 있는 신앙교육 콘텐츠를 준비했다. 미디어 시대에 교회는 가정에서 신앙교육이 이뤄질 수 있도록 도와야 하기 때문이다. 예배를 통하여 부모가 신앙교육의 주체가 되게 하고, 부모는 교회에서 제공하는 예배와 훈련의 실제적인 교사가 됨으로써 다음 세대가 세상에서 선한 영향력을 펼칠 수 있도록 도울 수 있을 것이다.

6) 설교를 넘어서는 영상 활용

지금 이 시대는 설교의 효과적인 전달을 위해 설교가 영상으로 제작되어야하는 시대이다. 이것은 단순히 주일 설교 영상을 홈페이지나 유튜브에 올리는 것을 의미하지 않는다. 그것을 넘어서서, 성도들에게 전달하는 교육, 훈련, 광고 등 모든 것을 영상으로 전달할 수 있음을 의미한다. 만나교회에서는 코로나19로 인한 비대면 사회를 살아가는 성도들을 위해 다양한 양육·훈련 콘텐츠를 준비하고 있다. 마음껏 여행을 갈 수 없는 성도들을 위해서 '랜선 제주 성지순례' 영상을 제작하여 성도들로 하여금 여행에 대한 갈증을 해소해 주는 한편, 믿음의 사람으로 살아가는 것이 무엇을 의미하는지 함께 고민하도록 했다. 또한 성서에 대한 궁금증을 풀어 주는 성서학당, 미디어로 진행하는 가정 사역, 상담 사역, 리더십 스쿨까지 광범위하게 준비하고 있다.

미디어 예배를 드려야 하는 상황에서 교회는 또 다른 중대한 도전을 받는다. "변하는 세상 가운데서 변하지 않는 복음을 어떻게 전할 것인가?" 예배의 변화가 사회의 변화에 따른 불가피한 선택에 그치는 것이 아니라, 복음의 본질을 찾아가는 하나의 길이 되어야 한다.

1. 영상으로 예배해도 괜찮을까?

예배가 하나님을 향해 마음을 열고 사랑을 표현하는 것임을 인정한다면, 미디어가 그러한 예배를 가능케 한다는 것을 기억해야 한다.

2. 더 많은 사람이 더 많은 예배를 드릴 수 있다

미디어 예배의 가능성은 선택의 확장성에 있다. 비록 모두를 만족시킬 수 없겠지만 다양한 형식, 가능성을 준비하는 것은 가능한 많은 사람이 가장 기쁘게 하나님께 사랑을 표현할 수 있는 예배로 나아오도록 돕는다.

3. 처음으로 온 가족이 함께 예배드렸어요

코로나19가 가져온 유익 중의 하나는 가족이 함께 예배할 수 있는 기회를 제공했다는 것이다. 이런 예배를 통해 부모와 자녀의 신앙이 함께 성장할 수 있다.

4. 미디어로 예배하면 헌금이 줄어들까?

성도들은 교회에 오지 않는다고 헌금을 하지 않는 것이 아니다. 우리의
정성이 하나님 나라를 위해 어떻게 쓰이는지를 분명하게 보여 준다면
헌금을 드린다.

5. 다양한 설교의 시도

미디어를 통한 설교는 철저하게 하나님의 관점에서 성경적으로 준비
되어야 하지만 동시에 효과적 전달이라는 측면에서는 창의성이 고려
되어야 한다.

Think point

코로나 시대에 가장 큰 변화를 맞이하게 된 사역 분야는 바로 예배와 설교였다. 그 누구도 의심치 않았던 주일 예배 모임이 불가능해진 후, 교회는 엄청난 혼란과 두려움에 빠졌다. 그러나 그 시간도 잠시, 교회 공동체는 온라인과 미디어, 소그룹 가정 예배 등을 활용해 발 빠른 대처를 했다. 어쩔 수 없는 선택처럼 보였지만 사실은 미래를 위해 반드시 거쳐야 할 과정이었음을 이제는 깨닫게 됐다.

여기에 놀라운 비밀이 있다. 세상의 문화는 이미 4차 산업혁명의 발전과 함께 디지털과 미디어를 중심으로 재편되고 있었다. 아무런 대비도 하지 못하고 있던 교회 공동체에 코로나19는 디지털과 미디어 세상에 진입하도록 길을 열었다. 정상적인 상황이었다면 결코 받아들여질 수 없었던 시도들이 발생했다.

물론 이러한 대응은 온라인과 미디어를 통한 사역을 준비하고 시도했던 교회들이 있었기 때문에 가능했다. 중계 자체에서 머물지 않고 온라인과 미디어를 통해 예배와 설교, 교육과 훈련을 하며 공동체를 세우려는 보이지 않는 노력이 있었다. 당시에는 주목받지 못했던 창조적 파괴가 새 시대를 담는 디딤돌 역할을 했다. 미래 시대에는 더욱 다양한 형태의 교회가 요구될 것이다. 시간과 공간의 개념이 바뀌고 관계와 대화의 방식이 달라지면 그에 부합하는 새로운 사역 방식이 요구된다. 본 글에서 주장하고 있는바 '선교 중심적인 예배와 설교'가 이제는 새로운 노멀이 될 것이다. 어쩌면 지금 경험하고 있는 변화는 앞으로 닥칠 거대한 물결의 전조에 지나지 않을 수도 있다. 분명한 점은 우리의 고정관념을 뒤흔들고 불가능하게 여겨졌던 일들이 가능해지는 시대가 올 것이라는 점이다. 그 속에서도 변하지 않는 말씀을 붙잡고 여전히 복음을 전해야 할 사명을 교회는 가지고 있다. 창의적 예배와 설교는 그런 맥락에서 계속 붙잡고 발전시켜야 할 영역임을 기억하자.

Discussion

1. 온라인 예배와 설교를 하면서 발견하게 된 장점과 단점은 무엇인가?

2. 선교 중심적인 예배를 기획하고 드리기 위해 우선적으로 집중해야 할 사역 대상이 있다. 우리 교회가 먼저 고려해야 할 사역 대상은 누구이며 그들에게 어떻게 접근해야 하는가?

3. 온라인과 미디어는 설교 방식과 참여에 대한 새로운 기준을 필요로 한다. 청중을 관객이 아닌 참여자로 만들기 위해 실천할 수 있는 현실적인 방법과 방식을 찾고 나눠보라.

04
이정엽

경북대학교 화학교육과(B.S.)와 동대학원
(M.S.)을 졸업한 이정엽 목사는 총신대학
교 신학대학원(M.Div.)을 나와 미국 고든콘
웰신학교 신학석사(Th.M.), 미드웨스턴침
례신학교 교육목회학 박사(D.Ed.Min.) 과
정을 거쳤다. 온누리교회 부목사로 (사)두
란노서원 〈목회와신학〉 기자, 〈생명의삶〉
편집장을 역임하였으며, 아버지학교운동
본부 LA지부 지도목사, 미주 두란노서원
일대일제자양육 강사로 사역했다. 현재
로스엔젤레스온누리교회 담임목사로 섬기
며 NGO 더멋진세상 미주지부의 대표를
맡고 있다. 저서로는 『생명의 삶으로 이끄
는 QT』, 『행복한 삶을 주는 큐티』가 있다.

http://vision.onnuri.org/la

* 로스앤젤레스온누리교회 홈페이지

본질에 충실한 양육과 제자훈련

이정엽 목사(로스앤젤레스온누리교회)

우리는 코로나19 이후에 소그룹의 교회가 대세를 이룰 것으로 전망한다. 소그룹은 그리스도의 이름으로 모인 공동체에서 꾸준히 존재해왔다. 이번 글을 통해 소그룹의 제자훈련과 양육이 기독교 역사 속에서 어떻게 변화·발전했는지 먼저 살펴보고, 이를 전제로 팬데믹 이후 소그룹의 사명에 대해 전망해 볼 것이다. 소그룹 목회의 사명인 제자훈련과 양육을 감당하기 위해 교회가 앞으로 준비할 것은 무엇인지 함께 고민해 보자.

본질에 충실한
양육과 제자훈련

코로나19가 사회와 문화의 근간을 뒤흔들고 있는 이때, 교회 역시 '새로운 일상(New normal)'의 영향에서 벗어날 수는 없음을 많은 부분에서 체험하고 있다. 무엇보다 감염병으로 촉발된 모임의 제한은 예배의 정의와 형식에 대한 고민을 불러일으켰다. 앞으로 교회와 신앙의 본질에 대한 고민과 함께 신앙생활에 급변화가 올 것이다. 1년 넘게 이어진 팬데믹 기간 동안 미주 한인 교회를 섬기는 담임목사로서 겪은 경험을 토대로, 어느덧 우리에게 익숙해져 버린 온라인 신앙생활과 함께 앞으로 성도를 어떻게 양육해야 할 것인가에 대한 고민을 나누고자 한다. 먼저 과거의 제자양육에 대해 살펴보겠다.

>>> 1세기 당시의 제자훈련

1세기에 교회가 시작되고 나서 기독교 역사(World Christianity)는 크게 천주교(Roman Catholic)와 동방정교회(Oriental Orthodox), 그리고 개신교(Protestants) 세 가지 종파로 분화되었다. 영성의 측면에서 천주교는 제도나 의식(ritual)을 중심에 두고 개발해 왔고, 동방정교회는 수련을 중심으로 영성을 개발해 왔다. 그리고 개신교는 말씀, 집회, 선교에 중점을 두고 영성을 개발해 왔다. 물론 개신교의 영성 안에 제도나 의식, 수련 등이 없는 것은 아니나 500여 년 전 종교개혁을 중심으로, 말씀 위주의 영성을 추구해 온 것이 사실이다. 팬데믹으로 교회의 본질에 대한 고민이 깊어지는 이 시기에 먼저 교회가 탄생한 1세기의 교회 역사 속의 제자훈련을 고찰하는 것도 의미가 있을 것이다.

1) 유대교 제5대 종파로서의 제자들의 전통

유대 역사가 플라비우스 요세푸스(Flavius Josephus)는 『유대 전쟁사』(Jewish Wars)와 『유대 고대사』(Antiquities of the Jews)에서 1세기 유대교를 대표하는 4대 종파를 사두개파, 바리새파, 에세네파, 그리고 열심당이라고 소개한다. 이들은 각각 유대교와 유대인의 역사 속에서 나름의 역사적 개연성을 갖고 출발하여 그 역할을 감당했다. 그러나 이후에 유대 역사에서 이들은 변질 내지는 무력화된 현실을 맞았다. 사두개파는 성전의 예식만 중시하고 인간의 이성을 기준으로 성경의 권위를 부정하는 상대주의에 빠져 버렸고, '경건한 자들' 곧 '하시딤(Hasidim)'의 후예인 바리새파는 성령의 조명 없이 자신들의 전통에 따라 성경을 가감하는 율법주의의 과오를 범했다. 그리고 BC 152년에 정권을 잡은 마카비 가문의 요나단의 대제사장직 찬탈에 반발하여, 당시 대제사장에서 축출된 '의의 교사(Teacher of Righteousness)'가 추종자들과 함께 광야로 나가 세운 쿰란공동체에서 기원한 에세네파(Essenes)는 지나친 금욕주의에서 시작된 엘리트주의로 폐쇄성을 띄었고, BC 68년에 로마 10군단 실바 장군에게 멸망당해 소멸했다. 마지막으로 아켈라우스 왕 때 구레뇨(Qurinius)의 인구 조사령을 통한 부당한 납세 부과에 무력으로 저항하던 갈릴리 사람 유다(행 5:37)가 창시했던 열심당(Zealots)은 쿠데타 세력이 되어 버리고 말았다. 이런 배경 속에 요세푸스가 언급하지 않은 하나의 전통이 바로 예수님의 제자 공동체, 즉 제자들의 전통이었다.

2) 예수님의 제자훈련(막 3:13-15; 눅 6:12-19)

예수님의 공생애 초기는 가르침과 천국 복음의 선포, 그리고 치유를 통해(마 4:23) 팔레스타인 민초의 주목을 받기 충분했다. 이는 당시 유대 사회가 로마 제국주의의 식민지로, 분봉 왕 헤롯 일가가 통치하며 고생스러운 정치적 상황 에서 바리새인과 사두개인 같은 종교지도자들이 백성의 영적인 필요를 채우지 못하던 종교적 현실을 반영하는 것이기도 했다. 이때 예수님은 자신에게 몰려 드는 무리의 '목자 없는 양(왕상 22:17)'과 같은 모습을 보시고 원하는 자들을 제자로 불러 열둘을 사도로 세우셨다(막 3:13-15). 열둘은 이스라엘 열두 지 파를 의미하는 숫자로 그들이 하나님 나라의 도래를 위해 쓰임 받는 기둥이 될 것을 예고하는 암시였다. 예수님의 제자훈련은 단순히 자신들의 종파의 영향 력을 확대하거나 신념의 보전을 위해 애썼던 당시 유대교 4대 종파의 노선과 분명 달랐다. 제자를 부르시기 전에 예수님은 산에 오르사 밤이 새도록 하나님 께 기도하셨는데(눅 6:12) 이른바 제자훈련이 어지럽고 혼란한 시대의 문제를 해결하기 위한 하나님의 전략(strategy)이었음을 보여준다. 이후에 예수님이 십자가에서 죽으시고 부활하여 승천하시기까지 제자들은 예수님과의 동행을 통해 증인이 되었고, 전도와 선교의 임무를 받아 선포자가 되었으며, 권세의 위임을 통해 변혁자가 되었다(막 3:14b-15). 우리가 잘 알다시피 비록 한 제자 가 예수님을 은 삼십에 팔아넘기고, 나머지 제자들은 위기의 순간에 예수님을 버리기는 했으나 사도행전에 나타나있듯이 제자들은 세상을 변혁시켰다.

3) 초대교회의 제자훈련

초대교회 당시는 복음이 전파되면서 신학이 형성되고, 교회의 조직과 전통, 예전 등이 구성되던 시절이었다. 그럼에도 "…가서 모든 족속을 제자로 삼아…"(마 28:19)라고 하신 지상명령(The Great Commission)에 순종하여 복음을 전하고 말씀을 가르치며 제자 삼는 일에 헌신한 시기였다. 그 당시 교회는 성령의 능력을 근간으로 복음의 능력을 체험하며 박해와 시련 속에서도 성장해나갔다.

빌 헐(Bill Hull)은 사도행전에 나타난 교회의 제자 사역의 유형을 다음과 같이 세 가지로 정리한다.

첫째는 첫 교회(The First Church)인데, 사도행전 2-7장에 나오는 예루살렘교회가 예수님 중심의 모형에서 교회 중심의 모형으로 전환되는 과정이었다. 물론 이 시기에도 예수님을 땅끝까지 전파하려는 목표가 분명했다.

둘째는 선교적 교회(Missional Church)로, 사도 바울이 1, 2차 전도여행 중에 개척한 교회들이 여기에 속한다. 안디옥교회는 교회의 성장과 성숙의 모범을 보여 주며 선교를 위해 사람과 재정을 아끼지 않고 드렸다.

셋째는 제자를 삼는 교회(Discipling Church)인데, 바울이 온 이태를 거하며 사역한 에베소교회가 교회의 본질과 제자 사역의 원리를 보여 주는 모델이라 할 수 있다. 사도행전에 나타난 교회의 제자 사역의 유형을 정리하자면, 예루살렘교회에서 수립된 사도들의 사역 원리가 안디옥교회를 통해 확대되었고, 에베소교회를 통해 완성되었다. 이 시기에 있었던 가혹한 박해에도 불구하고 신실한 그리스도인들의 생활과 전도의 열정은 사회적 존경을 받았고, 이는 기독교 신앙의 확대로 이어졌다.

>> 코로나 시대의 양육과 제자훈련

우리는 예수님의 생애를 중심으로 예수님 이전의 시대를 BC(Before Christ), 예수님 이후의 시대를 AD(Anno Domini)라고 쓰는 데 익숙했다. 그러나 코로나19의 범유행 이후로 BC(Before COVID-19)와 AD(After the Disease) 또는 BC와 AC(After COVID-19)라고 쓰기도 한다. 이런 변화는 아직은 충분히 체감되지 않았지만, 세계적인 문화사적 대전환의 규모가 그만큼 크기 때문일 것이다. 지금도 변화하고 있는 현상을 몇 가지로 살펴보고자 한다.

1) 영성의 디지털 편중 현상

〈크리스천포스트〉에 따르면 코로나19 이후, 스스로가 활동 신자로 자각하는 기독교인들(Practicing christians)의 절반은 평소보다 더 많이 기도하고 있고, 17%는 성경을 더 많이 읽고 있으며, 6%는 영적 의심을 받고 있다고 응답했다. 그런데 응답자 중에서 50%만 자신이 섬기는 교회의 온라인 예배를 드리고, 33%는 타 교회의 온라인 예배를 드린다고 응답했다. 그리고 응답자의 25%는 둘 이상의 타 교회 온라인 예배를 부정기적으로 시청하고, 30%는 타 교회의 예배를 주중에 시청하고 있다고 답했다. 대부분의 성도가 코로나 사태 이전에는 자신이 소속된 교회에 정기적으로 출석하고, 예배와 양육, 교제 등의 영적 활동으로 소속감을 누려왔으나 이제는 비접촉(untact) 시대와 함께 찾아온 '디지털 전환(Digital shift)'으로 인해 신앙생활에서 디지털 편중은 괄목할 만하다.

전직 변호사 출신이며 캐나다 코넥서스교회(Canada Connexus Church)를 창립한 캐리 니우호프(Carey Nieuwhof) 목사는 '교회 성장에 영향을 미치는 다섯 가지 디지털 전환(5 Digital shift that are impacting church growth)'에

대해 다음과 같이 밝히고 있다: (1) 디지털은 새로운 표준이 되었다. (2) 이제 교회의 관문은 앱(App)이 아니라 웹 사이트다. (3) 디지털 환경에서 옳고 그른 결정은 순식간에 이루어진다. (4) 아웃리치도 디지털 영역에서 수행된다. (5) 시골과 도시는 더 평등해졌다.

니우호프는 "새로운 일상 속에서 디지털 교회를 또다시 보류한다는 건, 오늘날 교회가 사람들에게 다가갈 수 있는 가장 큰 기회를 무시하는 것이며 앞으로 성장하는 교회는 디지털 영향력을 가진 물리적인 조직이 아니라 물리적인 표현력을 가진 디지털 조직이 될 것이다"라고 전망했다. 이미 여러 산업에서 빠르게 진행된 '디지털 전환(Digital shift)'이 이제는 교회 안에서도 피할 수 없는 현실이 된 것이다. 그런 의미에서 온라인, 특히 교회의 홈페이지가 앞으로 성도의 영성에서 중요한 관문이 될 것이다.

2) 영성의 지성 편중 현상

데니스 홀링거(Dennis Hollinger)는 기독교가 표현되는 다양한 양식을 '머리', '가슴', '손'이라는 세 렌즈로 분류하고, 머리, 가슴, 손이 신앙을 형성하는 데 끼치는 영향과 각각이 무시되거나 결핍될 때 일어나는 왜곡의 문제를 제시한 바 있다. 제자훈련의 목표는 사랑의 이중계명(막 12:29-31)으로 알려진 '마음과 뜻과 힘을 다하여' 하나님과 이웃을 사랑하는 통합된 신앙이 되어야 한다. 마찬가지로 우리는 예수님의 생애 중에서 성장을 보여 주는 두 구절인 누가복음 2장 40절과 2장 52절에서 살필 수 있듯이 바람직한 성장은 지(知), 정(情), 의(意) 그리고 영(靈)의 영역에서의 균형 있는 성장이라 할 것이다. 지난 1년여 동안 우리는 '집에 머무르는(Stay at Home)' 기간을 통해 이러한 영성의 네 가지 영역에서 쏠림 현상을 겪어 왔다. 그리고 이런 편중은 앞으로 지속되고 심화할 것이라 예상한다.

특별히 새로운 AD(After Disease) 시대에는 지적 영역에서 어마어마한 확장이 일어나는 데 반해 영적 영역은 심각한 축소를 겪으리라 전망한다. 이는 앞에서 다룬 '디지털 전환(Digital shift)'과도 관련이 깊다. 과거에는 사람들이 일반 포털 사이트(Portal site)를 선호했다면, 코로나 팬데믹 기간을 지나며 바뀐 것이 있다. 인스타그램이나 페이스북 등의 SNS를 여전히 선호하면서 동시에 유튜브나 넷플릭스 등이 괄목할 만한 성장을 했다는 것이다. 이는 영성을 형성하는 과정 중에서 지적 영역(Intellectual area)에서의 정보 공급이 더욱더 손쉽게 이루어지게 된다는 의미다.

온라인 교육의 장점 중 하나가 자기주도 학습이 가능한 것인데, 주도성이 강한 성도의 경우 인터넷을 통해 자신의 열심에 비례하는 상당한 신학 내지 성경 지식의 축적이 가능한 시대가 도래한 것이다. 앞으로 신학교의 커리큘럼이 온라인에 공개될 경우, 유튜브 신학교의 출현도 가능하지 않을까 예상된다.

이는 얼핏 그리스도인의 영성 성장에 유익한 면이라 인식할 수 있다. 그러나 대면이 불가능하고 사회적 거리두기(Social distancing)를 해야 하는 작금의 상황에서 지성의 영역의 비대한 확장은 다른 영성의 요소와 균형이 깨질 수 있음을 결코 간과해서는 안 된다. 왜냐하면 지난 2,000여 년의 교회사에서 배울 수 있는 교훈은 이 네 가지 영역의 균형이 깨어질 때, 교회 공동체는 하나님의 뜻을 담지하는 일에 실패하고 이단과 사이비의 출현과 함께 세속주의에 열광하며 분열을 거듭했다. 이 글의 서론에서 언급했듯이 1세기 유대교의 4대 종파가 각기 시대적 명분을 갖고 시작되었으나, 시간이 지나면서 처음의 목적과 본질을 잃은 것은 균형 유지의 실패로 볼 수 있다.

3) 훈련의 교역자 편중 현상

핀들리 B. 에즈(Findly B. Edge)는 제자훈련을 제2의 종교개혁이라고 일컬었다. "오늘날 제2의 종교개혁이 필요하다. 루터의 종교개혁이 성경을 성직자의 손에서 평신도의 손으로 옮겨 놓은 것이었다면 오늘날 필요로 하는 제2의 종교개혁은 사역을 성직자의 손에서 평신도의 손으로 옮겨 놓는 것이다."

한국 교회 안에 제자훈련을 이끌었던 옥한흠 목사는 평신도는 교회의 주체로서 교역자와 평등하게 그리스도의 몸에 속한 지체인데, 불행하게도 많은 교회에서 평신도가 잠을 자고 있다고 진단했다. 따라서 오늘의 교회는 선교를 위해 평신도를 초대교회의 제자들처럼 복음의 증인으로, 사랑의 봉사자로 무장하는 일을 시급한 과제로 삼아야 한다고 했다. 이러한 개념을 기존의 왜곡된 평신도와 구별하는 차원에서 '평신도 지도자'라고 할 수 있을 것이다. 그러므로 평신도 지도자는 단순히 성직자와 대립하는 개념이거나 우월한 능력을 가지고 많은 사람을 이끄는 구별된 사람이 아니라 그리스도인 중에서 개인적인 소명에 입각한 사명을 가진 자라고 정의할 수 있다.

그러나 지난 수개월 동안 교회에 모여 예배할 수 없는 기간이 지속되면서 그나마 진행되던 평신도 지도자들의 사역 또한 멈추게 되었다. 그리고 당분간 현장예배를 재개할 수 없다는 비관론이 대두되면서 지역 교회들은 멈췄던 교제와 양육을 재개할 필요를 더욱 절실히 느끼게 되었다. 이때 가장 먼저 적용된 것이 교역자가 인도하는 온라인 성경공부였다. 교회들은 비대면의 상황에서 최선책으로 교역자가 인도하는 온라인 성경공부와 소그룹을 개설했다. 이로 인해 당장에 성도들의 영적 목마름은 해갈해 주었으나, 평신도가 주체가 되어 양육과 사역을 이끄는 기존의 평신도 사역에는 별다른 대안을 제시하지 못하고 있다는 점이 문제다. 필자도 이 때문에 교역자가 강의하는 온라인 성경공부의 개설을 한동안 미루어 오다가 결국 시작할 수밖에 없었다.

4) 소통의 비공유성 현상

새로운 AD 시대에 접어들면서 '웨비나(webinar)'라는 신조어가 생겼다. 이는 웹(web)과 세미나(seminar)의 합성어로, 개인용 컴퓨터와 모바일 기기를 통해 쌍방향으로 하는 화상 토론이나 온라인 세미나를 말한다. 웹 기반의 줌(Zoom)이나 구글 행아웃이 가장 많이 활용되고 있다. 영상, 음성, 채팅, 그리고 자료 공유 기능이 있어 실시간으로 장소에 구애받지 않고, 강의를 들으며 질의응답도 가능하다. 이처럼 교육공학을 위해 사용할 수 있는 기기의 발전으로 바야흐로 원격수업이 일상이 되는 시대가 되었다. 미국에서는 목회학 석사(M.Div.) 과정 전체를 온라인 수업으로 마칠 수 있는 신학교가 늘어가고 있다.

일반적으로 원격수업은 시간과 공간의 제약을 받지 않고, 학습 공간과 학습 경험이 극대화되어 학습자의 주도성이 강화되기 때문에 자기주도적 학습이 가능하다는 장점이 있다. 하지만 원격수업에는 장점에 못지않은 단점도 많다. 학습의 내용이나 효과가 장비에 의해 지배당하는 디지털 격차가 발생할 수 있고, 인간의 공감각을 활용한 접촉의 기회가 줄어들어 학습자의 수업 집중도가 낮아질 수 있으며, 본인이 꺼릴 경우에는 의견이나 감정 등의 노출이 최소화되고, 교수와 학생 간에 즉각적인 피드백이 어려워 소그룹의 역동이 감소하는 단점도 있다.

클라우드 기반의 화상 회의 소프트웨어를 활용한 온라인 미팅이 이제 교회 안에서도 일상화되었다. 필자가 섬기는 교회에서도 지난 수개월 동안 당회나 운영위원회, 장로사관학교, 금요기도회를 비롯해 여름성경학교(VBS)도 줌(Zoom)으로 진행했다. 이미 미국이나 한국의 공교육에서도 이러한 프로그램을 이용한 원격 수업이 진행 중이어서 교회에서도 사용 자체에 문턱 현상은 없었다. 그러나 온라인 프로그램이 현재 수준으로는 같은 공간 안에서 오감을 통해 서로의 표현과 생각을 읽어 내고 언어적·비언어적 수단으로 하는 소통을 다 이룰 수는 없다. 특히 이러한 화상 회의 소프트웨어들은 피로감을 동반하여, 1시간이 넘어갈 경우 집중도가 흐트러지는 경험을 하게 된다. 물론 앞으로 기술적인 발전을 통해 더욱 기능적 향상을 기대할 수 있겠지만, 한계는 분명히 인식하며 활용해야 할 것이다.

≫ 위드 코로나 시대의 양육과 제자훈련

교육의 역사에서 가르침을 주고받는 방식은 크게 도제식 교육(Apprenticeship education)과 학교식 교육(Schooling education)으로 대별된다. 서구 유럽은 13세기까지는 도제식 교육을 중점으로 택하다가 산업혁명 이후에는 학교식 교육으로 전환되었다. 거의 일대일의 관계에서 진행되는 도제식 교육에 비해 학교식 교육은 복수의 교사(교수)와 다수의 학생으로 구성되는 다중교습이었다. 도제식 교육은 학습이나 지식의 습득은 반드시 체험을 통해서 이루어져야 한다는 특성을 가지면서 장인(master)과 도제(apprentice)와 인격적인 관계를 통해 비교적 장기간에 걸쳐 진행되는 기술이나 지식뿐만 아니라 인격 교육이 병행되었다. 그리고 교육의 결과로 장래의 지위가 보장되기도 했다. 예수님의 제자훈련에서 발견되는 도제식 교육의 특성을 다시 돌아보며, 포스트 코로나 시대에 교회가 추구해야 할 양육과 제자훈련의 방향성을 제시하고자 한다.

1) 어떻게 함께 있게 할 것인가?

예수님이 제자들을 부르시고 세우신 첫 번째 목적은 '함께 있게' 하시기 위함
이었다(막 3:14). 실제로 예수님은 3년 가까이 제자들과 동고동락하시며, 어디
를 가나 그들을 데리고 다니셨다. 예수님이 기도하실 때도, 병을 고치실 때도,
귀신을 쫓아내실 때도, 기적을 베푸실 때도 항상 함께하시며, 틈만 나면 그들
에게 말씀을 가르치시고 필요한 경우에는 즉석에서 훈련도 시키셨다. 이처럼
제자들이 예수님과 함께했을 때 그들이 나중에 작은 예수가 되었다. 1세기 유
대교의 4대 종파들도 성전을 중심으로(사두개파), 회당을 중심으로(바리새파),
쿰란에서(에세네파), 집회를 통해(열심당) '함께 있음'을 실천하려 애썼다. 돌
이켜보면 필자도 수련회나 기도회, 소그룹 등 모이는 자리에서 은혜를 받았다.
문제는 '조직이나 의식이 아닌 공동체를 통한 영성을 어떻게 계속 받아 누리게
할 것인가?'이다. 이제 '사회적 거리두기(Social distancing)'를 지키며 지역 교
회가 어떻게 하면 "모이기를 폐하는 어떤 사람들의 습관과 같이 하지 말고…"
(히 10:25) 함께 있기를 실천할 수 있을까 하는 것이다.

이번 팬데믹 이전의 교회는 특정한 공간에서 예배와 집회를 통해 함께 있기
를 추구했다면, 이제는 얼마나 많이 모였는가의 양적인 관점보다는 누구와 소
통하는가를 중시하는 질적인 관점으로 바꾸어야 한다. 지금은 소천한 달라스
윌라드(Dallas Willard)는 "이 시대의 우리 영혼이 그리스도의 형상을 이뤄 가
는 데 큰 장애가 되는 것 중의 하나는 '교회에서 드리는 정기 예배'의 영적 효험
을 과신하는 것임을 우리는 솔직히 털어놓아야 한다. 교회에서 드리는 정기 예
배는 아주 중요하지만, 이것만으로 충분하지 않다"라고 회중 예배 중심에서 질
적 관계로의 전환이 필요하다는 것을 지적한 바 있다. 지금까지는 영적 성숙을
이루는 데 있어서 소그룹이나 회중과 공동체의 역할이 주효했다. 그러나 이제

는 단순히 대면(contact)할 수 없어서 비대면(untact)을 추구하는 것이 아니라 본질적인 이유에서 새로운 방식으로 개인 대 개인이 함께하는 질적인 면을 더욱 추구해야 할 것이다. 특별히 지금까지의 한국 교회에 뿌리내린 제자훈련은 목회자 중심의 소그룹 형태였는데, 예수님의 제자훈련에서 이 시대에 우리가 적용해야 할 것은 개인과의 관계성, 곧 도제식 제자양육이다. 이미 '일대일 제자양육'이라는 방식으로 널리 알려졌지만, 단순히 일정 기간 동안 나눔을 중심으로 한 돌봄의 형태가 아닌 '코칭(coaching)', '멘토링(mentoring)', '영적 지도(Spiritual direction)' 등이 접목된 전방위적 제자훈련이 필요할 것이다.

선교단체인 네비게이토(Navigator)에서 군인들을 대상으로 사역하는 'Life-to-Life® Discipling'이라는 프로그램을 통해 거리를 초월한 정기적인 교류를 해왔다. 터키 인접국인 조지아(Georgia)에서 군 복무 중인 제이미 칼만(Jamie Karmann)은 왓츠앱(WhatsApp)을 이용해서 사관으로 임관 후 자대 배치를 앞두고 있는 제자 리처드(Richard)와 교류하며 성경연구와 교제를 계속해 왔다. 그는 "최근에 우리는 응용 프로그램을 활용해서 암송 구절을 게시하기 시작했습니다. 그래서 우리는 서로 대면하지 않아도 서로를 위해 기도하고 서로 책임을 질 수 있습니다. 목표는 성경공부를 위한 자료를 매주 함께 읽고 대화하며 하나님과의 동행을 격려하는 것입니다"라고 말했다.

바울이 디모데에게 "그러나 너는 배우고 확신한 일에 거하라 너는 네가 누구에게서 배운 것을 알며"(딤후 3:14)라고 확신 가운데 말하듯이 제자훈련이나 양육에서 인격적 관계는 중요하다. 더구나 바울은 또한 "피차 가르치라"(골 3:16)고 권한다. 이것은 피차 배우려는 태도를 전제로 한다. 복수의 교사에게서 다수의 학생이 지식을 전달하는 차원이 아닌 개인적 영성 지도가 필요하다. 그리고 이를 위해 목회자와 성도 사이, 성도와 성도 사이, 그리고 목회자와 목회자 사이의 피차에 헌신된 관계적 양육이 널리 실행되어야 할 것이다.

2) 어떤 사명을 수행하게 할 것인가?

예수님의 제자로 부르신 첫 번째 목적이 예수님과의 동행을 통해서 예수님을 배우고 증인이 되는 데 있었다면, 두 번째 목적은 세상에 나가서 배운 바를 선포하고 전도와 선교의 임무를 완수하는 사명인의 삶을 사는 데 있었다(막 3:14). 예수님은 제자들을 온실의 화초처럼 가둬 놓고 키우길 원치 않으셨고, 오히려 제자들을 세상 가운데 내어 보내사 세상을 변화시키는 변혁자가 되기를 원하셨다. 예수님은 70인 전도대를 파송하시면서 "내가 너희를 보냄이 어린 양을 이리 가운데로 보냄과 같도다"(눅 10:3)라고 하셨는데, 이는 신앙생활이 문제를 회피하여 산속에서 하는 것이 아니라 세상 속에서 문제와 맞닥뜨리며 하는 것임을 알려준다.

사해 사본(Dead Sea Scrolls)의 보전에 있어서 쿰란공동체의 공헌은 크다. 그러나 에세네파를 비롯한 쿰란공동체는 세상과 타협하지 않으려는 극심한 율법주의로 인해 폐쇄성을 가졌고, 그로 인해 강화된 엘리트주의 때문에 결국 역사의 무대 뒤로 소멸해 버렸다. 이는 한국 교회에도 시사하는 바가 크다. 최근 한국 교회에서 제자훈련에 대해 평가한 내용을 본 적이 있다. 평가 내용 중에서 주목해야 할 것은, 한국 교회의 제자훈련이 교회 안의 제자를 키웠다는 사실이다. 이는 제자훈련이 결국 교회의 직분자 훈련에 활용되고 있었다는 의미다. 이때부터 제자훈련은 일부 선교단체의 전유물이 아니라 한국 교회 내에서 성인 성도들을 대상으로 하는 보편적인 양육 프로그램이 되었다. 2000년대에 들어선 이후에도 한국 교회의 제자훈련에는 여전히 아쉬운 점이 있다.

실천신학대학원대학교 정재영 교수가 진행한 제자훈련에 관한 설문조사에 따르면 '제자훈련의 부정적인 측면'에 대한 답변으로 "지식적인 훈련에 치우쳐 있다"와 "교회나 선교단체 내부 활동에 치우쳐 있다"는 의견이 가장 높은 빈도를 보였다. 한국 교회에도 시간의 흐름에 따라 변화가 있었기 때문에 일종의 피로도가 나타난 것이라 해석할 수도 있을 것이다. 정재영 교수는 21세기 한국 교회의 제자훈련이 겪는 피로 현상을 크게 다음의 세 가지로 지적한다. 첫째, 제자도와 관련해서 여전히 신학적 조망이나 성찰이 약하다. 둘째, 제자훈련 커리큘럼에 대한 안목이나 아이디어가 크게 결여되어 있다. 셋째, 제자훈련 내용 가운데 공적 제자도(Public discipleship)에 대한 가르침과 훈련이 거의 전무하다.

같은 문제에 대해 한국교회탐구센터 소장 송인규 목사는 현재 한국 교회의 제자훈련이 새롭게 당면한 부정적인 측면에 대해 이렇게 지적한다.

"제자훈련이 의도한 목표를 달성하려면 지식이나 정보 전달 위주의 학습 방식에서 벗어나 전인격적인 변화와 삶에서의 실천을 겨냥해야 한다. 교회의 현장에서 실시되는 다양한 제자훈련이 어떤 내용을 배우고 깨우치고 복습하는 식으로 전개되는지 대략 알고 있다. 숙제가 있고, 암송할 성경구절을 배당받고, 책을 읽고 독후감을 써내는 것이 전형적인 예다. 이런 제자훈련의 학습 방식에 일리가 없는 것은 아니지만, 동시에 이처럼 피상적인 수준의 주지주의적 학습관이 끼치는 피해도 만만치 않다. 오히려 하나님 나라의 제자도는 그 최종적 목표를 인격적 변화와 실천적 삶의 구현에서 찾는다. 비록 이런 목표 달성의 과정 가운데 '공부'하는 일이 포함되어야 하지만, 그렇다고 해서 그처럼 얄팍한 학교 공부식의 접근이 합당한 제자훈련이라고 여기는 것 또한 오산이다."

제자훈련은 결코 유행하는 하나의 프로그램이 될 수 없으며, 영적 성숙을 도모하는 양육의 철학(Philosophy of ministry) 또는 양육 메커니즘(Nurturing mechanism)으로 인식해야 한다. 그러기 위해서는 제자훈련과 양육의 목적을 평신도를 위한 사역(Ministry for laymen)이 아니라 평신도에 의한 사역(Ministry of laymen)으로 인식해야 할 것이다.

3) 어떻게 하면 권능을 위임받을 수 있을까?

예수님이 제자들을 부르시고 세우신 세 번째 목적은 '변혁자'를 세우기 위함이었다(막 3:15). 예수님을 따르던 제자들은 예수님이 행하신 가르침(teaching), 선포(preaching), 그리고 치유(healing)로 사역하시는 일에 함께 부르심을 받은 자들이었다(마 4:23). 그러나 예수님의 사역을 목격하는 것으로는 "사람을 낚는 어부가 되게 하리라"(막 1:17)고 하신 원래의 부르심에는 미치지 못하는 것이었다. 구체적으로 현장에 나아가서 전도하고 사역할 때 회개가 일어나고 귀신이 쫓겨나고 병이 치료되는 놀라운 역사를 체험하는 것이다. 이는 도제식 교육에서 '시연'의 단계와 '교수적 도움'의 단계를 거쳐 '교수적 도움의 중지' 단계에서 도제(apprentice)가 스스로 문제를 해결하는 것에 해당한다.

코로나19로 인해 사람들의 마음에 두려움과 불안이 극도에 달하고 있다. 물론 전대미문의 상황이 주는 재정과 건강, 가족 관계, 진리 등의 현실적인 어려움이 성도들의 삶에 분명히 존재한다. 그러나 상황에 대한 믿음의 해석과 영적인 분별의 필요는 그 이상이다. 예수님께서 제자들에게 사탄의 역사를 분별하고 내적·외적 원수들을 물리칠 수 있는 믿음의 용사가 되기를 원하셨듯이 오늘날 성도들에게 악이 구조화되어 있는 세상 속에서 성령의 능력을 덧입고 사회 각 영역에 영적 권능을 발휘하기 원하신다. 그런 의미에서 "하나님 나라는 말에 있지 아니하고 오직 능력에 있음이라"(고전 4:20)라는 말씀을 기억할 필요가 있다. 교회는 외양으로 평가되지 않고 언제나 능력으로 평가되어야 한다. 그리고 우리가 아는 바와 같이 이런 권능은 기도하지 않으면 허락되지 않는 것이다. "기도 외에 다른 것으로는 이런 종류가 나갈 수 없느니라 하시니라"(막 9:29)고 하신 말씀은 포스트 코로나 시대에도 여전히 유효하다. 그렇다면 문제는 어떻게 양육과 제자훈련에서 기도의 깊이를 더할 수 있는가 하는 점이다.

개인의 영성에 어떻게 하면 침묵, 고독, 검약, 묵상, 그리고 하나님의 임재로 우리의 마음과 생각을 채우는 등의 수도원적 전통을 접목할 것인가 고민해야 할 것이다. 이는 종교개혁 이후에 프로테스탄트가 로만가톨릭교회의 관례라고 여겨 성화, 성체, 축일, 성사, 성상 등과 함께 내어버린 것이기도 하다. 그러나 사실 침묵, 고독, 검약, 묵상, 그리고 하나님의 임재에 관한 훈련들은 예수님과 그 제자들, 그리고 정경이 수납되기 전까지 은혜의 통로이자 성숙의 근원으로 자리매김하고 있던 것들이다. 팬데믹이 있기 전에도 성경 통독과 성경 필사 등의 성경과 관련한 활동이 유행처럼 일어나던 것도 고무적이었다. 앞으로는 교회의 프로그램과 공간 안에 개인적으로 하나님의 임재 앞에 나아가 개인을 반추하고 말씀을 묵상하고 하나님과의 동행을 기록(journaling)하고 그것을 개인의 삶에서 실천해 나가는 훈련이 필요하다. 그러면서 현대의 소비주의와 물량주의를 걷어내고 우리가 그리스도를 닮고자 하는 열망을 계속 추구하려면 비대면의 상황에서 속전속결의 능력 있는 프로그램보다 단순성을 추구할 필요가 있다.

≫ 글을 맺으며

한 교회 공동체를 책임지는 목회자의 입장에서 지난 1년 남짓은 멈춰 버린 시간과 같았다고 회상한다. 시간은 흘러가는데 몸과 마음, 그리고 생각은 꼼짝할 수 없어서 마치 코마(coma)에 빠진 환자같기도 했다. 장례가 나서 천국환송 예배를 집례할 때도, 수술을 마치고 요양병동으로 이송되는 환우를 심방할 때도, 연세가 있으신 어르신들께 생활 물품을 전달해 드리러 심방을 나갈 때도 두렵고 무서운 마음으로 나설 뿐만 아니라 이후 며칠을 몸으로, 마음으로 앓은 적이 많았다. 이런 개인적인 혼란 중에서 필자가 깨달은 것은 지금의 혼란이

1세기 당시의 제자됨이라는 것이었다. 1세기의 유대 공동체 안에서의 네 가지 대안이 역사 속에서 무력해지고 예수 그리스도의 제자도가 구원의 길이요 시대의 활로였듯이 오늘날에도 제자도는 유효하다고 믿는 바이다.

그러면서 반성하게 된 것이 그동안 양육의 시스템을 자랑하고 이런 과정을 따라가면 "몇 년 뒤에 당신은 제자가 되어 있을 것입니다" 내지는 "당신의 신앙생활은 문제가 없을 것입니다"라는 약속이 참으로 헛되다는 것이었다. 팬데믹을 비롯해서 전쟁이나 자연재해, 경제 위기 등 하나님이 허용하시는 국지적이거나 세계적인 혼란을 겪은 후에는 항상 기존의 구조가 무참하게 무너져 내리고 새로운 시작을 맞이하곤 했다. 그러면서 본질이 아닌 허상들은 결국 태워지고, 하나님의 통치 아래 속에 본질만 남곤 했다.

21세기에 처음으로 경험하는 팬데믹 속에서 우리가 간과한 사실이 하나 있다. 인류 역사 속에서 팬데믹 현상이 일어난 게 이번이 처음이 아니라는 사실이다. 인류의 역사에 몇 번의 팬데믹이 있었고, 그 과정을 경험하면서 인류는 많은 변화들을 경험해 왔다. "그 당시도 지금 우리가 고민하고 불안해하는 것처럼 급격한 변화가 있었을까?" 하는 질문을 하지 않을 수 없다. 물론 예전에는 감염병이 돌면 한 마을 전체가 사라질 것처럼 영향력이 커서 온몸으로 고통을 겪어야 했을 것이다. 그러나 인류는 간난신고를 견디고 극복해 왔다. 팬데믹을 지나가는 과정에서 우리가 눈여겨볼 것은 인류가 관계성과 공동체성을 결코 포기하지 않았다는 것이다. 지금의 상황도 마찬가지가 아닐까 생각한다. 시간은 걸리겠지만, 인류는 분명 지금의 전염병의 문제를 극복할 것이고, 예전보다 더 본질적인 관계성으로 돌아갈 것이다. 작은 공동체에 대한 실존적 관심, 교회 교육의 차원에서 초대교회의 에클레시아 혹은 코이노니아에서 해결책을 찾으면서 사이버 테크닉의 도움을 충분히 받아야 할 것이다. 결론적으로 양육의 본질은 사람이고, 그 원형은 예수 그리스도의 제자도이다. 감염병으로 인한 팬데믹을 물량주의의 시대에 대한 경고로 받아들이고, 한 번에 한 사람에게 집중하며 좀 더 천천히, 좀 더 깊게, 좀 더 넓게 섬기고자 하는 양육의 본질로 돌아오는 교회가 되기를 기대해 본다.

Key point

1. 1세기 당시의 제자훈련

제자들은 예수님과의 동행을 통해 증인이 되었고, 전도와 선교의 임무를 받아 선포자가 되었으며, 초대교회는 가혹한 박해에도 불구하고 신실한 그리스도인들의 생활과 전도의 열정을 보여 사회적 존경을 받았다.

2. 코로나 시대의 양육과 제자훈련

디지털 교회는 교회 안에서도 피할 수 없는 현실이 되었다. 온라인, 특히 교회의 홈페이지가 앞으로 성도의 영성에서 중요한 관문이 될 것이다. 그러나 미디어를 통한 지성의 확장은 영성의 요소와 균형이 깨뜨리는 결과를 초래할 수 있다. 또한, 평신도가 주체가 되어 양육과 사역을 이끄는 기존의 평신도 사역이 약화할 것이며 학습의 내용이나 효과가 장비에 의해 지배당하는 디지털 격차가 발생할 수 있다는 단점을 극복해야 한다.

3. 위드 코로나 시대의 양육과 제자훈련

이제는 얼마나 많이 모였는가의 양적인 관점보다는 누구와 소통하는가를 중시하는 질적인 관점으로 바꾸어야 한다. 개인적 영성 지도가 필요한 시대이므로 피차에 헌신된 관계적 양육이 널리 실행되어야 할 것이다. '코칭', '멘토링', '영적 지도' 등이 접목된 전방위적 제자훈련이 필요할 것이다. 제자훈련은 결코 유행하는 하나의 프로그램이 될 수 없으며, 영적 성숙을 도모하는 양육의 철학 또는 양육 메커니즘이어야 한다.

팬데믹을 지나가는 과정에서 우리가 눈여겨볼 것은 인류가 관계성과 공동체성을 결코 포기하지 않았다는 것이다. 지금의 상황도 마찬가지가 아닐까 생각한다. 시간은 걸리겠지만, 인류는 분명 지금의 전염병의 문제를 극복할 것이고, 예전보다 더 본질적인 관계성으로 돌아갈 것이다. 결론적으로 양육의 본질은 사람이고, 그 원형은 예수 그리스도의 제자도이다. 감염병으로 인한 팬데믹을 물량주의의 시대에 대한 경고로 받아들이고, 한 번에 한 사람에게 집중하며 좀 더 천천히, 좀 더 깊게, 좀 더 넓게 섬기고자 하는 양육의 본질로 돌아오는 교회가 되기를 기대해 본다.

04

Think point

20세기 후반 이후 북미 지역에서 발생한 교회 갱신 운동은 마케팅과 소비주의에 물든 기독교에 대한 반성으로부터 시작됐다. 소그룹 중심의 가정교회(House Church) 운동이나 고대의 영성과 공동체를 추구하는 신수도원 운동, 선교 정신을 회복하려는 이머징 교회(Emerging Church)와 선교적 교회(Missional Church) 운동 등이 그 대표적인 예이다. 이들의 공통점은 세속의 한복판에서 기독교 영성을 회복하여 참된 제자를 만들고 세상의 구속과 회복을 위해 하나님의 선교에 참여하는 데 초점이 있었다. 삶과 삶이 만나는 선교적 제자훈련(Life on Life Missional Discipleship)과 같은 도제식 훈련이 소환되면서 교회 공동체의 체질 변화가 발생했다. 전문화된 소수의 목회자에게 의존하는 사역이 아닌 성도가 주체가 되어 소그룹 공동체를 이끌고, 그 속에서 믿지 않는 자들을 초청하고 훈련하는 새로운 흐름이 발생했다. 교육 역시 교실 안에서만 이뤄지는 지식 전달 중심을 탈피해 일상에서 발생하는 담금질 형태가 더욱 강조되었다.

이러한 교회들은 코로나 시대에도 전혀 흔들림이 없었다. 마치 핍박과 역경 속에서도 복음의 확산을 이루었던 초대교회처럼, 세상 속에서 믿지 않는 자들을 만나 관계를 맺고 복음으로 제자 삼아 지속적인 재생산이 이뤄지는 교회들은 여전히 역동적인 교회로 살아 움직이고 있다.

코로나19 이후에 교회가 가야 할 길은 매우 명확하다. 인격과 인격이 만나는 양육과 훈련 없이 교회는 복음의 사역을 이뤄낼 수 없다. 예수 그리스도와 그의 제자들처럼 삶을 오픈하여 함께 거하고 본을 보이며, 세상을 섬기고 변화시키는 사명을 감당함으로 훈련과 성장은 가능하다. 물론, 여기에는 대가가 필요하다. 예수께서 자신의 생명을 다해 섬기셨던 것처럼, 그리스도의 제자를 만들기 원한다면 우리가 먼저 그리스도의 길을 가고 그 길을 보고 따르는 또 다른 제자를 만들어야 한다.

Discussion

1. 이제까지 우리 교회가 실행해 왔던 양육과 훈련 프로그램을 재점검하라. 정보 전달을 넘어 삶과 삶이 만나는 양육과 훈련이 발생할 수 있는 방법을 찾아보자.

2. 코로나 시대에 실시했던 온라인 양육 훈련과 제자훈련을 평가하고 코로나19 이후 활용 방안에 대해 나눠보라.

3. 평신도가 주체가 되어 양육과 사역을 이끌 수 있는 구조가 되기 위한 구조와 프로세스를 만들고 실천 방안을 제시해 보라.

05 / 김지훈

고려대학교 심리학과(B.A.)와 고려대학교 문화사회심리학 석사(M.A.)를 거친 김지훈 목사는 장로회신학대학원에서 석사(M.Div.)와 미국 아일리프 신학대학원 석사(M.A.) 학위를 받고, 클레어몬트 신학대학원에서 박사(Ph.D. candidate) 과정 중에 있다. 현재 동양선교교회 담임목사로 사역하고 있으며, 고려대 교우 목회자회 해외부총회장, 미국 월드미션대학교 부총장을 맡고 있다.

https://www.omc.org/

*동양선교교회 홈페이지

소그룹을 통한
목회 상담과
돌봄 사역

김지훈 목사(동양선교교회)

코로나19는 우리의 육체를 괴롭힐 뿐 아니라, 코로나 블루라는 마음의 질병까지 가져다 주었다. 코로나19로 육신의 고통을 받는 사람의 수 이상으로 많은 사람이 코로나 블루라는 시대적 질병을 앓고 있다. 이는 그리스도인이라고 비켜갈 수 없는 것이다. 교회는 시대의 흐름을 읽고, 성도들의 코로나 블루를 공감하며 돌보기 위해 노력해야 한다. 그 노력에는 기도뿐 아니라 실질적인 케어 또한 필요하다. 소그룹을 작은 단위로 나누어 상담과 돌봄 사역을 이끈 동양선교교회의 사례를 보고, 우리가 할 수 있는 것은 무엇인지 한번 생각해보자.

소그룹을 통한
목회 상담과 돌봄 사역

2020년 3월 11일, 세계보건기구(WHO)가 코로나19의 세계적 대유행 (pandemic)을 선언한 이후 코로나19의 재난이 도래했다. 필자가 살고 있는 미국 LA도 코로나19로 인한 재난에서 예외가 아니었다. 코로나19는 경제적 문제뿐만 아니라 코로나 블루라는 심리적 문제까지 야기했다. 그런데 이런 심리적인 문제는 2개월 뒤 미네소타주에서 아프리카계 미국인 조지 플로이드(George Perry Floyd)가 죽음을 맞으면서 더욱 심각해졌다. 조지 플로이드의 죽음은 인종 문제로 연결되었고 이후 미국의 여러 도시들처럼 LA 한인타운에서도 그로인한 대규모 시위가 벌어졌다. 이후 LA 시위는 약탈과 방화로 확산하였다가 다행히 주 방위군이 투입된 후 진정되기는 하였다. 그러나 문제는 한인들에게 이번 시위가 다시는 기억하고 싶지 않은 '1992년 LA 폭동'의 생채기를 건드렸다는 것이다. 일련의 상황들은 LA에 사는 한인들에게 코로나 블루 증상과 더불어 '수십 년간 쌓아온 것들이 삽시간에 물거품이 될 수 있다'는 불안감과 심리적 무기력을 안겨 주었다.

필자가 사역하고 있는 동양선교교회는 오랫동안 미국 한인 교회의 심장과 같은 역할을 했다. 한인타운 한복판에서 한인 사회의 부흥과 아픔을 함께 겪었다. 성도들의 정서가 한국인에 가깝기 때문에 미국과 한국의 변화를 가장 빠르게 그리고 동시에 느낄 수 있다는 특징도 있다. 오래전부터 심리학을 공부했고, 지금도 목회 상담소를 운영하면서 느낀 것은 이전의 위기와 다른 차원의 위기라는 것이었다. 팬데믹으로 인한 급작스러운 경제적, 심리적, 환경적 변화는 전 세계인에게 당혹스러움을 안겨 주었다. 실제로 많은 성도가 심리적 불안과 무기력을 호소했다. 이러한 상황 속에서 성도들의 심리적 상처와 동시에 코로나 블루로 인한 단절, 외로움, 불안을 다루기 위해 어떤 목회적 돌봄을 실현해야 할지를 고민하게 되었다. 그렇게 접근하고 발견한 것이 소그룹을 통한 돌봄이었다. 코로나19 이후 동양선교교회는 성도들을 효과적으로 돌보기 위해 기존의 소그룹을 더 작은 단위로 나누었다. 그리고 목회상담을 적용했다. 본장에서 그 이야기를 나누고자 한다.

≫ 구성원은 어떻게 나눌까?

리서치 기관인 바르나 액세스(Barna Access)가 2020년 5월 미국 교회를 조사한 자료에 따르면, 코로나19 이후 약 50%의 성도만이 본인이 출석하던 주일 예배에 참석한다. 그리고 이들 중 52%의 성도는 '기도와 감정적 위로'가 필요하다고 응답했고, 44%의 성도는 '성경 중심의 격려와 희망', 33%의 성도는 '공동체의 유대감과 연계'가 필요하다고 응답했다. 이 조사는 현재 성도의 영적인 필요를 보여 줌과 동시에, 코로나19 이후에 교회 공동체가 성도의 영적 돌봄을 위해서 기존의 소그룹보다 더 작고, 더 다양하게 구성되어야 함을 보여 준다.

심리학 박사이자 목회상담가인 캐리 도어링(Carrie Doehring)은 "코로나19 이후 동서남북으로 구획을 그어서 성도를 '관리(maintenance)'하는 시대는 끝났으며, 더욱 작은 단위의 '돌봄(care)'이 필요하다"고 말했다. 캐리 도어링은 목회자와 성도의 일대일 관계가 4개로 연합해 모였을 때 소그룹이 가장 유기적이고 활동적이라고 말한다. 즉 목회자와 일대일의 상담 관계가 형성된 각각의 성도 A, B, C, D가 소그룹을 이루는 형태로 (목회자 A와 성도 A), (목회자 A와 성도 B), (목회자 A와 성도 C), (목회자 A와 성도 D)의 소그룹을 만드는 것이다. 다시 말해서 이 모습은 일대일 성경공부의 확장이라고 생각할 수 있다. 목회자와 성도가 일대일로 제자양육을 통해 관계를 맺은 뒤, 이후 목회자와 일대일의 관계가 잘 정립된 각각의 성도 4명과 한 공동체를 이루는 형태다.

캐리 도어링은 5명으로 이루어진 공동체에서 가장 편안함을 느끼고 자신의 속내를 잘 털어놓을 수 있다고 말한다. 이는 필자가 상담 수련을 했던 클라인벨정신상담소(The Clinebell Institution)에서도 확인할 수 있는데, 클라인벨정신상담소에서는 코로나19 상황에서도 일대일 상담을 중심으로 소그룹 상담을 병행하여 큰 효과를 보고 있다. 또한 2020년 5월 네비게이토의 사역 보고에서도 군인을 대상으로 일대일 화상 상담과 소그룹 모임을 병행했을 때 사역에 큰 효과가 있었다고 보고한 바 있다.

≫ 현장의 느낌을 잃지 않는 온라인 소그룹

코로나19는 목회의 많은 부분을 바꾸고 있다. 기존의 목회가 아날로그 (analogue)의 기초 위에 디지털(digital)을 어떻게 잘 활용할 것인가를 고민하는 목회였다면 코로나19 이후 목회는 디지털 상황에 어떻게 아날로그적인 요소를 잘 녹여낼 것인가를 고민해야 한다. 즉, 온라인으로 소그룹 모임을 하더라도 여전히 공동체를 이루고 있다는 현장의 느낌을 잘 녹여내는 모임이 되어야 한다. 이에 필자는 온라인으로 만나는 소그룹에서 성도가 스스로 공동체를 이루고 있다는 감각을 잃지 않기 위해 먼저 강조해야 할 여덟 가지를 제안하고자 한다.

1) 마음의 건강을 지키는 모임

우선 소그룹에 참여할 성도는 코로나19로 인한 사회적 거리두기 상황에서도 '마음의 건강'을 지키는 것이 매우 중요하다는 것을 알아야 한다. 흔히 마음이 건강하면 몸이 건강해진다고 말하는데 이것이 하버드의 심리학 교수 엘렌 랭어 (Ellen J. Langer)에 의해 증명되었다. 이 실험은 마음가짐의 중요성을 설명하기 위한 것으로 일명 '마음의 시계 돌리기' 실험이다. 엘렌 교수는 80대 전후의 노인 16명을 선정해서 각각 8명씩 두 그룹으로 나누어 그들을 수도원에 데리고 갔다. 엘렌 교수는 실험군 노인들에게는 이들이 마치 20년 전을 사는 것처럼 느끼게 하기 위해서 수도원 벽에 이들의 20년 전 사진을 붙이고 20년 전처럼 말하도록 지시했다. 쉽게 말해서 그들이 스스로 20년 젊어졌다고 생각하고 생활하게 만들었다. 일주일 뒤, 신체지수를 검사했는데, 놀랍게도 이 집단은 다른 집단과 다르게 몸의 자세가 현저히 곧아졌다. 키와 몸무게도 현저히 건강하게 향상되었으며 신체 나이는 50대 수준으로 바뀌었다. 이 실험은 2007년 〈뉴욕타임즈〉에서 올해의 아이디어로 손꼽히기도 했는데, 이 연구는 사람의 마음이 신체와 연결되어 있으며, 단 일주일 동안의 긍정적이고 밝은 사고로도 몸과 마음이 건강해질 수 있다는 사실을 보여 준다. 이 실험 결과를 소그룹 구원성들에게 알려 주면, 마음 건강의 중요성을 환기시킬 수 있고, 소그룹 활동을 통하여 마음의 건강을 함께 돌볼 것을 권유할 수 있다.

2) 화를 풀어 주는 모임

한국인이 가진 심리적 특성이 한 가지 있다. 그것은 바로 마음의 '화(火)'다. 한국인의 마음의 화는 미국 정신질환 진단 및 통계 편람(DSM-4)에 'Hwa

Byeong(화병)'이라고 표기될 정도로 화는 한국의 특수한 문화에서 생긴 심리적 특성이다. 한국 사회의 유교적이고 수직적인 문화에서 참고 속으로 삼키는 것에서 생긴 병리적인 특성이다. 그래서 한국인이 모인 소그룹은 화를 잘 다룰 수 있어야 한다. 특히나 코로나19 이후 대면하여 관계를 못 하는 경우에는 화를 더욱더 잘 다루는 장(場)이 필요하다.

고려대학교 한성열 명예교수는 화를 풀어 주는 상담의 원리를 '상담(相談)'의 한자로 설명한다. 상담의 상(相)은 '서로' 눈을 마주 보고 대화를 한다는 뜻이다. 담(談) 자가 중요한데, 앞부분은 '말씀 언(言)'이고, 뒷부분은 불 화(火)가 두 개 쌓인 '불꽃 염(炎)'으로 이루어져 있다. 그래서 상담은 사람 마음에 여러 겹으로 쌓여 있는 화(火)를 서로 이야기함으로써 푸는 것을 뜻한다. 사람의 마음에 풍선이 있다고 해보자. 이 풍선에 화의 바람이 가득 차면 언제 터질지 몰라 답답하고 불안할 것이다. 이 풍선에서 바람을 빼도록 돕는 것이 상담이다.

성도는 목회자가 위로와 공감을 통해 마음속 풍선의 바람을 빼주기를 원한다. 그러나 목회자는 자신도 모르게 문제의 정답을 주고자 하는 문제해결 모드(Problem-solving mode)가 된다. 이로 인해 화의 풍선에 오히려 바람을 더 집어넣어 성도는 자신의 답답한 마음과 감정을 털어놓지 못하고, 깊은 대화도 하지 못하는 것이다.

상담 치유가 뎁 다나(Deb Dana)는 목회자가 성도의 말을 들을 때는 아무런 비판이나 판단 없이 들어 주는 '수용적인 태도'가 필수라고 말한다. 듣는 사람으로 인해 자기감정이 용납 받고, 자신의 감정이 충분히 이해받았다고 느끼면 심리적 안정감과 생체적 안전을 찾게 된다는 것이다. 뎁 다나는 성도가 심리적 안정감을 찾으면 바른 윤리의식이나 도덕성에 대한 방향성을 스스로가 잘 잡을 것이라고 말한다. 따라서 감정을 용납하고 수용하는 데 주목하라고 조언한다. 예를 들어 삭개오는 예수님이 그의 마음을 만지시자 "주여 보시옵소서 내 소유의 절반을 가난한 자들에게 주겠사오며 만일 누구의 것을 속여 빼앗은 일이 있으면 네 갑절이나 갚겠나이다"(눅 19:8)라고 스스로 고백했다. 즉 삭개오가 율법이나 바른 방향성을 몰라서가 아니었다는 것이다. 감정이 상해 있거나 화가 가득 찬 마음에는 아무리 바른말이라도 들리지 않는다. 우선 수용과 용납의 분위기가 소그룹 전체 분위기로 이어지면 성도에게 소그룹은 나를 배려해 주고, 포용해 주고, 이해해 주는 나의 공동체가 될 수 있다.

3) 이해해 주는 모임

필자가 상담하며 경험한 재미난 사실은, 상담자에게 직업이 '카운슬러(counselor)'라고 소개할 때는 상담의 내용과 깊이가 깊어지지만, '목회자'라고 했을 때는 반대로 대화가 피상적인 수준에서 겉돈다는 것이다. 흔히 성도에게 목사는 정답을 말하는 사람, 교리와 성경적 답만을 말하는 사람이라는 고정관념이 있기 때문이다. 그래서 내면의 이야기를 하기보다는 '좋은 사람, 좋은 교인'으로 보이기 위해서 정답에 가까운 내용만 이야기하게 된다. 그래서 상담 내용이 표면적으로 겉돌기만 하는 경우가 많다. 물론 이것이 카운슬러가 아닌 목회자가 상담하지 말라는 의미는 아니다.

클라인벨정신상담소의 사무엘 리(Samuel Lee) 교수는 성도와 상담할 때 목회자가 성도가 하는 말을 듣고서 '이해하고 있음(Showing understand)'을 적극적으로 보여 주라고 권장한다. 사무엘 리 교수에 따르면 목회자가 교인이 하는 말을 이해하고 있다는 것을 보여 주기 위해서는 '패러프레이징(paraphrasing)'이 중요하다고 말한다. 패러프레이징이란 자신에게 전달된 상대방의 말을 자신의 말로 바꾸어 상대방에게 재확인하는 것이다. 예를 들어서 대학 시절 리포트를 쓸 때 한 챕터를 요약할 때면 책의 내용을 그대로 쓰지 않는다. 대신 자신이 이해한 언어로 다시 표현한다. 이것이 패러프레이징이다. 이 기법으로 대화에서는 세 가지 효과를 기대할 수 있다.

첫째, 성도가 말하는 바를 목회자 자신이 제대로 이해했는지 확인할 수 있다. 예를 들어 성도가 "어제 한숨도 못 잤어요"라고 말하면 목회자는 나름대로 해석을 할 것이다. 만약 큰 고민거리가 있다고 해석되면, 목회자는 "어제 잠을 잘 못 잤군요. 무슨 고민이 있으셨어요?"라고 되물음으로써 의미를 분명히 확인할 수 있다. 둘째, 성도의 입장을 이해하려는 상담자의 노력을 알려 주게 된다. 흔히 목회 상담에서 목회자는 성도의 말을 듣고 그저 고개를 끄덕이기만 하는데, 이것은 수동적인 듣기 방법이다. 패러프레이징 기법을 통하여 성도는 자신이 표현한 감정을 다른 사람이 표현한 말, 같은 내용이지만 달리 표현한 말을 듣게 된다. 이로써 성도는 자신이 이 대화에서 이해받고 있음을 느낀다. 또한 말을 한 성도는 자신은 표현하지 못했지만, 목회자나 소그룹 내의 다른 사람들이 표현하는 말을 들음으로써 큰 위로를 얻는다. 셋째, 성도의 애매한 감정이나 생각을 보다 구체화하고 명료화시켜 주는 효과가 있다. 이를 '명료화 기술'이라고 하는데 대화 시 불분명한 대명사, 모호한 어휘 등 이해하기 힘든 부분이 포착되면 다시 말해 줄 것을 요구한다. 이로써 목회자는 사실을 추론 없이 정확하게 인지하고, 아울러 성도도 목회자가 자신의 말을 최선을 다해 듣고 있다고 신뢰하게 된다.

4) 같은 상처를 가진 모임

유니온신학교의 상담학 교수 윌리엄(William B. Oglesby, Jr)은 깊은 상담이란 상처에서 시작한다고 말한다. 상처에 대해서 말하고, 상처를 나누기 전까지 상처는 회복될 수 없으며, 상담을 해도 그저 겉돌 뿐이라고 말한다. 따라서 목회자는 공동체를 소그룹으로 나눌 때 비슷한 상처를 가진 성도를 세밀하게 분류할 수 있어야 한다. 이 말은 소그룹을 편성할 때, 일반적으로 교회에서 구역을 나눌 때처럼 지역별, 나이별, 성별, 직분별 등으로 나누지 않고, 비슷한 아픔과 상처를 가진 성도를 묶는 것이다.

그렇게 분류할 때 소그룹에서는 '노멀라이징(normalizing)'이 일어난다. 노멀라이징이란 자신이 겪는 아픔이 자신만의 특별한 것이 아니라 누구나 겪을 수 있는 감정인 것을 깨닫는 것을 말한다. 흔히 사람은 상처가 생기면 그 감정 자체에 함몰된다. 마치 달려갈 때 시야가 좁아지듯 감정 자체에 빠져든다. 특히 가까운 사람의 죽음이나 이혼으로 인한 상실은 더욱더 그러하다. 이 경우에 노멀라이징은 자신이 겪는 상처나 아픔이, '내 탓'이나 '누구 때문'에 겪는 특별한 것이 아니라 누구나 겪을 수 있는 일반적인 감정이라는 것을 알게 해 준다. 예를 들어서 코로나19 이후에 많은 이가 경제적, 심리적, 관계적 어려움을 호소한다. 이런 어려움을 소그룹에서 나눌 때 이것이 누구나 겪는 일반적인 감정이라는 노멀라이징의 과정이 필수적이다. 이로써 성도는 소그룹이 자신의 아픔을 공감해 주고 지지해 주는 느낌을 받아 소속감과 편안함을 느끼게 된다. 우는 자와 함께 우는 모임은 회복의 즐거움이 있을 때도 함께 즐거운 모임이 될 수 있다(롬 12:15).

5) 새로운 의미를 찾는 모임

의미를 찾는 것의 중요성은 로고테라피(Logotherapy)의 창시자 빅터 프랭클(Viktor Frankl)에 의해서 많이 알려졌다. 어려운 상황 속에서도 하나님이 주신 의미를 찾을 수 있다면 상황을 조금 더 건강하고 지혜롭게 이겨낼 수 있다는 것이다. 예를 들어 코로나19로 인해서 2주 동안 자가격리를 해야 하는 사람은 이 격리된 상황이 무척 답답할 것이다. 하지만 이 상황에 새로운 의미를 부여할 수 있다. 자가격리가 '다른 사람에게 피해를 주지 않으려는 그리스도인 다운 이타적인 행동이며, 성숙한 시민의식이다'라는 새로운 의미를 발견함으로써 같은 상황에서도 동기와 힘을 찾을 수 있는 것이다.

또한, 목회자는 성도가 말하는 내용을 편집해서 새로운 의미를 만들 수 있다. 많은 그리스도인이 코로나19를 하나님의 심판이라고 생각해서 부정적인 감정에 함몰되어 있다. 구약성경에 종종 전염병(하루브)이 하나님의 심판으로 나오기 때문이다. 하나님은 죄를 범한 자들에게 전염병이나 기근으로 심판하셨다. 그래서 히브리어 '하루브'의 일차적인 의미는 '하나님의 심판'이다. 신약에는 탕자의 비유(눅 15:11-24)에서 하루브가 나온다. 아버지를 떠나 방탕하게 살던 탕자는 결국 돼지가 먹는 쥐엄 열매를 먹어야 하는 비참한 신세가 된다. 유대인의 미드라쉬에 의하면 탕자가 쥐엄 열매를 먹는 상황도 하루브이다. 이때 쥐엄 열매(하루브)는 아버지를 떠난 탕자에 대한 심판이기도 하지만, 동시에 하나님 품으로 다시 돌아오게 하는 터닝 포인트를 만든다. 그렇다면 코로나19는 단지 하나님의 무서운 심판이 아니다. 하나님의 목적은 코로나19를 통해서 결국 아버지의 품에 돌아오게 하는 것이다. 이런 목회적 편집(editing)을 통해서 목회자는 성도가 새로운 의미를 찾도록 도울 수 있다.

6) 부정의 도식을 다루는 모임

심리학에는 고전적 조건형성(Classical Conditioning)이라는 유명한 실험이 있다. 이것은 러시아의 심리학자 이반 파블로프(Ivan Pavlov)가 개를 데리고 실험한 것이다. 개는 음식을 보면 침을 흘린다. 이것이 자연스러운 반응이다. 그런데 개에게 음식을 줄 때마다 종소리를 들려주면 그 이후로는 음식 없이 종소리만 들어도 침을 흘리게 된다. 이것을 연합(association)이라고 하는데 이제는 개가 음식이 아니라 종소리와 연합된 것이다.

예를 들어, 필자가 아는 한 성도는 평소에는 참 인자하다가도 운전대만 잡으면 폭력적으로 변한다. 이것을 고전적 조건형성으로 설명할 수 있는데, 이 성도는 과거에 운전하면서 몇 차례 다른 차가 무리하게 끼어들고 난폭운전을 하는 바람에 위험한 상황을 겪은 적이 있다. 그래서 운전대를 잡고서 느낀 화의 감정이(마치 종이 울리면 개가 침을 흘리는 것처럼) 차와 연합된 것이다.

이렇듯 사람의 감정과 생각은 연결되어 있다. 이때 감정은 우리가 억지로 바꾸거나 통제할 수 없다. 하지만 생각이 바뀌면 감정도 변한다. 이것을 인지행동치료(Cognitive-Behavior Therapy)라고 한다. 예를 들어 직장 상사가 자신의 인사를 받아주지 않으면 그 사람은 실망감과 함께 초조함을 느낀다. 이때 자동으로 떠오르는 생각은 '나를 무시하나?', '내가 뭘 잘못했나'와 같은 기분 나쁜 감정들이다. 그런데 이후에 상사와 대화를 하다가 상사에게 '그때 중요한 생각을 하느라 인사하는지 몰랐다'라는 말을 듣거나, 혹은 다른 직원에게 '그 상사는 원래 인사를 받아 주지 않는다'라는 말을 들으면 감정이 서서히 누그러든다. 이때 감정이 바뀌는 이유는 감정과 연결된 생각(cognition)이 바뀌었기 때문이다. 누구나 사람에게는 왜곡된 사고가 있다. 만일 부정적인 사고방식이 사람에게 도식화되어 있다면, 그래서 어떤 상황을 보아도 부정적인 감정과 연결되어 있다면, 목회자는 이런 부정적인 도식을 지적할 수 있어야 한다. 또한 부정적인 생각에서 벗어나도록 도와주어서 소그룹이 더 건강한 사고와 감정을 표출할 수 있도록 해야 한다. 이어지는 내용을 참고해보자.

7) 주체적 생각(Intentional theology)을 찾게 해 주는 모임

심리학 용어 중에 페르소나(persona)라는 용어가 있다. 페르소나는 원래 고대 그리스 배우들이 쓰던 가면을 일컫는 말로 심리학에서는 사람이 사회에서 살아가기 위해서 갖추게 된 얼굴, 즉 사회적 얼굴을 뜻한다. 사람은 자신이 자라난 환경에서 사회적인 규범과 윤리, 도덕성을 배우기 때문에 그 사회가 바라고 기대하는 행동을 하게 된다. 이렇게 형성된 페르소나는 사람이 사회생활을 하는 데 중요한 역할을 한다.

그런데 문제는 어디까지가 페르소나이고 어디까지가 자신의 실제 모습인지 구별하지 못한다는 데 있다. 즉 다른 사람들이 기대하고 말하는 것이 자기 자신이라고 생각하는 것이다. 그래서 남들의 말과 기대에 갇혀서 원래 자신의 정체성을 잃어버리고 정말 자신이 원하는 것이 무엇인지 제대로 구별하지 못하게 되는데, 이럴 때 주체적 생각(Intentional theology) 즉 원래 자신의 모습을 찾아가도록 하는 것이다.

예를 들어, 예레미야 선지자가 하나님의 부르심을 받는 장면을 보면, 그는 하나님의 부르심에도 불구하고 자신은 아이라서 말을 할 줄 모른다며 주저한다. 이때 예레미야의 나이를 20대로 추측하는데, 이를 고려하면 결코 아이라고 할 수 없다. 그런데도 예레미야가 주저하는 것은 그가 아나돗 제사장 가문의 출신이기 때문이다.

예레미야 1장 1절은 예레미야가 아나돗 출신의 제사장이라고 소개한다. 이야기는 다윗 왕 시대로 거슬러 올라가는데, 이 시기에 두 제사장 사독과 아비아달이 있었다. 다윗 왕이 죽고 다음 왕위를 두고 치열할 다툼이 있을 때 아비아달 제사장은 솔로몬이 아닌 아도니야가 왕이 되도록 돕는다. 결국, 아도니야의 패배와 함께 아비아달 제사장도 아나돗 땅으로 불명예를 안고 추방당한다. 이는 예레미야가 성장하면서 반역자 아비아달의 자손이라는 말들 외에 수많은 부정적인 말들을 내면화했음을 짐작하게 한다. 그래서 예레미야는 하나님이 자신을 쓰시겠다고 직접 말씀하시는데도 불구하고 부정적으로 반응한 것이다.

심리학에서는 예레미야처럼 어린 시절의 외상이 다루어지지 않은 경우를 두고 "마음이 포박당했다(Developing arrest)"라고 한다. 이렇게 다루어지지 않은 포박당한 감정은 그 자체로 상처이고, 이 상처로 인해서 스스로 더 많은 상처를 만든다. 이후로는 내면에 이미 부정적인 도식이 만들어졌기 때문에 타인은 상처를 주기 위해 한 말이 아님에도, 부정적으로 해석하는 필터가 생긴다. 이것을 회복시키는 첫 단계는 말을 하는 성도에게 자신을 여러 객관적인 방향으로 볼 수 있도록 해 주는 것이다. 예를 들어서 미국에 부모를 따라서 이민 온 어린아이의 경우, 학교에서 영어를 유창하게 하지 못해 한동안 어려움을 겪는다. 동양인이 없고 인종차별이 심한 지역이라면 더 그렇다. 그래서 아이들은 자신이 영어를 잘하지 못한다는 열등감에 쉽게 빠진다. 이때 목회자는 성도의 자녀에게 "지금은 미국에 온 지 얼마 안 되어 영어를 잘하지 못하지만 곧 잘하게 될 거야. 너는 한국어도 잘하니까 머지않아 2개 국어를 유창하게 할 수 있을 거야"라고 말해줄 수 있다. 이렇게 또래 아이들이 말하는 정체성에 갇히지 않고 자신만의 새로운 정체성을 가지도록 돕는 것이다.

8) 예수님과 이어지는 모임

긍정심리학에 따르면, 사람은 일상적이지 않고 독특하며 특별한 일을 경험할 때 재미를 느낀다. 기대하지 않았는데 느닷없이 무엇이 나타나면 재미가 극대화되는 것이다. 예를 들어 깜짝 생일파티나 실험 상황극이 재미있는 것은 이 때문일 것이다. 이때는 신체에 아드레날린이 분비되고 부교감신경이 자극되어 심장이 두근거리는 경험을 하게 된다.

그런데 사람이 공포를 느낄 때도 이와 비슷한 현상이 일어난다. 일상적이지 않은 급작스러운 경우에 공포를 느끼는데, 예측이 불가능할 때 공포심이 증가하게 된다. 공포 영화를 볼 때 전혀 예상하지 못했던 부분에서 무엇인가 등장하면 공포가 더해지는 것도 이 때문이다. 또한 사람이 공포를 느낄 때도 본능적으로 살아남기 위해서 아드레날린이 분비되고 부교감 신경이 자극받는다. 재미와 공포는 둘 다 예측하지 못한 상황에 대한 반응이다.

그런데 신기한 것은, 재미와 공포가 전혀 다른 감정인데도 어떤 경우는 재미로, 어떤 경우는 공포라고 느낀다. 무슨 차이인가? 바로 안정감의 유무이다. 안정감이 있으면 재미가 되고, 안정감이 없으면 같은 상황이라도 공포가 된다. 예를 들어, 마태복음 14장에서 베드로는 물 위를 걷는다. 물 위를 걷던 베드로가 예수님을 바라보며 바다를 걸을 때는 예수님이 주시는 안정감으로 안심하며 걷는다. 하지만 그 시선이 예수님을 보지 않고 다른 곳에 시선을 빼앗기면, 이내 공포에 빠져서 허우적댄다. 다른 상담과 달리, 기독교 상담은 진정한 안정감이 되시는 예수님과 반드시 이어져야 한다. 소그룹의 대화가 자칫 상담기법에 너무 치우치거나 혹은 세상적인 위로가 되지 않도록 상담기법을 적절하게 사용하는 것이 중요하다.

지금까지 필자는 온라인으로 만나는 소그룹이지만 성도들이 공동체를 이루고 있다는 감각을 잃지 않고 현장의 느낌을 잘 녹여내는 소그룹 모임이 되기 위해서 먼저 강조되어야 할 여덟 가지를 제안하였다. 이 여덟 가지는 전부 마음을 다루기 위한 이야기이다. 그리고 최종 목적지는 바로 예수님과 연결되는 것이다. 사실 현재 상황에서 현장의 느낌을 잘 녹여내며 사람의 마음을 만지는 소그룹이 되지 못하면 그 모임은 디지털 기술에만 치우친 차가운 모임이 될 수

밖에 없다.

코로나19 이후 성도들 대부분은 상실과 이별, 경제적인 어려움을 겪고 있다. 그래서 그들, 아니 우리 모두에게는 형식적인 모임이 아니라 화를 풀어주고 마음을 이해해 주며, 같은 아픔과 상처에 공감하는 모임이 필요하다. 새로운 의미를 만들어 주고 왜곡된 사고들을 잡아 주체적인 생각을 찾고, 우리를 죽기까지 사랑하시고 자녀 삼아주신 예수님에게 연결되어야 한다.

9) 세상을 향한 소그룹

하나님은 사랑과 자비의 하나님이다. 하나님은 우리를 창조하실 때, 하나님의 이 성품을 우리 안에 그대로 담아두셨다. 그래서 우리는 나누고 베풀 때 행복하다. 특히 가난한 자, 소외된 자를 돌볼 때 영혼이 살아난다. 심리학자 에이브러햄 메슬로우(Abraham Maslow)도 이 말을 지지한다. 그는 인간의 욕구를 5단계로 설명하는데 인간의 최고 상위욕구에는 타인을 향한 이타적인 욕구가 있다고 말한다. 사람이 이타적인 행위를 할 때 자신을 가장 가치 있고, 보람되게 여긴다는 것이다. 이에 앞으로는 교회 소그룹이 지역 주민을 돌보는 사역의 주체가 될 것을 제안한다.

소그룹에서는 자신들만을 위한 모임으로 정체되지 않기 위해서 룻기가 성경에 들어간 이유를 성도들과 목회자가 서로 나누기를 제안한다. 이로써 소그룹에서 교회의 사회적 역할(The Social Role of Church)에 대해 고민할 수 있다. 성경에서 룻기는 사사기 뒤, 사무엘서 앞에 나온다. 룻기의 성경 순서를 통해 우리는 하나님의 뜻을 볼 수 있다. 사사기에는 수많은 사사들의 위대한 이야기들이 등장한다. 그들은 주로 남자이며 하나님으로부터 특별한 능력을 받아 놀라운 능력으로 큰 역사를 이루는 사람들이다. 그런데 사사기 바로 뒤에 나오는 룻기는 이런 남성 중심의 시대에서 눈길이 가지 않는 과부, 평범하다 못해 불행해 보이는 소외된 여인의 삶과 눈물에 관한 이야기다. 하나님은 이런 룻과 나오미 같은 가난한 과부를 절대로 그냥 지나치지 않으시고 책임 있게 삶에 개입하신다는 것을 알려주시기 위해서 사사기 다음에 룻기를 배치하신 것이다.

또한, 룻기가 사무엘서 앞에 있다는 점도 마찬가지이다. 룻기에는 다윗 왕가의 족보가 나오는데, 이 족보를 보고 있으면 룻기는 성경에 들어가면 안 될 것 같다. 왜냐하면, 룻기에 나오는 다윗의 족보는 다윗의 조상 보아스가 기생 라합의 아들이라는 것과 이런 보아스가 이방 여인 룻에게서 낳은 아들이 다윗의 조상이라고 말한다. 그렇다면 이런 룻기가 성경에 들어가면 다윗 왕조는 그 정당성에 치명적인 타격을 받을 수밖에 없다. 그런데도 룻기는 왜 성경에 들어가 있을까? 그것도 다윗 왕조가 시작되는 사무엘서 앞에 말이다. 그것은 다윗 왕조로 대변되는 하나님 나라의 방향성을 말해 주기 위함이다. 하나님의 나라는 룻과 보아스처럼 함께 있을 사람이 없는 외로운 이들, 주목받지 못해서 괄호 밖에 있는 사람들을 끝까지 포기하지 않고 끌어안음으로 시작했다는 것을 보여준다.

그렇다면 소그룹의 방향성도 마찬가지이다. 다윗 왕조처럼 소외된 이웃과 사회, 도움이 필요한 사람을 돕는 사회적 역할이 앞으로 소그룹의 방향이어야 할 것이다. 상담 소그룹은 다른 교회 모임보다 지역 주민들이 적극적으로 참여할 수 있다는 장점이 있다. 각 소그룹은 지역 주민을 소그룹 멤버로 포함할 수 있으며, 소그룹 전체가 지역사회를 돌보는 특정 사역을 감당할 수도 있다. 소그룹에서 성도의 상처를 잘 다루어 왔다면, 성도는 상처 입은 치유자(Wounded healer)로서 지역사회를 향한 돌봄에 더 큰 열정과 힘을 가질 것으로 기대한다.

>>> 깨지고 작아져야 생명을 낳는다

오대식 목사(높은뜻덕소교회)는 코로나19로 많은 교회가 어려움을 겪고 있지만, 우리가 반드시 기억해야 할 두 가지가 있다고 말한다. 하나는 우리의 모든 삶은 하나님의 섭리와 주권 아래 있다는 것이다. 그렇기에 코로나19의 상황도 하나님의 허락하심과 섭리 안에서만 가능하다. 다른 하나는, 교회는 예수 그리스도의 피로 사신 것이며 하나님께서 교회를 사랑하신다는 것이다. 코로나19 이후의 교회도 여전히 하나님께서 지키신다. 그렇기에 코로나19 이후 교회의 변화는 하나님께서 교회의 본질을 회복시키시기 위한 형태의 변화이다.

수박을 자르다 보면, 수박의 둥근 모양 때문에 자르기 힘든 경험을 한다. 수박이 크면 클수록 더욱더 그렇다. 그래서 한때 일본의 시코쿠 섬에서 시작된 사각형 모양의 수박이 큰 인기를 끌기도 했다. 수박 열매가 아직 작을 때, 미리 네모난 틀에 넣어두면 크면서 네모난 모양으로 자란다. 네모 수박은 굴러가지 않기 때문에 자르기도 쉽고 보관하기도 좋다.

그런데 사실 수박이 원래 동그란 것에는 이유가 있다. 수박의 원산지는 칼라하리 사막인데, 이 사막은 기후가 매우 건조해서 수박의 씨를 퍼트려줄 새나 벌레가 없다. 대신 바람이 많이 불기 때문에 수박이 바람에 멀리 굴러가 깨지면서 씨가 퍼진다. 그리고 수박이 깨지면 끈적끈적한 당분 때문에 씨가 바람에 날아가지 않고, 땅에 쉽게 뿌리를 내린다. 또한 수박 안의 수분은 물이 부족한 사막에서 수박씨가 흙에 뿌리를 내릴 수 있도록 초기 수분을 공급하는 역할을 한다. 수박이 둥근 것은 바람을 따라 굴러가고 움직여서 생명을 퍼트릴 수 있게 하신 하나님의 창조 섭리이다. 교회도 마찬가지이다. 하나님께서는 교회를 생명이 자라는 유기체로 만드셨다. 그런데 교회가 본연의 목적을 잃어버리고, 움직이지 않고 네모 모양으로 고정되어 있으니 하나님이 교회를 움직이시고,

흩으시는 것이다.

현재 미래학자들은 "전례 없는 변화의 시기, '뉴노멀'의 시대가 오고 있다"고 말하면서 다시는 기존의 방식이 통하지 않으며, 새로운 방식과 형태가 세상의 변화를 주도할 것으로 예측한다. 이렇듯 교회와 공동체의 형태는 그 시대에 가장 적합한 요구와 필요에 따라 바뀌었고, 또 바뀌어 가야 한다. 물론 이렇게 소그룹을 분할해서 작은 단위로 나누는 것은 결코 쉬운 일이 아니다. 더 큰 노력과 인내가 필요한 것이 사실이다.

하지만 필자는 이것이 코로나19 이후에 하나님이 우리를 회복시키는 바른길이라고 믿는다. 구약성경에서 보면 바벨론 포로기의 유대인도 우리처럼 디아스포라의 모습이었다. 나누어지고 쪼개어졌다. 유대인들은 이 시기를 심판이나 저주로 생각할 수 있지만, 하나님의 관점에서 볼 때 바벨론 포로기는 신앙의 회복기였다. 성전 중심의 자기 신앙에서 벗어나, 다니엘처럼 세상 권력 앞에서도 굴하지 않는 강인한 믿음과 에스더처럼 하나님의 뜻을 위해서는 죽으면 죽으리라 하는 절대 신앙이 이 기간에 만들어진다.

코로나19 상황이 힘든 시간임에는 틀림이 없다. 그러나 이를 통해서 목회자가 성도를 관리했던 시점에서 벗어나, 이제는 개개인을 더욱 존귀한 존재로 여길 수 있으면 좋겠다. 더 작은 상담과 더 많은 상담 그룹을 만들어서 더 깊은 대화와 회복의 공동체로 만들어 가야 할 것이다. 이런 작은 공동체성이 모여 큰 공동체성을 더욱 견고하게 하여 더욱 건강한 공동체가 되기를 바란다.

Key point

코로나 팬데믹은 성도들에게 심리적 상처와 동시에 코로나 블루로 인한 단절, 외로움, 불안을 주었다. 이를 다루기 위해 어떤 목회적 돌봄을 실현해야 할지를 고민하게 되었다. 그렇게 접근하고 발견한 것이 소그룹을 통한 돌봄이었다.

1. 구성원은 어떻게 나눌까?

목회상담가인 캐리 도어링은 목회자와 성도의 일대일 관계가 4개로 연합해 모였을 때 소그룹이 가장 유기적이고 활동적으로 된다고 말한다. 목회자와 성도가 일대일로 제자양육을 통해 관계를 맺은 뒤, 이후 목회자와 일대일의 관계가 잘 정립된 각각의 성도 4명과 한 공동체를 이루는 형태다. 또한 2020년 5월 네비게이토의 사역 보고 결과에서도 군인을 대상으로 일대일 화상 상담과 소그룹 모임을 병행했을 때 사역에 큰 효과가 있었다고 보고한 바 있다.

2. 현장의 느낌을 잃지 않는 온라인 소그룹

마음의 건강을 지키는 모임, 화를 풀어주는 모임, 이해해 주는 모임, 같은 상처를 가진 모임, 새로운 의미를 찾는 모임, 부정의 도식을 다루는 모임, 주체적 생각을 찾게 해 주는 모임, 예수님과 이어지는 모임, 세상을 향한 소그룹 등

3. 깨지고 작아져야 생명을 낳는다

코로나19 이후 교회의 변화는 하나님께서 교회의 본질을 회복시키시기 위한 형태의 변화이다. 이를 통해서 목회자가 성도를 관리했던 시점에서 벗어나, 더 작은 상담과 더 많은 상담 그룹을 만들어서 더 깊은 대화와 회복의 공동체로 만들어 가야 할 것이다. 이런 작은 공동체성이 모여 큰 공동체성을 더욱 견고하게 하여 더욱 건강한 공동체가 되어야 한다.

Think point

리서치를 하기 위해 텍사스에 있는 한 교회를 방문했을 때이다. 이 교회는 북미에서 선교적 교회 운동이 본격적으로 확산하기 시작할 무렵 결정적인 역할을 한 교회였다. 당시 40대 초반의 젊은 담임목사는 수천 명에 이르는 교회를 수년에 걸쳐 선교적 소그룹으로 변환시키며 성공적 사역의 아이콘으로 떠올랐다. 그와 인터뷰를 하던 중 가장 기억에 남는 말이 있었다. 역동적으로 성장하는 가운데 교회의 에너지가 가장 많이 소모되는 사역이 다름 아닌 상담과 돌봄 분야라는 것이었다. 성도들이 많이 모일수록, 여러 사역이 이뤄질수록, 가까워질수록 감추어져 있던 인간적인 면모가 드러난다. 갈등이 생기고 상처가 보인다. 그래서 이 교회는 전문 상담가를 통해 목회적 돌봄을 실시하고 있었다.

'정서적으로 건강한 교회' 시리즈로 잘 알려진 피터 스카지로(Peter Scazzero)는 "목회란 무슨 일을 하느냐가 아니라 어떤 사람이 되느냐의 문제이다"라고 말했다. 목회자가 수적 성장과 외적 성과에 몰입할 때 진정한 변화는 발생하지 않는다. 먼저 자신의 변화로부터 시작해서 리더들의 변화를 추구하고, 그 리더들이 다시 성도들을 돌보는 건강한 사역 환경이 조성되어야 한다.

코로나19로 인해 상처받은 사람들이 너무 많다. 어디에서도 위로와 돌봄을 받기 어려운 시기에 교회의 역할이 더 중요해졌다. 교회는 목회적 돌봄에 대한 진지한 관심을 가지고 세심하게 돌봄을 제공해야 한다. 나아가 여러 전문 기관들과의 협업을 통해 성도와 지역 주민을 위한 사역을 만들어 갈 수 있다면 고독과 외로움으로 고통받는 사람들에게 그리스도의 사랑과 회복을 전하는 역할을 하게 될 것이다.

Discussion

1. 관리형 목회에서 돌봄 목회로 사역 전환을 하기 위해 바뀌어야 할 부분은 무엇인가?

2. 본 글에서 제시된 8가지 사역 방법 중 우리 교회에 적용할 수 있는 방법과 방안은 무엇인가?

3. 작은 단위의 돌봄을 위해 요구되는 것은 소그룹 안에서의 관계성이다. 어떻게 하면 소그룹 내에 이해와 배려, 포용과 돌봄이 발생할 수 있는지 나아가 함께 이웃과 세상을 섬기는 공동체로 발전할 수 있을지 나눠보자.

06
김우준

University of California at Berkeley(B.
A.)와 Stanford University(M.A.)를 거쳐
Southwestern Baptist Theological
Seminary에서 신학 석사(M.Div.)와 박
사(Ph.D.) 학위를 받은 김우준 목사는
Stanford University의 Public Speaking
강사와 교육연구소 연구원을 거쳐 현재
미주 남침례교 한인총회 교육부 이사와
Gateway Seminary에서 겸임교수를 맡
으며, 토렌스조은교회 담임목사로 섬기고
있다.

http://www.torrancegcc.org/

* 토렌스조은교회 홈페이지

전도 전략의
재구성

김우준 목사(토렌스조은교회)

복음 전도는 영원한 성도의 사명이다. 우리는 코로나 시대를 맞아, 그 사명을 충실히 감당하기 위한 방법에 대해서도 다시 생각해보게 되었다. 이를 위해 시급하게 해야 할 것이 있다면 바로 생각의 전환이다. 이 상황을 위기로 받아들이는 게 아니라, 기회로 바라보는 것이다. 오히려 패러다임의 전환을 통해 새롭게 발견할 수 있는 전도 방법이 있다. 지금은 전도할 수 없다고 손을 놓고 있을 것이 아니라, 번뜩이는 아이디어를 찾아 놀라운 도전과 시도를 해보아야 할 기회의 타이밍이다.

전도 전략의 재구성

코로나 시대에 최고의 화두는 무엇일까? 아마도 패러다임의 전환(Paradigm shift)일 것이다. 기존의 삶의 방식이 마비된 상태에서 어떤 조직이든 생존과 성장을 위해 기존의 방식을 고집할 수 없게 되었기 때문이다. 코로나 팬데믹에 대응하고 시대의 흐름에 적응하기 위해서는 작은 변화보다는 패러다임 자체를 바꿔야 한다는 생각이 지배적이다. 그렇기에 교계에서도 예배, 양육, 그리고 전도에 관하여 어떻게 하면 창조적인 사역을 할 것인지 고민한다. 사람들을 직접 만나기가 어렵고 교회로 초대하기조차 힘들어진 상황에서 우리는 창의력을 발휘하여 복음 전파의 새로운 패러다임을 만들어야 한다. 그렇다면 전도의 영역에서 패러다임의 전환은 구체적으로 무엇을 의미할까? 코로나 시대에 맞는 패러다임 전환을 위해 필요한 네 개의 키워드에 대해 생각해보고자 한다.

》》 적극성: 가만히 앉아 폭풍이 지나가기만을 기다리고 있는가?

코로나 시대에 위축되지 않고 복음을 전파하기 위해 필요한 첫 번째 키워드는 적극성이다. 패러다임의 전환은 생각의 전환에서 시작된다. 지금 코로나19로 인해 많은 어려움을 겪고 있는 상황에서 무슨 생각을 하고 있는가? 혹시 이 사태가 하루빨리 종식되기만을 애타게 기다리고 있지는 않은가?

코로나 팬데믹으로 인해 현재 우리는 다른 사람을 만나는 것 자체가 힘들어졌고, 수많은 선교여행과 전도사역이 취소되었다. 교회에서 함께 예배드리는 것에도 제약이 생기자 대부분의 그리스도인이 위축되고 있다. 빨리 상황이 안정되어 예전에 함께 모여 예배드리던 때로 돌아가기만을 기다리고 있다. 그러나 이런 상황에서 우리가 복음 전파의 사명을 감당하기 위해 가장 시급하게 해야 하는 것이 바로 생각의 전환이다. 이 상황을 위기로만 받아들이지 말고 기회로 바라보는 것이다. 물론 누구나 위기가 곧 기회임을 지식적으로는 잘 알고 있다. 그럼에도 불구하고 막상 위기가 닥치면 위축되는 것이 현실이다. 그러나 코로나19를 위기로만 생각하여 위축되어 있는 한 아무런 시도도 하지 못할 것이다. 그리스도인들이 시급하게 해야 할 것은 코로나 팬데믹 때문에 전도할 수 없다는 생각을 버리는 것이다. 그리고 이 상황을 효과적으로 복음을 전할 수 있는 기회로 여겨야 한다. 이 팬데믹으로 인해 교회가 무엇을 잃었는지에 연연하지 말고 이 상황으로 인해 우리가 무엇을 얻었는지 그리고 어떻게 사역의 장을 확장해나갈 수 있는지에 집중해야 한다. 지금은 소극적으로 코로나19가 지나가기를 기다릴 때가 아니라 기회를 포착하여 적극적으로 복음을 전해야 할 때다.

필자가 섬기는 토렌스조은교회의 비전은 "모두가 제자 되어 모두를 제자 삼는 교회(Be Disciples! Make Disciples!)"이다. 이 교회를 이끌어가는 필자의 마음속에 있는 단 하나의 열정은 예수님의 지상명령을 완수하는 것이다. 어느 교회나 복음 전파에 헌신하는 성도는 분명히 있다. 문제는 그런 성도가 극소수에 불과하다는 점이다. 그렇기에 토렌스조은교회에 부임한 후로 소수의 사람만 복음 전파에 주력하는 것이 아니라 전 성도가 전도하고 제자 삼는 교회가 될 수 있도록 전부를 걸었다. 교회의 모든 사역 중에 성도들이 가장 피하고 싶은 사역은 아마도 전도일 것이다. 그만큼 부담이 되기 때문이다. 그렇기에 모두가 전도하고 모두가 제자 삼는 사역에 동참할 수 있도록 얼마나 많은 시간을 주님께 기도하며 부르짖었는지 모른다. 하나님의 도우심 가운데 성도들이 헌신하고, 거의 모든 성도가 복음 전파 사역에 참여하기 시작했다. 주일 예배 후전 교인이 지역사회로 흩어져 복음을 전파하는 '전도 프로젝트'를 기점으로 노방전도에 참여하는 성도들의 수가 급증했다. 선교헌금이 지속적으로 증가하고, 해외 선교와 국내 선교팀은 해를 거듭할 수록 늘어나며, 복음 전파에 대한 열기는 더 뜨거워져 갔다. 바로 이 시점에 코로나 사태가 터진 것이다. 하루아침에 모든 선교 여행이 취소되고 노방전도가 마비되었다. 코로나 팬데믹은 복음 전파와 제자 삼는 사역에 전부를 걸고 주력하던 우리에게 너무나 큰 상실감과 충격을 안겨 주었다. 한동안은 이 폭풍이 지나가기만을 기다렸다. 그러나 어느 순간 이런 생각이 들었다. '혹시 이 폭풍의 바람이 복음의 메시지를 더 빠르고 멀리 전해 주지는 않을까?' 위기를 다른 시각으로 바라봐야 한다는 생각이 들었다.

그렇다면 코로나 시대는 우리에게 구체적으로 어떤 기회를 제공해 주는가? 가장 큰 기회는 참으로 역설적이게도 코로나 팬데믹이 만들어낸 전 세계적인 절망감과 불안감이다. 그동안 전도의 현장에서 가장 큰 어려움은 무엇이었을까? 비신자의 닫힌 마음이다. 아무리 구원이나 삶의 의미에 관해 이야기를 해도 예수님을 믿지 않는 사람들은 보편적으로 그런 '종교적인' 이야기에는 전혀 관심을 보이지 않는다. 어떻게 하면 지금 이 땅에서 잘먹고 잘살 것인가를 고민하며 살아가는 사람들에게 그런 종교적인 이야기는 현실과는 큰 상관없는 뜬구름 잡는 소리 정도로만 들리기 때문이다. 그러다 보니 대화는 계속해서 겉돌게 된다. 지인들을 만나 대화를 나눌 때 주된 화두는 날씨, 경제, 스포츠, 연예, 드라마, 쇼핑 등이었을 것이다. 그러나 코로나 팬데믹 이후 대화의 깊이 자체가 달라졌다. 생계의 문제로 심각하게 고민하고, 앞으로 가족의 생계를 어떻게 책임져야 할지 숙고하는 계기가 된 것이다. 그와 동시에 가족의 건강이 위협당하고 전 세계적으로 사망자가 증가하는 상황을 보면서 죽음에 대해서도 생각해보게 된다. 불투명한 미래와 세계적인 불황 가운데 불안에 떨고 있는 사람들은 이제 비로소 삶의 참 의미에 대해 대화를 나누려 한다. 전 세계적으로 '하나님', '기도', '죽음'에 대한 검색이 폭발적으로 증가한 것만 보아도 사람들의 마음 문이 열리고 있음을 알 수 있다. 삶이 너무나 힘들기에 간단하게 안부를 묻고 기도해 주겠다는 작은 제스처에도 사람들은 감동한다. 생각해보면 세계 부흥의 역사는 항상 가장 어둡고 절망적인 상황에서 시작되었다. 인간은 자기의 한계의 끝에서 비로소 하나님을 찾기 때문이다. 바로 이런 상황이 참 소망 되시는 예수님을 소개해줄 수 있는 가장 좋은 기회가 아닌가? 지금 이때야말로 가장 적극적으로 복음을 전파해야 할 때이다.

≫ 유연성: 오직 한쪽 방향으로 치우치고 있지는 않은가?

코로나 시대에 효과적인 전도를 위한 두 번째 키워드는 유연성이다. 코로나 시대를 위한 창조적인 사역에 대한 토론들에 귀를 기울여보면 때로는 대화의 방향이 한쪽으로만 기울어져 있다는 생각이 든다. 코로나 시대에는 우리의 사역 패러다임 자체가 변화되어야 한다는 주장과 함께 대부분의 대화가 온라인 플랫폼을 기반으로 한 디지털 사역에만 치중된 경향이 있다. 디지털 사역만 생각하다 보니 오히려 상황이 더 절망적으로 느껴질 때가 있다. 미디어 사역자나 미디어 장비 또는 충분한 재정을 갖추지 못한 교회에는 실현 가능성이 희박하기 때문이다. 그러다 보니 코로나 시대에는 미디어 사역과 온라인 플랫폼을 잘 활용하지 못하면 전도하기가 힘들다고 생각하는 사람들이 많다. 그러나 이것은 균형이 깨진 생각이다. 시대의 흐름을 무시한 채 언제까지나 기존의 방식만 고집하는 것도 잘못이지만 새로운 시대에 기존의 방식은 무조건 통하지 않는다는 생각 또한 버려야 한다.

현대 사회는 참 삭막하다. 디지털 기술의 발전으로 세계는 좁아졌지만, 사람과 사람 사이는 더 멀어진 느낌이다. 그렇기에 많은 사람이 외로움을 호소하고, 우울증이 급증하고 있는 것이다. 안 그래도 삭막한 사회를 코로나 팬데믹은 더 냉담하게 만들어 버렸다. 사람을 고립시키고 사람과 사람 사이의 접촉을 끊어버렸다. 이런 상황일수록 세상 사람들에게 더 큰 울림을 선사하는 것이 바로 아날로그 감성이다. 마지막으로 편지를 손으로 직접 쓴 적이 언제였는가? 여러 가지 세련된 효과와 기술이 들어간 온라인 메시지를 받는 것도 감동적이지만 지난날의 감성을 살려 정성껏 손으로 쓴 편지가 큰 감동을 선사해 준다. 위로의 메시지가 담긴 영상을 보면서도 힘을 얻지만, 교우들이 아파트 문고리에 걸어놓은 따뜻한 도시락을 보며 더 크게 감동한다. 특히 요즘에는 거의 모든 소통을 디지털 방식으로 하기에 오히려 아날로그 방식으로 접근하는 것이 더 신선하고 새롭게 느껴진다. 예수님을 믿지 않는 사람들에게 손편지로 복음을 전하거나 사랑의 메시지가 담긴 메모와 함께 따뜻한 음식을 전달한다면 어떤 디지털 사역보다도 더 큰 감동을 선사해줄 것이다.

그렇다면 어떻게 해야 하는가? 온라인 플랫폼과 디지털 사역을 버리고 기존의 방식을 고수해야 하는가? 물론 아니다. 디지털 사역과 온라인 플랫폼은 시대의 흐름에 따라 적극적으로 활용해야 한다. 특히 코로나 시대에는 온라인으로의 방향 전환이 더 활발하게 진행되어야 한다. 그러나 디지털과 아날로그 중에 양자택일을 해야 한다는 생각에서 벗어나는 것부터가 중요한 전환점이 될 수 있다. 진정한 패러다임의 전환은 기존의 사역을 버리고 오직 새로운 방향으로만 전진해 나가는 것보다는 기존의 방식과 새로운 방식의 장점을 통합시키는 것이다.

다른 말로 하자면, 디지털과 아날로그를 접목시키는 것이다. 여러 분야에서 화두로 떠오르고 있는 디지로그(Digital+Analog) 콘셉트를 전도의 영역에도 적용하는 것이 필요하다. 전도에서도 디지털의 세련미와 효율성 그리고 아날로그의 정성과 감성을 통합시킬 수 있다면 금상첨화이지 않겠는가? 애플(Apple)을 세계적인 기업으로 부상시킨 스티브 잡스(Steve Jobs)가 지닌 창조성의 근간이 무엇인가? 이전에 없던 것을 발명해내는 것이 아니라, 이전부터 있던 것을 통합시키는 것이다. 아이폰, 아이패드, 아이워치 등 애플사의 모든 신제품은 이전에 없던 물건을 발명해낸 것이 아니다. 이미 오래전부터 사용하고 있던 제품들의 기능을 통합시켰을 뿐이다. 스티브 잡스의 이러한 전략은 우리 시대에 패러다임의 전환을 일으켰고, 이제는 전 세계가 그 흐름에 따라 살아가고 있다. 교회도 디지털 기술과 아날로그 감성을 통합시킨다면 보다 효과적으로 복음을 전할 수 있을 것이다.

미디어나 디지털 사역을 할 수 있는 여건을 갖추지 못한 교회와 성도는 어떻게 해야 하는가? 좌절할 필요가 없다. 가장 중요한 것은 유연성을 발휘하여 지금 내가 할 수 있는 사역을 하는 것이다. 예를 들어, 예수님을 믿지 않는 이웃에게 어떻게 복음을 전하면 좋을까? 복음의 내용을 담은 영상 편지를 카카오톡이나 SNS를 통해 보내는 디지털 방식을 사용할 수도 있고 정성을 담아 손편지를 우편으로 보내는 아날로그 방식으로 접근할 수도 있다. 그런가 하면 두 방식의 장점을 통합하여 손으로 직접 쓴 여러 개의 단어와 직접 그린 그림들을 합쳐서 하나의 복음 스토리를 만들어내는 영상을 제작하여 보내줄 수도 있을 것이다. 어떤 방식이든 지금 내가 할 수 있는 방법과 자원을 총동원하여 복음을 전하는 것이다.

>> 다양성: 성도들의 독창성이 발휘되고 있는가?

"우리는 이제 어떤 전도 프로그램을 도입하면 좋을까?" 코로나 팬데믹으로 근본적인 변화가 필요하다고 생각하는 목회자의 고민이다. 집에 방문하는 개인 전도나 노방전도 그리고 교회로 초대하는 형식의 총동원 주일 및 전도 집회를 열기 힘든 상황이기에 새로운 돌파구를 찾아야 한다. 이 상황에서 우리가 해야 할 일은 한두 가지 일률적인 방법으로 하던 전도에서 벗어나는 것이다. 물론 각 교회만의 전도사역과 전도 훈련 과정은 분명히 필요하다. 그러나 한두 가지의 연중행사와 정해진 전도사역만을 고집하기보다는 성도들의 독창성을 키우고 펼칠 수 있는 사역의 장을 만들어 주는 것이 좋다.

각양각색의 유튜버들이 자기의 재능과 관심사를 살려 다양한 유튜브 방송을 운영하듯이 교회도 성도들의 독창성을 살려 복음을 전하는 다양한 사역의 장을 열어 주는 것이 효과적일 것이다. 하나님께서 각 성도에게 주신 재능과 은사가 있는데 기존의 전도 방식은 교회가 정해놓은 틀에 모든 것을 맞추는 시스템이다. 그러다 보니 주로 말을 잘하는 사람이나 음악에 재능이 있는 사람만이 쓰임 받을 뿐 교회의 틀에 맞지 않는 사람은 동참하기가 어려웠다. 모든 성도가 개인이나 소그룹으로 각자 관심사와 재능을 살려 전도할 수 있도록 권장하고, 아이디어를 공모하며, 건전한 내용과 방식으로 진행할 수 있도록 지도해 준다면 창의력 있는 전도의 채널이 열릴 것이다. 성도들의 독창성이 표현될 수 있는 사역의 장을 열어줄 때 창조성이 극대화될 것이다. 물론 아무런 절차 없이 사역을 방치할 수는 없기에 성도들이 제안하는 아이디어를 교회 리더들이 먼저 검토하고 교회의 지침과 지도하에 전도하는 체제를 구축해야 한다.

그렇다면 코로나 시대에 구체적으로 어떤 방법으로 복음을 전파할 수 있을까? 필자가 섬기는 토렌스조은교회와 다른 교회들이 활용한 구체적인 사례들을 소개한다.

- 온라인 복음 스피치: 어린이, 청소년, 장년들이 5분 내로 각자의 독특한 경험담을 통해 복음을 재미있게 설명하고, 그 영상을 유튜브 등 온라인 플랫폼에서 나눈다.
- 그림 전도지 제작: 복음의 내용을 한 장의 그림으로 보여줄 수 있는 그림 전도지를 각자가 개성 있게 만들어 페이스북이나 인스타그램 같은 SNS를 통해 지인들과 나눈다.
- 온라인 전도 집회: 교회에서 복음의 메시지를 전하는 전도 집회(영상, 성극, 특송, 설교)를 준비하고 모든 성도들이 주위에 예수님을 믿지 않는 사람들을 초대하여 온라인으로 함께 참여한다. 비신자들도 흥미를 느끼고 매료될 수 있을 정도로 짜임새 있고 참신한 내용을 준비하는 것이 중요하다. 예배 시간이 되면 초대한 사람과 전도 대상자가 온라인에서 만나 각자의 컴퓨터로 함께 집회에 참여한다.
- 온라인 방 탈출(Escape room): 청소년들과 청년들이 각자 친구들을 초대하여 온라인 플랫폼에서 방 탈출 게임을 진행한다. 각 그룹이 풀어야 하는 문제에 복음의 진리를 깨달을 수 있는 내용을 포함한다.
- 블레싱 프로젝트: 모든 성도가 전도 대상자들에게 그들을 위해 축복기도 하는 영상을 제작하여 카카오톡이나 이메일로 보내준다. 축복기도를 통해 하나님의 사랑이 느껴지도록 하는 것이 핵심이다.
- 복음 편지와 엽서: 예수님을 믿지 않는 전도 대상자들에게 복음과 축복의 내용이 담긴 편지나 엽서를 손으로 직접 써서 보낸다. 디지털 시대에는 손편지가 더 큰 감

동을 선사한다는 사실을 기억해야 한다.

- 선교를 위한 가족 기도 모임: 미전도 종족의 명단을 교회에서 제공해 주고 가정마다 한 미전도 종족을 선택하여 온 가족이 그 종족의 복음화를 위해 구체적으로 기도하게 한다. 코로나19로 해외 선교 여행은 취소되었지만, 가족이 더 많은 시간을 보내는 이때 자녀로 하여금 세계 선교를 위해 기도하도록 훈련시킬 수 있는 좋은 기회이다. 특정 미전도 종족에 대해 가족이 함께 정보를 수집하고 구체적인 기도 제목을 알아가는 것도 훌륭한 선교 교육이 될 수 있다. 세계 복음화는 인간의 힘이 아닌 성령님의 역사로 가능케 되는 것이므로 선교를 위한 기도의 중요성을 자녀들에게 가르치고 기도 훈련을 시킬 수 있는 절호의 기회.

- SNS 사진전도: 복음의 메시지를 전할 수 있는 빈칸이 있는 문장을 적는다.
  예) "코로나 시대에 예수님은 나의 _____ 이다."
  어린이, 청소년, 장년들이 각자 개성 있는 답을 종이에 쓰게 하고 그 종이를 본인이 들고 있는 사진을 찍어 SNS를 통해 주위 사람들과 나눈다.

- 말씀 나눔 챌린지: 모든 성도가 예수님을 믿지 않는 지인들을 위해 하나님의 사랑을 잘 설명해 주는 성경 말씀 한 구절을 선택해서 문자 메시지를 통해 보내주도록 한다. 요한복음 3장 16절 같이 잘 알려진 말씀보다는 각자가 기도하면서, 받는 사람의 성향과 상황에 가장 잘 맞는 성경구절을 선택하는 것이 중요하다.

- 개성을 살린 봉사와 나눔 사역: 모든 성도가 소그룹별로 지역사회를 위해 할 수 있는 특정 봉사나 나눔 사역을 정해서 지역사회를 섬기며 예수님의 사랑을 전한다. 성도들의 독창성이 발휘되는 것이 핵심이다. 많은 교회가 이미 지역사회를 위한 봉사와 나눔 사역을 하고는 있지만, 대부분의 경우 성도들은 교회에서 일률적으로 정해놓은 사역에 참여할 뿐이다. 그 까닭에 성도들의 독창성은 사장되고 정해진 틀에 맞지 않는 성도는 참여하기가 힘들다. 성도들의 독창적인 생각과 재능을 발휘하여 지역사회를 섬기며 복음의 메시지를 전하게 하는 것이 중요하다. 구체적으

로 어떤 사역을 할지 교회에서 정해 주는 것이 아니라 각 소그룹 구성원의 재능, 직업, 특기에 따라 봉사의 종류가 달라지므로 각양각색의 봉사와 사역이 가능하다.

- 땅 밟기 기도(Prayer walk): 교회가 복음의 메시지가 담긴 셔츠를 제작하여 모든 성도들에게 나눠주고 성도들은 그 셔츠를 입고 가족별로 사람들이 많이 다니는 곳을 천천히 걸으며 지역사회의 복음화를 위해 기도한다.

위의 내용은 빙산의 일각이다. 성도들의 독창성을 표출할 수 있는 방법은 무궁무진하다. 각 성도의 개성에 따라 복음을 다양하게 표현할 수 있고 비신자들도 각자의 성향에 더 잘 맞는 방식으로 복음의 메시지를 접하게 된다. 성도들이 독창성을 발휘해 역동적으로 사역할 수 있는 장을 열어주면 가장 창의적인 전도의 문이 열리게 된다.

≫ 체계성: 왜 실제로 꾸준히 전도하는 성도들이 거의 없을까?

수많은 사람이 묻는다. "코로나 시대에 어떻게 전도할 것인가?" 그러나 이 질문을 하기 전에 먼저 생각해야 하는 질문이 있다. "코로나 팬데믹 전에는 적극적으로 전도했는가?"

총동원 주일이나 교회 프로그램에 참여하는 것 외에 우리는 정말 일상생활에서 꾸준히 복음을 전파했는가? 이 질문 앞에 자신 있게 "예"라고 답할 수 있는 사람이 과연 몇 명이나 될까? 애석하게도 오늘날 일상생활에서 꾸준히 전도하는 사람은 극히 드물다. 어느 교회나 전도에 열정을 가지신 분은 분명히 있지만, 극소수라는 점이 문제다. 대부분의 성도는 1년에 단 한 번도 누군가에게 복음을 전해본 적이 없다. 코로나 팬데믹 전에도 전도하지 않았다면 어쩌면 "코로나 시대에 어떻게 전도할 것인가?"라는 질문에 답하는 것은 무의미할 수도 있다. 코로나 팬데믹이 문제가 아니라 주님의 지상명령에 순종하지 않는 것 자체가 문제이기 때문이다. 어쩌면 우리는 코로나 팬데믹과는 상관없이 도대체 왜 전도하지 않는지를 물어야 할지도 모르겠다.

그렇다면 오늘날 대부분의 그리스도인은 왜 전도하지 않는 것일까? 이 책에서 다루고자 하는 것은 복음 전파에 관심이 있을 뿐 아니라 전도하겠다고 결심한 성도 중에서도 실제로 일상생활에서 전도하는 사람은 드물다는 점이다. 목사님의 감동적인 설교에 은혜받아 오늘부터 전도하겠다고 다짐한 성도조차도 전도의 사명을 차일피일 미루기만 하다가 결국 아무것도 하지 않는 경우가 허다하다. 그 이유가 무엇일까? 답은 간단하다. 어떻게 해야 하는지를 모르기 때문이다. 도대체 어디서부터 무엇을 어떻게 시작해야 할지를 모르기에 전도할 엄두가 나지 않는 것이다. 다음의 상황을 상상해보라.

만일 수영강사가 수영할 줄 모르는 사람들을 모아두고 수영의 중요성에 대해 감동적인 메시지를 전하고 간단한 이론만을 가르쳐준 다음에 "자, 이제 물로 뛰어들어 수영하세요!"라고 외친다면 사람들은 어떻게 반응하겠는가? 설령 강사의 감동적인 메시지에 매료되어 수영하겠다고 다짐한 사람도 수영할 엄두를 내지 못할 것이다. 수영은 이론이 아니라 실전이기 때문이다. 물론 이론을 배우는 과정도 필요하지만, 실제로 물에 함께 들어가 발장구부터 시작하여 호흡하는 법에 이르기까지 한 걸음, 한 걸음 단계별로 훈련해 주어야 한다. 그런 체계적인 훈련 없이 "이제 이론을 배웠으니 매일 수영하세요!"라고 한다면 학생들이 얼마나 난감하겠는가? 도대체 어디서부터 시작해야 할지도 모르고, 일단 물이 무서우니 차일피일 미루다가 결국엔 수영을 포기하게 될 것이다. 혹시 이것이 현대 교회의 모습은 아닐까?

오늘날 수많은 교회에서 전도의 중요성에 관한 감동적인 메시지들이 강단에서 힘차게 선포된다. 그럼에도 불구하고 전도에 관심 있는 성도조차 전도하지 않는 이유는 실전 훈련을 돕는 체계적인 훈련 과정이 없기 때문이다. 또는 전도훈련 과정이 있는 교회도 대부분 전도의 이론만을 가르쳐줄 뿐 실전훈련을 시켜주지 않는다. 그러니 전도하기 원하는 성도조차도 어디서부터 어떻게 시작해야 할지를 몰라 난감할 뿐이다. 수영 이론만을 배운 사람이 물에 들어갈 엄두를 못 내듯이 전도도 이론만을 배운 사람은 삶의 현장에서 실제로 전도할 엄두가 나지 않기 마련이다. 그러다 보니 전도 훈련 과정을 마치고 빛나는 수료증을 받은 후 실제로는 전도하지 않는 성도들만이 늘어날 뿐이다.

그렇다면 어떻게 해야 하는가? 전도하라고 다그치지만 말고 전도의 실전 경험을 쌓을 수 있는 사역의 장을 열어주고 단계별로 인도해 주어야 한다. 물론 처음부터 실전에 투입되기보다는 복음의 메시지가 무엇인지 그리고 어떻게 효과적으로 전해야 하는지를 가르쳐 주어야 한다. 기초적인 훈련을 받은 후에는 전도의 경험이 전무한 성도도 쉽게 실전에 참여하여 점차 성장해나가는 사역 체계를 세워야 한다.

성경공부 사역을 생각해보라. 처음에 교회를 찾아온 비신자나 새가족이 성경공부를 통해 체계적으로 말씀을 배울 수 있도록 초급, 중급, 고급 과정이 있지 않은가? 처음에 "성경공부를 하고 싶은데 어떻게 해야 하죠?"라고 묻는 사람이 있으면 그를 성경공부 초급반으로 인도해 주면 된다. 그는 초급 과정에서부터 시작하여 고급 과정에 이르기까지 자연스럽게 배우며 성장할 것이다. 반면, 전도에 관해서는 이렇게 조직적인 체계를 갖추고 있는 교회를 찾아보기가 힘들다. 설령 단계별 전도 훈련이 있다 해도 대부분의 경우 전도의 이론만 가르쳐주고 끝나는 것이 문제다.

"저도 전도하고 싶은데 어떻게 해야 하나요?"라고 묻는 성도가 있다면 그의 경험과 신앙의 수준에 따라 배우고 전도의 실전 경험을 쌓을 수 있는 초급, 중급, 고급 과정이 있어야 한다. 그런 단계적인 훈련 없이 갑자기 전도를 생활화하기는 너무나 난감하지 않겠는가?

첫 단계에서는 복음의 핵심 메시지를 간단명료하게 전할 수 있도록 훈련 시켜주고 기도 훈련을 통해 철저하게 성령님의 능력을 의지할 수 있도록 지도해야 한다. 복음의 내용을 정확하게 숙지한 후에는 훈련자의 지도 아래 훈련생이 복음을 전할 수 있는 사역의 장을 교회에서 준비해 주어야 한다. 대부분의 경우 복음 메시지의 내용만을 가르쳐주고 "자, 이제 가서 전도하세요!"라고 등을 떠밀었던 것이 문제였다. 코로나 시대에는 사람을 만나기 힘들겠지만 교회에서 온라인 소그룹 모임에 참여할 수 있게 인도해 주거나 사회적 거리를 지키는 환경에서 오프라인으로 사람을 만날 수 있는 기회를 제공해 준다면 실전 경험을 얼마든지 쌓을 수 있다. 처음에는 온라인으로 진행되는 소그룹 모임(성경공부, 순 모임, 목장 모임, QT 모임)에 참여해서 훈련자의 지도하에 훈련생이 복음을 전할 수 있는 기회를 제공해 주면 같은 교회의 성도들이 격려하는 분위기에서 복음을 전하기에 훈련생은 자신감을 키울 수 있고 그 메시지를 듣는 성도들도 복음을 다시 한번 들으며 구원을 점검할 수 있으니 일석이조다. 어느 정도 실전 경험이 쌓이면 실제로 비신자에게 훈련생이 복음을 전할 수 있도록 하는 것이 필요하다. 교회의 새가족 성경공부나 환영회 또는 새가족 심방할 때 간략하게 복음을 전하는 실전 기회를 준다면 큰 도움이 될 것이다. 실전 경험을 통해 체계적으로 숙달된 훈련생은 언제 어디서나 비신자에게 자신 있게 복음을 전하게 된다. 그렇게 숙련된 사람을 다시 훈련자로 세워 다른 훈련생을 제자 삼도록 하는 것이 핵심이다.

혹자는 이제 디지털 시대이기에 사람을 만나 전도하는 시대는 지나갔다고 주장한다. 그러나 그것은 너무나 편협한 생각이다. 아무리 시대가 변하고, 인간의 대면 만남이 줄어든다 하더라도 언제 어디서나 복음을 전할 수 있는 탄탄한 기본기를 갖추는 것이 가장 중요하다. 원칙은 변하지 않기 때문이다. 체계적인 훈련을 통해 성도를 전도자로 세우기 위해서는 단계별 훈련 체제를 구축해야 하고, 훈련생을 일대일이나 소그룹으로 지도해 줄 훈련자들이 먼저 세워져야 한다. 이런 훈련 사역이 실현되기 위해서는 많은 시간과 정성 그리고 인내가 필요하다. 물론 쉽지는 않을 것이다. 그러나 예수님의 지상명령과 교회 사역의 본질은 제자양육이다. 세계 복음화의 가장 성경적인 전략은 화려한 이벤트로 많은 사람을 불러 모으는 것이 아니라 체계적인 실전 훈련으로 전 성도를 전도자로 훈련해 제자를 재생산하게 하는 것이다. 대형 집회나 이벤트 또는 프로그램에 의존하는 복음 전파는 아무리 화려하고 많은 사람이 참여했다 해도 제자는 남지 않는다. 더디 가더라도 전도자를 체계적으로 양육하는 사역이야말로 모든 성도를 제자로 세워 지상명령을 가장 능력 있게 완수할 수 있는 길이다. 하나님의 심장을 공유한 그리스도의 제자들이 지속적으로 양육되어 모든 나라와 방언과 민족이 하나님을 예배하는 세상이 속히 오기를 오늘도 간절히 기도한다.

Key point

사람들을 직접 만나기가 어렵고 교회로 초대하기조차 힘들어진 상황에서 우리는 창의력을 발휘하여 복음 전파의 새로운 패러다임을 만들어야 한다.

1. 적극성: 가만히 앉아 폭풍이 지나가기만을 기다리고 있는가?

팬데믹으로 인해 교회가 무엇을 잃었는지에 연연하지 말고 이 상황으로 인해 우리가 무엇을 얻었는지 그리고 어떻게 사역의 장을 확장해나갈 수 있는지에 집중해야 한다. 지금은 소극적으로 코로나 사태가 지나가기를 기다릴 때가 아니라 코로나 시대의 기회를 포착하여 적극적으로 복음을 전해야 할 때다.

2. 유연성: 오직 한쪽 방향으로 치우치고 있지는 않은가?

여러 분야에서 화두로 떠오르고 있는 디지로그(Digital+Analog) 콘셉트를 전도의 영역에도 적용하는 것이 필요하다. 디지털 방식을 사용할 수도 있고 손편지를 우편으로 보내는 아날로그 방식으로 접근할 수도 있다. 그런가 하면 두 방식의 장점을 통합하여 하나의 복음 스토리를 영상으로 제작하여 보내줄 수도 있을 것이다.

3. 다양성: 성도들의 독창성이 발휘되고 있는가?

모든 성도가 개인이나 소그룹으로 각자 관심사와 재능을 살려 전도할 수 있도록 권장하고, 아이디어를 공모하며, 건전한 내용과 방식으로 진행할 수 있도록 지도해 준다면 창의력 있는 전도의 채널이 열릴 것이다.

(온라인 복음 스피치, 그림 전도지 제작, 온라인 전도 집회, 온라인 방 탈출, 선교를 위한 가족 기도 모임, 개성을 살린 봉사와 나눔 사역, 땅 밟기 기도 등)

4. 체계성: 왜 실제로 꾸준히 전도하는 성도들이 거의 없을까?

전도에 관심 있는 성도조차 전도하지 않는 이유는 실전 훈련을 돕는 체계적인 훈련 과정이 없기 때문이다. 전도의 실전경험을 쌓을 수 있는 사역의 장을 열어주고 단계별로 인도해 주어야 한다.

06

Think point

20세기 후반 한국 교회를 물들인 잘못된 신화가 있다. 그것은 전도가 불가능하다는 생각이다. 물론 전도의 황금기는 지났다. 과거처럼 교회로 사람들이 몰려드는 시대도 끝이 났다. 그러나 정말 그런가? 나는 이제껏 북미의 교회들을 연구하면서 불가능해 보이는 예들을 많이 만났다. 일 예로 캘리포니아 애너하임(Anaheim)에 있는 한 교회는 매년 700~800명 세례를 주었다. 로스앤젤레스 할리우드에 있는 한 교회는 격주로 세례식을 행하는데 매번 수십 명 이상 젊은이들이 삶을 드렸다. 도박과 마약의 도시로 알려진 라스베이거스에 있는 한 교회는 매주 세례식을 거행했는데 어느 주에는 400~500명이 세례를 받기도 했다. 1년에 수천 명이 복음에 응답하는 일도 있었다. 오순절 운동이 강하게 일어났던 역사상 어느 특정한 기간에 발생한 사건이 아니었다. 21세기 가장 세속적인 도시에서 일어난 현상이었다.

팬데믹 이후에도 마찬가지다. 창의적 접근 지역에 사는 사람들을 포함해 많은 사람이 온라인 예배에 접속해 복음을 받아들이고 회심하는 일들이 일어났다. 어떻게 이런 일들이 가능한가? 하나님 그분이 선교를 주도하고 계시기 때문이다. 전도가 어려운 이유는 복음의 능력이 약해져서가 아니라 교회와 성도들이 복음 전도를 멈췄기 때문이다. 실제로 복음 전도를 삶에서 꾸준히 하는 성도들을 만나보면 그들에게는 이해할 수 없는 엄청난 간증이 많다. 경험하지 못한 사람은 알 수 없는 희열과 감사가 있다. 교회가 다시 복음 전도의 사명을 회복해야 한다. 본 글에서 제시된 적극성과 유연성, 다양성과 체계성을 붙잡고 모든 성도가 복음을 전하는 삶을 살아내는 제자로 가득 찬 교회가 되기를 꿈꾸어 보자.

Discussion

1. 이 시대에도 복음 전도가 가능하다는 사실을 믿고 있는가? 또한 모든 성도가 제자 삼는 제자가 될 수 있다는 가능성을 믿고 있는가?

2. 본 글에서 제시된 4가지 키워드가 주는 의미와 도전이 되는 내용을 정리하고 나누어 보자.

3. 성도들이 독창성을 발휘해 전도할 수 있는 환경 조성과 이를 지지해 줄 수 있는 사역 구조는 무엇인가? 현실화할 수 있는 방안을 찾고 나눠보라.

07
황덕영

연세대학교에서 철학 및 서양사(B.A.)를
공부한 황덕영 목사는 미국 탈봇신학교
(M.Div.), 풀러신학교(Th.M.), 드루대학교
(D.Min.)에서 수학하고, 현재 새중앙교회
에서 담임목사로 섬기고 있다. (사)한국세
계선교협의회, (사)동북아교육문화협력재
단, 실천신학대학원대학교에서 이사를 맡
고 있으며, (사)평화한국 부이사장과 (사)
미래목회포럼 포럼좌장 등 한국 교회를 위
해 다양한 사역을 감당하고 있다. 저서로
는 『현실을 이기는 복음』, 『살리는 질문, 사
는 대답』 등이 있다.

http://www.sja.or.kr/

*새중앙교회 홈페이지

하나님 나라를 회복하는 지역사회 선교

황덕영 목사 (새중앙교회)

시대가 변해도 각 성도가 처한 삶의 터전에서 복음을 전파해야 하는 사명에는 변함이 없다. 그 본질을 지키는 것이 교회가 마땅히 지켜야 할 본분이다. 특별히, 새중앙교회는 각 성도가 하나님께 받은 달란트를 지역과 세계에 복음을 전파하는 데 적극적으로 활용하고 있다. 포스트 코로나 시대에 뒤처지지 않는 선교적 교회, 선교적 크리에이터가 되기 위한 방법을 모색 중이라면 이들의 사례가 큰 도움이 될 것이다.

하나님 나라를 회복하는
지역사회 선교

≫≫ 들어가는 말

한국 교회는 지금껏 경험하지 못한 당혹스러운 시대를 맞이했다. 갑작스럽게 다가온 코로나19는 한국 교회를 급습하여 예배당을 폐쇄하는 상황까지 만들어냈다. 통계에 따르면 코로나19가 본격적으로 확산되었을 때는 57%의 성도가 교회에 가지 않았고, 초기 피해가 심각했던 대구·경북지역은 84%의 성도가 교회에 가지 않은 것으로 집계되었다. 더 나아가 교회에 가지 않은 성도들 중 38%는 예배를 어떤 방식으로도 드리지 않은 것으로 나타났다. 아울러 71%의 성도들은 현장예배의 중단을 찬성했다. 이후 교회적 상황은 차츰 회복되고 있지만 여전히 코로나19 이전으로 회복할 수 있을지는 알 수 없다.

따라서 교회는 어떻게 이러한 상황을 극복하고 대처해야 할지 대안을 찾아야 했다. 코로나19의 중심에 선 교회는 변화에 대응하는 것도 중요하지만 무엇보다 중요한 것은 교회의 본질을 잃지 않는 것과 본질의 토대 위에서 변화를 꾀하는 것이다. 특별히 교회는 지역에 기반을 두고 지역사회의 선교를 함께 이루어가야 한다. 주님은 승천하시기 전에 제자들에게 그들이 있던 예루살렘이라는 지역에서 땅끝까지 복음의 증인이 될 것을 명령하셨다. 성령의 강림 이후에 예루살렘 교회가 세워지고, 지역마다 교회들은 확장되어 나아갔다. 예루살렘과 유대와 사마리아와 땅끝처럼 동시다발적으로 선교에 힘써야 하지만, 먼저는 교회가 있는 지역사회를 선교의 대상으로 삼아야 한다. 시대는 변해도 각 성도가 처한 삶의 터전에서 복음을 전파해야 하는 사명에는 변함이 없다.

이러한 측면에서 지역사회 선교와 섬김이 왜 중요한지 성경적, 사회적, 선교적 측면에서 고민하고, 경기도 안양시에 자리한 새중앙교회의 구체적인 사례를 통해 새로운 상상력에 불을 지피려 한다.

복음의 본질과 능력에는 변함이 없지만 선교사역의 영역은 지역 상황에 따라 매우 독특하고 다양하다. 본 장에서 소개할 사역은 지역에 기반한 선교사역이기에 다른 교회들의 상황과 사역의 모습들과는 다를 수 있다. 그럼에도 하나님께서 기뻐하시는 지역사회 선교의 공통분모를 찾아 적용하여 변화의 계기가 되기를 소망해 본다.

≫ 지역사회 섬김의 중요성

1) 성경적 근거

성경에 나타난 지역사회 선교는 '섬김'과 '봉사'의 의미이다. 구약성경에서 선교의 정신을 담고 있는 단어 '아바드'의 명사형 '에베드'는 주로 '하나님을 섬기는 자' 혹은 '하나님의 종'으로 소개되는데, 섬김의 의미는 하나님과 밀접한 관련이 있다. 또한 섬김의 대상은 하나님에 국한하는 것이 아니라 하나님께서 창조한 인간과 자연까지 모두 포함한다. 하나님께서 자신이 창조한 인간과 세상을 보시고 심히 좋아하셨고, 하나님을 사랑하는 것은 이웃 사랑과 자연 사랑을 통해서 구체화 될 수 있기 때문이다.

그래서 구약성경에서의 섬김과 봉사의 대상은 하나님뿐만 아니라 그 당시 사회로부터 소외된 가난한 자, 고아, 과부, 객, 이방인 등이 있다. 이러한 부분들을 통해 구약성경에서의 지역사회 선교의 근거는 충분하다고 볼 수 있다.

신약성경에서도 지역사회의 선교적 의미에서의 섬김과 봉사의 근거는 명확하다. 신약성경의 중심 주제는 예수님께서 이 땅에 오실 때 섬김을 받으려 하지 않고 섬기기 위해서 오셨다는 것이다(마 20:28). 즉 예수 그리스도에 의해서 이루어진 모든 일은 섬김 혹은 봉사라는 한 단어로 요약할 수 있다. 신약성경에서 '사회봉사'를 뜻하는 단어 '디아코니아(διακονια)'는 사랑의 구체적 실천 행위로서의 섬김과 봉사를 의미한다. 예수님은 날마다 병자들을 고치시고 죽은 자를 살리셨다. 가난한 자, 죄인, 세리와 함께하셨으며, 스스로 종이 되어 노예의 형체를 입으셨다. 최후의 만찬에서 제자들의 발을 씻기셨고, 십자가에서 우리의 죄를 담당하셨다. 예수님은 이처럼 종의 모습을 통해 우리에게 섬김의 도를 보여 주셨다. 결국 예수님의 사랑의 대상은 특권층이 아닌 당시 사회로부터 버림당하고 배척당하고 고통당하던 사회적 약자, 즉 이방인, 병자들, 여자, 세리, 죄인이었다. 또한 예수님께서는 마태복음 22장 37-40절에서 하나님 사랑과 이웃 사랑을 요약하여 말씀하시며 특히 이웃 사랑은 사회적 행동의 규범과 동시에 돕는 행위로서의 사랑이라는 것을 천명하신 것이다.

2) 사회적 근거

한국 교회 성도의 이탈과 감소에 대해 논의할 때 '공공성 회복'이 관건이라는 의견이 지배적이다. '공공성'은 교회 내적인 측면과 외적인 측면 모두를 말하는 것으로 우리 각자가 어떤 면에서 공공성 회복이 필요한지 분석해볼 필요가 있다.

먼저 개신교인 중 교회에 나가지 않는 성도의 비율은 23%로, 2012년 이후 계속해서 증가했다. 그중에는 개인적 이유로 교회를 떠난 성도가 61%, 교회의 부정적 요인으로 떠난 성도가 35%라고 한다. 특히 교회의 부정적인 요인으로 떠난 성도의 경우 '목회자에 대한 이미지가 좋지 않아서(14%)', '교인들이 배타적이고 이기적이어서(11%)', '헌금을 강조해서(3%)'라는 이유였다. '교회가 구제, 봉사 활동 등 사회적 역할을 하지 못해서(7%)'라는 답변도 적지 않았다. 이는 교회에 다니고 있는 성도조차도 교회의 대사회적 책임과 섬김, 즉 공공성의 회복에 지대한 관심을 두고 있음을 알 수 있다.

또한 외적인 측면으로는 2019년 인터넷의 게시글 혹은 댓글의 본문을 형태소 단위로 구분하여 긍정, 중립, 부정 점수를 계산 및 합산한 값, 즉 '감성 분석'을 통해 나타난 통계에 집중할 필요가 있다. 분석의 주제는 '한국 교회와 관련한 긍정 관련 글의 빈도수'였는데, 부정 글의 빈도수를 보면 1순위가 기독교의 극단적 정치적 논란이었고, 긍정적인 활동으로 언급된 것은 '이웃돕기'였다. 즉 교회가 약자를 돕고 섬기는 실천적 행위에 나설 때 한국 교회에 대한 긍정적 인식을 심어 줄 수 있는 계기가 된다는 의미이다. 이런 측면에서 볼 때 지역사회의 섬김은 교회의 본질 회복과 선교적 실천, 공공성 회복이라는 측면에서 매우 중요한 교회적 움직임이라고 할 수 있다.

3) 선교적 근거

초기 한국 기독교 역사를 살펴보면 선교사들은 직접적으로 복음을 전하기보다 우회적인, 즉 사회봉사와 섬김의 형태로 선교를 감당하였다. 이는 민족 종교와 문화적 충돌을 완화시킨 반면 기독교를 새롭게 인식시켰다. 특히 평양대부흥운동 이후 병원, 고아원, 양로원, 학교 등의 설립은 낙후된 한국 사회의 발전을 촉진하는 계기와 함께 기독교가 부흥하고 확장하는 데 있어서 중요한 역할을 하였다.

사회문제의 접근으로부터 시작된 한국 개신교회의 선교는 전략적으로 매우 성공적이었다. 특히 외국인 선교사들에 대한 강한 거부감을 가지고 있었던 한국인들에게 다가가는 가장 가깝고 쉬운 길을 선택한 것이다. 현대 사회에서도 매스컴 등으로 인하여 개신교인들에 대한 강한 거부감이 형성되었다. 이러한 때일수록 교회사적으로 검증된 초기 한국 선교사들의 선교적 방법을 기억하며 대사회적인 측면에서의 지역사회 섬김이 강조되어야 할 것이다.

이런 측면에서 볼 때 지역 섬김의 근거는 성경적, 사회적, 선교적으로 교회가 감당해야 할 실천 과제임이 분명하다. 이를 바탕으로 새중앙교회의 지역사회 섬김의 사례를 소개하고자 한다.

≫≫ 새중앙교회의 지역사회 선교사역

1) 비전캠퍼스(선교적 교회개척)

새중앙교회가 지향하는 선교적 교회의 모습은 모든 성도가 선교적 사명과 복음의 열정을 품고 삶의 전방위에서 선교를 수행하는 것이다. 이와 같은 선교적 교회론의 실질적인 적용의 일환으로 비전캠퍼스(Vision campus) 사역을 전개하고 있다. 비전캠퍼스는 모든 성도가 선교사적 사명을 인식하고 삶의 현장(가정, 학교, 일터, 사업장)에서 거점을 마련하여 복음을 표현하는 창조적 선교의 전략이다. 자신이 속한 지역사회에서 복음을 선포하고 예배를 개척해 복음의 거점을 세우는 것이다.

이러한 면에서 비전캠퍼스 사역은 성도 개개인이 자신의 은사, 재능, 전문성을 활용하는 통전적인 선교사역이다. 또한 복음의 확신을 지닌 성도들이 함께 모여 하나님 나라의 선교를 위한 실제적 방안을 모색하는 연합 사역이다. 교회에서는 비전캠퍼스 사역이 실행되기까지 다음과 같은 노력을 기울이고 있다. 먼저, 성도에게 선교적 사명을 제시하여 일상에서 복음 실천을 위한 환경을 조성할 수 있도록 독려한다. 다음으로, 교역자가 성도의 삶의 현장으로 찾아가는 목양으로 복음이 소통되는 모임의 정착을 적극적으로 지원한다. 이러한 과정을 거쳐 성도들은 비전캠퍼스 운영을 일임하여 복음 사역자로 하나님의 선교 사명을 이루어가고 있다.

2015년, 비전캠퍼스는 청년들을 중심으로 대학, 직장에 예배를 세우는 사역으로 시작되었다. 믿음으로 결집한 청년들은 캠퍼스 복음화에 기여하고 직장, 사업장에서는 구별된 그리스도인의 정체성으로 복음을 증거하고 있다. 특별히 최전방 군부대와 연계하여 매달 GOP를 방문해 군 장병들과 함께 예배하고 구역모임을 인도해오고 있다. 비전캠퍼스의 역동성은 10대 청소년 예배에도 크게 영향을 주어 부흥의 원동력이 되었다. 교회 근방의 35개 중·고등학교에서 예배와 기도 모임이 세워졌고 특히 청소년 시기에 가장 중요한 우선순위가 입시가 아닌 하나님의 말씀과 전도임을 깨닫고 믿음의 뿌리를 내리기 시작했다.

더불어 장년층에게도 무뎌져 있던 선교적 열정을 불러일으키는 계기가 되었다. 장년 성도들은 지역사회 속에서 적극적으로 비전캠퍼스를 개척하여 학원 12개소, 회사 13개소, 카페 5개소, 부동산 2개소, 음식점 2개소, 병원 3개소, 공방 3개소, 복지센터 1개소, 피트니스 1개소, 미용실 2개소, 카센터 1개소, 피부관리실 3개소, 개인사업장 6개소, 학교 2개소, 이주민센터 1개소, 이주민쉼터 4개소 등의 사업장을 복음의 거점으로 삼고 지금도 지속적으로 개척하는 일에 헌신하고 있다. 헌신된 복음의 거점들은 주중 예배를 드리는 거룩한 장소이자 지역 주민과 이웃을 초청하여 대접하고 말씀을 나누며 전도하는 지역사회 선교의 현장으로 거듭나고 있다. 비전캠퍼스를 통해 성도들이 삶에서 총체적인 선교를 실천할 수 있는 토대가 되고, 역동적인 선교가 일어나 지역사회의 선한 영향으로 번져갈 것을 기대한다.

2) 상담센터 사역

새중앙상담센터는 지역사회에서 자살, 이혼, 동성애, 성 중독 등 삶의 위기에 처한 사람들에게 분야별 전문 상담으로 복음적 대안을 제시하고 있다. 언어치료, 인지치료, 놀이치료, 미술치료 등 20여 개의 상담 프로그램을 운영하며, 연간 18,000여 회의 심리 상담을 진행하고 있다.

2004년 한국 기독교 상담심리치료학회 회원기관으로 등록되어 심리상담 연구원을 개설하였고 지역 내 대표적인 심리 상담 및 치료 전문 기관으로 자리매김하여 안양시와 과천시의 공무원 상담 위탁기관으로 사업을 진행하고 있다. 또한 상담 교육과 연구 분야에서도 역량을 인정받아 주요 학술 기관과 연구 협약을 맺는 등 현재 40여 곳의 기관과 네트워크를 이루고 있다. 특히 새중앙상담센터는 지역사회 내 복지의 사각지대에 놓인 이들을 위한 사역에 힘쓰고 있다. 취약계층에게 무료 상담과 상담 서비스 이용권을 제공하고 있으며, 선교사를 위한 상담 프로그램으로 치유와 회복을 돕고 있다. 코로나19 상황 속에서는 기존 대면 방식의 변화가 불가피함에 따라 방역과 예방 대책에 최선을 다하여 비대면 화상 상담과 전화 상담으로 전환하여 적극 대처하고 있다.

새중앙상담센터의 최종 목표는 상담과 치유를 통해 복음으로 사람을 살리는 것이며 계속해서 국내 기독교 심리상담 분야의 선도 기관으로서 상담센터의 운영과 상담 프로그램 노하우를 한국 교회와 기관들에게 제공하고자 한다.

3) 새중앙문화아카데미

새중앙문화아카데미는 문화강좌와 전시, 공연을 통해 지역 주민들에게 다양한 배움의 기회를 제공하고 있다. 2000년에 제1기를 시작으로 올해 73기를 맞이하였으며, 매주 월요일부터 토요일까지 230여 개의 강좌가 진행된다. 안양과 인근 지역에서 약 1,500~1,800여 명의 지역 주민이 참여하고 있다. 새중앙문화아카데미의 주요 수강생은 성도가 아닌 지역 주민이다. 수강을 위해 교회를 방문하는 이들에게 기독교 문화와 복음을 전하고 있다. 각 분야별 실력과 영성을 갖춘 강사진들은 때로는 탁월한 전도자가 되어 매 수업마다 전도대상자를 선정해 기도로 품고 복음을 전한다. 코로나19 상황으로 인해 수강생은 평소대비 다소 감소하였으나 철저히 방역 지침을 준수하는 운영으로 안전하다는 이미지를 주고 있다. 주민들은 문화 강좌에 참여함으로써 우울감과 무기력을 해소하여 이른바 '코로나 블루'를 극복하는 효과를 보이고 있다.

4) (사) 돕는 사람들

'돕는 사람들'은 국내외 취약계층 및 어려운 이웃을 위한 긍휼과 구제 사업을 진행하는 NGO 단체로, 새중앙교회가 설립했다. 국내에서는 안양시수리장애인종합복지관, 안양시장애인보호작업장을 위탁 운영하며 장애인 가족 상담, 기능지원, 평생 교육 프로그램을 진행하고 있다. 약 423,175명의 장애인을 지원하며 경기지역 장애인 복지의 중추적인 역할을 수행하고 있다. 노인 돌봄 서비스 영역에서도 역량을 인정받아, 안양시 만안종합사회복지관을 위탁 운영하며 보건복지부 장관상을 수상하기도 하였고, 안양시 디딤씨앗통장 사업으로 매월 150명의 저소득층 아동을 지원하고 있다. 특별히 코로나19로 인해 위기에 처한 취약계층에게 개인방역 물품, 긴급 생활비, 가정학습 키트, 도시락을 전달하였고 최근에는 안양시남북교류협력위원회 민간지원단체로 선정되어 북한 어린이를 위한 약품, 사랑의 쌀 지원 사업을 계획 중에 있다. 해외 사업도 진행하여 현지 선교사님들과 협력하여 13개 국가, 23개 지역에서 일대일 아동 결연, 우물 파기, 염소 지원, 의료 지원, 교육 지원 사업을 펼치고 있으며 코로나19가 전 세계로 확산함에 따라 보건 환경이 열악하고 바이러스 감염 위험성이 높은 선교 현장에 구호 물품 지원 사업을 선제적으로 진행하였다.

5) 새중앙장애어린이집

새중앙장애어린이집은 2006년 장애아 전문 보육 시설로 개원하여 현재 안양, 의왕 지역 내 유일한 장애 전문 어린이집으로 운영되고 있다. 중증 장애 아동의 발달을 위한 일상생활지도, 개별화 교육, 식습관 지도, 언어치료 등 보육 프로그램을 진행하며 지역사회 선교의 근간을 마련했다. 현재 3개의 교실과 1개의 대근육활동실, 2개의 치료실을 갖추고, 18명의 보육 교직원이 24명의 장애 아동을 교육하고 있다. 새중앙장애어린이집의 교육 철학은 장애 아동에게 건강한 도전 의식과 독립성을 가르치고, 가정의 보육 환경을 개선하는 총체적인 지도에 있다. 이를 위해 아이들에게는 기도와 말씀 등의 신앙훈련과 기독교적 인성 교육을 병행하여 제공하고, 학부모에게는 감정 치유와 안정을 위한 상담과 가정 양육을 지원하여 선교적 역할을 감당하고 있다. 코로나19 상황에서는 온라인 예배를 제공해 아이들의 영성 강화에 노력하였고 양육 부담이 가중된 가정과 학부모를 지원하고자 온라인 감정 코칭과 긴급 보육을 시행하였다.

비대면 교육 환경에 적극적으로 대응하여 장애 아동의 보육과 신앙교육을 균형 있게 진행할 수 있었다.

6) 로뎀카페, 로뎀식당, 아트로뎀갤러리, 로뎀서점

로뎀카페와 식당은 교회의 문턱을 낮추어 지역 주민들이 쉽게 찾아올 수 있는 만남의 장소이며 플랫폼 선교의 현장이라고 할 수 있다. 저렴한 가격으로 음료와 스낵, 식사를 제공하고, 주차장도 24시간 항시 개방하여 지역사회에서 큰 사랑을 받고 있다. 로뎀카페, 식당은 사역 초기부터 지역 섬김과 선교를 목적으로 운영되었고 카페와 식당의 수익금은 전액 세계선교를 후원하는 일에 사용하고 있으며 방문하는 선교사님들에게는 식사와 음료를 무료로 드리고 있다.

더불어 로뎀카페 내에서 운영하는 아트로뎀갤러리는 교회 내 미술인선교회, 사진선교회 작품을 비롯해 다양한 예술작품을 전시하여 지역사회에 문화예술 경험의 기회를 제공하고 있으며 로뎀서점에서는 양질의 음반, 서적, 액세서리들을 선별하여 성도들과 주민들에게 저렴한 가격에 판매하고 있다.

7) 발사랑 선교회, 이·미용 선교회, 하사랑 발레단

발사랑 선교회는 예수 그리스도의 섬김의 본을 따라 소외된 이웃을 찾아가 발마사지로 복음을 전하고 있다. 발사랑 전도법은 믿지 않는 이웃들을 발마사지로 섬기며 마음을 얻는 효과적인 선교적 도구이다. 발사랑 선교회는 처음에 선교사, 아웃리치 팀에게 발사랑 전도법을 단기 코스로 전수하는 훈련 사역을 위해 조직되었는데 이후 발마사지를 비롯해 경락에서 교정 교육까지 전문가 양성이 가능한 수준으로 성장하였다. 현재는 자원봉사센터와 연계하여 복지관,

요양원, 노인정에서 정기적으로 봉사하며 지역사회와 이웃을 섬기고 있다.

아울러 코로나19 상황 속에서는 기존의 대면 방식을 넘어 사역의 확장을 이루고 있다. 온라인 화상 강의로 발마사지, 스트레칭, 운동법을 지도하는 일에 집중하고 있으며 비대면 방식의 선교 전략의 중요성을 인식하여 향후 발사랑 원격 교육 콘텐츠를 개발하고자 계획하고 있다. 이를 통해 지역과 해외 선교지를 더욱 효과적으로 지원하는 창조적인 사역으로 확장될 것을 기대한다.

이·미용 사역은 국내외를 막론하고 선교지에서 가장 선호하는 사역 중 하나라고 할 수 있다. 교회 내 이·미용 선교회 사역은 외국인선교회 성도들을 위한 이·미용 사역에서 시작되었다. 교회의 아웃리치 사역 팀과 연계하여 미용 기술로 사역하고, 미용 중에 복음을 전하는 연합 사역을 진행해왔다. 특히 이·미용 서비스를 일상에서 받기 불편한 환우, 장애인을 섬기고자 지역사회의 병원, 요양소, 치료소, 보건소 등을 방문하여 봉사하고 있다. 또한 이·미용 봉사자 양성을 위한 문화 아카데미 프로그램을 운영하며, 미자립교회와 농어촌지역 교회의 전도 활동을 지원하고 있다.

하사랑 발레단은 소외된 이웃에게 발레 공연으로 하나님의 사랑과 위로를 전하는 문화 선교사역을 진행하고 있다. 하나님의 말씀을 발레를 통해 표현함으로써 복음의 메시지를 전하는 것을 목적으로 한다. 하사랑 발레단은 어린이 발레단을 조직해 다음 세대의 사역으로도 확장하였으며 장애인복지시설, 사회복지관, 병원에서 재능기부 공연으로 하나님의 평안을 전하며 이웃을 섬기고 있다. 그리고 정기공연이나 특별행사들을 통해 지역사회 내 이웃과 불신 가족들을 태신자로 품고 전도하는 기회로 삼고 있다.

8) 의료선교회

의료선교회는 하나님이 주신 의료기술로 가난한 사람들을 진료하고 이웃들에게 복음을 전하는 선교사명을 감당하고 있다. 교회 성도 중 의료 종사자들을 중심으로 조직된 의료선교회는 내과, 한방과, 영상의학과, 통증의학과, 재활의학과, 소아청소년과, 치과 등 분과를 구성하고 국내에서 의료 혜택을 받기 어려운 이주 노동자와 선교사님 등을 위해 정기적으로 무료 진료와 검사를 제공하고 있다. 또한 개척교회, 지방 무의촌에서 의료 봉사를 진행하고 있으며 선교를 위한 봉사활동을 준비하는 팀에게는 예방접종 및 기본 의약품을 지원하여 의료 환경이 열악하여 혜택을 받지 못하는 이들에게 실질적인 도움을 준다. 이를 통해 전도의 문을 열고, 효과적으로 복음을 전하고 있다.

의료선교회는 코로나 시대에 맞춘 선교 전략으로 의료구급품, 의약품, 예방물품을 비대면으로 전달하고자 준비하고 있다. 더 나아가 지금까지 축적된 의료선교 경험을 바탕으로 예방접종 사업, 위생사업(식수, 샤워 시설, 하수도 시설 설비 등), 건강 예방 사업을 발전시키는 계획을 가지고 있다. 이와 더불어 초음파 진단, 시약 등을 통해 질병의 조기 진단(기형아 조기발견, 소아 심장병 조기발견 등) 사업을 연계하여 의료선교의 확장을 이루고자 한다.

9) 외국인 선교회와 외국인 쉼터

새중앙교회는 외국인 이주 노동자와 다문화 가정에 대한 깊은 관심을 갖고 이주민 사역을 진행하고 있다. 이주민들에게 복음을 전하고 같이 예배드리며 제자로 양육하여 역 파송한다. 이는 해외에서 자국민을 통한 복음 사역으로 세계선교에 기여하는 중요한 전략이다. 이를 위해 현재 몽골, 베트남, 북한, 영어권, 인도네시아, 일본, 중국, 중국 동포를 위한 예배 등이 세워졌으며 매 주일 현지인 목회자들이 이주민 성도들의 신앙 성숙을 이끌고 있다. 또한 교회는 이주민 선교학교를 통해 성도들이 이주민에 관심을 갖고, 그들을 대상으로 하는 선교사역에 동참하도록 하고 있다. 이주민 사역에 대한 이해를 고취하는 강의를 하고, 이주민 밀집 지역을 직접 찾아가 그들을 전도하고 있다. 이주민 선교학교를 수료한 훈련생은 대부분은 외국인선교회 스탭으로 헌신하여 선교적 실천을 이어가고 있다.

코로나19 상황에는 이주민 예배와 제자훈련이 온라인 사역으로 전환되었다. 화상채팅 및 스트리밍 플랫폼을 활용하여 주일 예배를 실시간 영상 송출하고 있으며 온라인 제자훈련을 개설하여 말씀 훈련을 통한 회복과 은혜를 경험하고 있다.

경제적으로 어려움을 겪고 있는 이주민들을 위한 섬김 사역을 진행하고 있는데 기초 생활 물품이 부족한 이들에게 개인 방역물품, 생필품, 식료품 등을 전달하였고 코로나19의 여파로 실직, 임금체불, 항공편 중단에 처한 이주민들에게 실질적인 필요를 채워주면서 하나님의 사랑과 복음을 전하기도 했다.

한편 교회는 외국인선교회 이주민 사역의 일환으로 쉼터를 운영하고 있는데 현재 베트남, 북한, 인도네시아, 중국, 중국 동포 선교회를 중심으로 운영하고 있다. 쉼터는 회복과 양육의 현장으로써 예배, 기도 모임, 성경공부, 제자훈련 등을 진행하고, 특별히 북한선교회의 쉼터는 북한 체제 트라우마 치유상담센터로 탈북자들의 아픔을 치유하고 복음으로 거듭나도록 돕고 있다. 또한 한국어 교실 등의 교육으로 지역사회로의 안정적인 정착을 도우면서 복음의 거점이 되어 이주민들에게 복음을 전할 뿐만 아니라 이주민들이 서로 교제할 수 있도록 커뮤니티의 기능을 제공하고 있다. 이주민들이 단기적으로 숙소를 필요로 하거나 생활고를 겪을 때 언제든지 찾아와 하나님의 위로와 격려를 얻고 있으며 쉼터에서 신앙의 영적 성장을 경험하고 있다.

≫ 코로나 시대의 지역사회 선교사역

새중앙교회는 코로나 시대로 인한 비대면 사회의 도래에도 불구하고 시대적으로 복음 전파와 사회 섬김을 실천하기 위하여 '사랑 나눔 7운동'이라는 이름으로 전략적으로 그리스도의 사랑을 지역사회에 나누게 되었다. 7가지 사랑 나눔 전략은 지역 상권 사랑 나눔, 지역 환경 사랑 나눔, 지역 거리 사랑 나눔, 취약계층 반찬 사랑 나눔, 공공기관 사랑 나눔, 미자립교회 사랑 나눔, 재능기부 사랑 나눔으로 지역사회 선교를 감당하였다.

1) 지역 상권 사랑 나눔

코로나 시대로 인한 비대면 사회는 외출과 소비를 둔화시켰고, 이는 성도들의 사업장 운영의 어려움과 동시에 지역 상권의 위기로 직결되었다. 이를 극복하고 위축된 지역 상권을 활성화하기 위해 지역상품권을 구매하여 지역 상권에서 물품을 구매하였고, 구매한 물품은 다시 취약계층 및 관공서에 제공하여 지역 상권 신장과 동시에 지역사회 섬김의 장을 마련하였다. 특히 내적으로는 실업인 선교회와 연계하여 성도들의 사업장을 섬기며 위로하였고, 외적으로는 전도 대상자들의 사업장을 방문하여 위로함과 동시에 전도의 영역을 확보하였으며, 지역사회의 사업장을 광범위하게 설정하여, 불특정 사업장을 방문하고 섬김을 통하여 대사회적 선교적 사명을 실천했다.

2) 지역 환경 사랑 나눔

지역 환경 사랑 나눔 운동은 교회가 위치한 지역사회의 환경미화 활동을 중심으로 진행되었다. 지역사회, 특히 유동인구가 많은 공원, 아파트, 역세권 등지를 중심으로 쓰레기를 치우는 등 방역과 위생에 성도들이 동참하여 지역사회에 섬김의 사역을 감당하였다. 교회 안에서의 방역만이 아니라 교회 울타리를 넘어선 방역과 위생의 기여함을 통해 간접적인 지역선교를 실천한 것이다. 그리스도인의 책무가 자연환경을 돌보는 것까지 포함하고 있음을 알고 이웃에게 감동과 사랑을 함께 전하자, 긍정적인 반응과 함께 사랑이 넘치는 나눔과 섬김의 현장이 되었다.

3) 지역 거리 사랑 나눔

지역 거리 사랑 나눔 운동은 거리를 오가는 지역사회 주민들에게 꼭 필요한 물품을 제공하여 그리스도의 사랑을 나눔과 동시에 물질적 필요를 충족시켰다. 특히 유동인구가 많은 공원, 중심상가, 아파트단지, 공원, 등산로, 마트 등 비대면으로 무인 테이블을 설치하여 물품들을 제공하였다. 더위를 해소할 수 있는 얼음 생수 및 음료와 방역 및 감염 예방을 위한 손 소독제, 손 세정 티슈, 마스크 등을 준비하여 주민들이 자율적으로 가져갈 수 있게 하였다.

4) 취약계층 반찬 사랑 나눔

코로나19의 장기화로 인해 어려움을 겪고 있는 취약계층들을 동사무소와 연계하여 파악하고 성도들이 정성껏 준비한 반찬과 김치 등을 도시락에 직접 담아 제공하였다. 사랑의 섬김에 많은 긍정적인 반응과 기쁨이 넘쳤으며, 어려운 시기에 소외된 영혼의 친구가 되셨던 예수님의 발자취를 따를 수 있어서 감사했다. 처음에는 반찬 나눔으로 시작했지만, 나중에는 각종 물품의 후원과도 연결되어 어려움 속에 있던 많은 이웃을 다양하고도 실질적으로 섬길 수 있었다.

5) 공공기관 사랑 나눔

공익을 위해 헌신하는 관공서도 지역선교의 대상이라고 할 수 있다. 특히 코로나19 사태 종식을 위해 불철주야 헌신했던 보건소와 의료기관들을 비롯하여 주민센터, 소방서, 파출소 등을 방문하고, 관공서의 업무특성을 반영한 격려 물품을 전함으로써 감사의 마음과 함께 그리스도의 사랑을 전하였다. 야외에서 활동이 많은 관공서 대원들에게는 선크림과 핸드크림을 제공하였고, 점심을 풍성하게 드실 수 있도록 푸짐한 도시락도 제공하는 등 교회와 관공서가 지역사회를 위해 긴밀하게 연계하는 값진 기회가 되었다.

6) 미자립교회 사랑 나눔

지역사회의 미자립교회는 코로나 사태로 재정뿐만 아니라 영적인 어려움에 봉착했다. 따라서 지역사회 미자립교회들에게 재정적으로 지원하는 동시에 영적인 지원을 통하여 사랑 나눔을 실천하였다. 재정적으로는 교회적으로 조성한 구호 헌금을 120여 개의 미자립교회의 원활한 운영을 위해 지원하였고, 재정적으로 어려움이 있어 구매하기 어려운 방역물품(비접촉체온계, 마스크, 세정제 등)을 지원하였다. 또한 미자립교회들이 온라인 예배를 운영할 수 있도록 장비를 지원하고, 미디어 교육을 지원하여 호응을 얻었다. 그리고 성도들의 헌신을 연결해 목회자의 도서비를 지원하였으며, 목회자 가정에는 의류를 비롯한 다양한 물품을 기증하였다.

7) 재능기부 사랑 나눔

재능기부 사랑 나눔 운동은 성도 각자에게 하나님께서 주신 재능을 교회에서뿐만 아니라 지역사회를 섬기는 기회로 활용하였다. 음악적 재능을 통하여 야외 음악회를 열어 지역사회와 문화적이고 정서적인 접촉의 기회로 삼기도 하고 이·미용 봉사를 통하여 취약계층을 섬겼으며 사진 촬영 등으로 굳어 있던 얼굴에 미소를 찾게 해 주기도 했다. 이외에도 무료 세무 상담, 무료 자녀 학습이 시행되었고 천연비누 및 화장품, 캘리그라피 엽서, 풍선아트, 캐리커처, 팔찌 공예 등 다양한 것들을 제작하여 이웃들에게 전달함으로써 사랑 나눔을 실천하였다.

⟫ 나가는 말: 제언

지역사회 선교는 각 교회와 성도들에게 주신 재능과 은사에 따라 합력하여 전방위적으로 펼쳐나가야 한다. 지역에서 교회가 감당해야 하는 선교는 모든 세대와 모든 영역으로 나아가는 통전적(統全的) 선교가 되어야 한다. 이미 존재하는 틀에 맞추는 사역이 아니라 성도들의 달란트가 선교사역화 되는 패러다임의 전환이 필요하다. 이때 기억해야 할 것은 하나님께서 주신 복음 전파의 사명은 교회와 그리스도인에게 주신 우선적 사명이라는 것이다. 선교는 교회의 다른 활동 중에 부분적인 하나의 사역이 아니라 교회의 본질과 사명 자체가 선교에 있음을 인식하고 실천해야 한다. 지금 이 시대에도 여전히 하나님의 선교는 진행 중이다. 여기에 교회는 영광스럽게 동참하며 하나님의 나라를 확장해 나가고 있는 것이다.

마지막으로 이러한 하나님 나라 확장의 가속과 교회의 선교적 본질의 실천을 위해 새중앙교회에서 집중하고 있는 선교사역의 네 가지 원리는 창조사역, 거점사역, 연합사역, 미래사역의 전략이다.

우리는 시시각각 급변하는 시대를 지나고 있다. 과거에는 교회가 시대를 이끌었지만, 이제는 시대의 변화에 따라가는 것조차 버거운 것이 현실이다. 그러나 시대의 흐름은 성령의 주도권 아래에 있다. 그렇기 때문에 우리는 성령께서 주시는 지혜와 전략으로 무장해야만 시대를 이끌어 나가는 전략을 소유할 수 있다. 급변하는 시대 속에서도 새중앙교회가 선교적 사역을 실행할 수 있었던 것은 코로나 사태 이전부터 성도들이 창조적 사역을 기획해 나가는 훈련과 준비가 되어 있었기 때문이다. 교회는 이제부터라도 성령의 충만함과 도우심을 간구하며 시대를 분별하는 안목과 대안을 도출하는 데 익숙해져야 할 것이다.

또한 새중앙교회가 지역사회의 섬김과 선교로 사역을 확장하는 데 있어서, 중요한 원리가 바로 거점사역의 원리이다. 거점사역이란 성도의 거점이 선교적 거점이 되는 것이며, 내가 곧 교회라는 선교적 정체성의 확립과 동시에 자신이 속한 가정과 직장, 사업장 등을 선교적 거점으로 삼고 활동을 펼쳐나가는 것이다. 코로나19 이전부터 훈련되어진 거점사역의 원리는 코로나19 이후에 발 빠르게 지역사회로 뻗어나갈 수 있는 원동력이 되었다.

더 나아가 새중앙교회의 사역은 연합사역의 원리로 지역사회의 전 세대와 영역에 발 빠르게 접근할 수 있었다. 새중앙교회는 각 부서 간, 세대 간 통전적(統全的) 사역, 즉 연합사역에 특화되어 있었고, 이것은 통전적 선교로 접근할 수 있는 계기가 되었다. 그리고 이러한 연합을 통해 모든 지역과 세대, 영역을 아우르는 미래사역의 지경을 넓혀나가는 것이다. 과거와 현재를 넘어 미래 청사진을 제시하면서 주님의 다시 오심을 준비하는 미래사역은 다음 세대사역, 가정사역, 실버사역, 통일한국사역, 세계선교사역 등으로 정리되어 성도와 교회를 하나로 일치된 선교적 공동체로 나아가며, 특별히 코로나 시대를 효과적으로 준비하는 토대가 되었다.

우리는 다가올 시대를 완벽히 예견할 수는 없다. 그러나 급작스런 위기와 새로운 국면을 맞이할지라도 교회의 본질적 기능인 선교적 사명을 실천해 나간다면, 성령께서 교회에 새로운 성령의 바람을 일으켜주실 것을 확신한다.

우리의 영적으로 무뎌져 있는 사고의 틀을 성령의 능력으로 깨뜨리고, 앞서 언급한 네 가지의 원리를 통하여 통전적 선교를 이루는 선교적 교회로 도약할 때, 또 다른 팬데믹 사태에서도 초대교회와 같이 놀라운 부흥의 역사를 경험하게 될 것을 확신한다.

Key point

1. 지역사회 섬김의 중요성

성경에 나타난 지역사회 선교는 '섬김'과 '봉사'의 의미이다. 예수님께
서도 하나님 사랑과 이웃 사랑을 말씀하셨다. 한국 교회 성도의 이탈
과 감소에 대해 논의할 때 '공공성 회복'이 관건이라는 의견이 지배적
인 오늘날, 선교는 영혼구원을 위한 사명이다. 또한, 한국 기독교 초기
에 사회문제의 접근으로부터 시작된 한국 개신교회의 선교는 전략적
으로 성공적이었다. 이러한 때일수록 교회사적으로 검증된 초기 한국
선교사들의 선교적 방법을 기억하며 대사회적인 측면에서의 지역사회
섬김이 강조되어야 할 것이다.

2. 새중앙교회의 지역사회 선교사역

새중앙교회가 지향하는 선교적 교회는 모든 성도가 선교적 사명과 복
음의 열정을 품고 삶의 전방위에서 선교를 수행하는 것이다. 이에, 상
담센터 사역, 새중앙문화아카데미, 취약계층 구제, 새중앙장애어린이
집, 로뎀카페·식당·갤러리·서점, 발사랑 선교, 이미용 선교, 하사랑
발레단, 의료선교, 외국인 선교 및 쉼터 운영 등을 통해 다양한 선교 사
역을 감당하고 있다.

3. 코로나 시대의 지역사회 선교사역

지역 상권을 활성화하기 위해 지역 상품권을 활용하고, 지역 환경 사랑
나눔을 위해 미화 환경을 펼쳤다. 지역 거리를 오가는 주민들에게는 손
소독제, 소독 티슈, 마스크, 음료, 물 등을 제공하였으며 취약계층에게

는 반찬을 비롯하여 생활 물품을 전달하였다. 주민센터, 파출소, 소방서 등에도 선크림과 핸드크림, 도시락 등을 제공하였으며 미자립교회에도 방역물품과 도서비, 미디어 교육 등을 지원하였다. 그 외 재능기부를 통해 지역 주민들에게 세무 상담, 팔찌공예, 천연 화장품과 비누, 풍선아트 등을 전달하며 사랑을 나누었다.

4. 나가는 말: 제언

지역사회 선교는 각 교회와 성도들에게 주신 재능과 은사에 따라 합력하여 전방위적으로 펼쳐나가야 한다. 통전적 선교를 이루는 선교적 교회로 도약할 때, 또 다른 팬데믹 사태에서도 초대교회와 같이 놀라운 부흥의 역사를 경험하게 될 것을 확신한다.

코로나 팬데믹으로 교회가 문을 닫은 지 1년이 지난 시점, 미주에서는 한인 교회 성도들의 신앙 형태와 의식변화에 대한 조사 결과가 있었다. 약 2천여 명의 성도가 참여한 본 조사에서 한국과는 확연히 다른 결과 하나가 눈에 띄었다. 그것은 교회에 대한 인식 변화였다. 팬데믹 기간 한국 사회에서는 교회에 대해 인식이 훨씬 더 부정적으로 바뀌었다. 한국 교회 신뢰도 조사에서 2020년 1월에 32%였던 수치가 1년 후 2021년 1월에는 21%로 나타나 한국 교회 신뢰도가 바닥을 쳤음을 보여 주었다. 더욱 놀라운 사실은 이 같은 인식이 교회를 다니는 성도들이나 다니지 않는 사람들이나 비슷하게 나타났다는 점이다.

미주의 결과는 달랐다. 팬데믹 기간 동안 교회에 대한 인식이 긍정적으로 변했다고 말한 성도가 52%로 부정적으로 변했다는 응답의 32%보다 훨씬 높았다. 물론 이 수치는 교회를 다니고 있는 성도들의 대답이었다. 그 이유는 무엇 때문이었을까? 이는 교회가 팬데믹 기간 동안 어떤 역할을 했는가와 직결된다. 즉, 교회의 관심이 어디에 있었는가 하는 점이다. 가난하고 연약하고 소외된 자들 곁에 있었는가? 병들고 힘든 이웃을 품고 돕는 손길을 펼쳤는가? 감사하게도 미주에 있는 많은 한인 교회가 그러한 역할을 잘 감당해 주었다. 마스크와 소독제를 나누어 주고, 음식과 용품을 제공하고, 병원과 단체를 섬기는 사역을 진행하자 성도들의 인식도 바뀌었다. 믿는 사람들은 자기 교회에 대한 자긍심을 갖게 됐고, 믿지 않는 사람들은 교회에 대한 호기심을 품게 되었다.

큰 교회는 큰 교회대로, 작은 교회는 작은 교회대로 감당할 만한 사역이 있고 분량이 있다. 복음 안에서 함께 손을 잡고 세상을 섬기기 위해 노력할 때 교회는 세상의 빛이 될 수 있다. 이 시대 한국 교회가 가야 할 길은 명확하다. 복음을 전하기 위해 교회가 주님의 손과 발이 되어야 한다. 가난한 자를 찾아가고 그들의 필요를 채워주고, 그의 사랑이 가슴으로 와 닿을 수 있도록 섬겨야 한다. 마치 그리스도께서 십자가를 지시기까지 사랑하셨던 것처럼 교회도 그 길을 따라가야 한다.

Discussion

1. 팬데믹 기간 동안 우리 교회가 지역사회를 위해 실시했던 섬김 사역을 돌아보고 가장 의미 있고 가치 있게 여겼던 사역이 무엇인지 나눠보자.

2. 삶의 현장에 거점을 마련해 복음을 표현하고 섬김을 실천하는 사역 모델이 주는 도전은 무엇인가? 개인적 측면과 교회적 측면에서 적용할 수 있는 방안을 찾아보자.

3. 지역사회에서 빛과 소금의 역할을 감당하기 위해 연합 사역은 매우 중요하다. 주변 교회들과 연합하기 위해 넘어야 할 장애물은 무엇인가? 지역과 이웃을 위해 연합하여 실행할 수 있는 가장 쉬운 사역을 찾고 실행 계획을 세워 보자.

08 / 이상훈

서울신학대학교 신학과(B.A.)와 동대학원
(M.Div.)을 졸업한 이상훈 교수는 미국 풀
러신학교에서 석사(Th.M.)와 박사(Ph.D.)
학위를 받았다. 현재 America Evangelical
University(미성대학교) 총장을 맡고 있
으며, 풀러신학교에서 겸임교수로도 사
역하고 있다. 또한, Missional Church
Alliance 대표 디렉터, 글로벌 워십 미니
스트리 이사로도 활동 중이다. 저서로는
『리폼처치』, 『리뉴처치』, 『리싱크처치』, 『처
치시프트』, 『선교적 교회론과 한국교회』
(공저), 『포스트코로나 시대와 교회의 미
래』(공저)가 있다.

*Missional Church Alliance (MiCA) 홈페이지

Re-Connect: 다음 세대를 위한 사역 원리

이상훈 교수(AEU 미성대학교 총장)

한국 교회의 위기는 이미 여러 채널과 지표를 통해 예고되었다. 특별히 다음 세대는 '붕괴'라는 말을 부정할 수 없을 정도였다. 이때 찾아온 코로나19는 현실에 대한 경종과 함께 본질적으로 변화하지 않으면 살아남을 수 없다는 간절함을 불러일으켰다. 이제 다음 세대 사역의 패러다임과 고정관념을 깨야 교회가 산다. 그러한 시도를 통해 건강한 교회를 세워온 이들의 다양한 이야기를 들어본다.

Re-Connect:
다음 세대를 위한 사역 원리

>>> "Do you remember where you were?"[1)]

이 말은 톰 레이너(Thom S. Rainer)가 『The Post-Quarantine Church』라는 책을 시작하면서 던진 질문이었다. 역사의식을 가진 자라면 위기를 통과하면서 스스로 묻게 되는 말, '과연 나는 그때 어디에서 무엇을 하고 있었는가?' 아마도 우리 역시 코로나 팬데믹 시대를 통화하며 묻게 될 질문일 것이다. 역사상 한 번도 경험해 보지 못한 위기와 변화, 코로나19는 교회의 실상과 그동안 애써 외면해 왔던 교회의 민낯을 적나라하게 드러내 충격을 주었다.

이제는 그 누구도 교회의 미래에 대해 밝은 전망을 내놓을 수 없는 지경에 이르고 말았다. 그러나 한편으로는 다행이란 생각이 든다. '만약 코로나19가 엄습하지 않았다면 한국 교회는 어떻게 되었을까?' 아마도 여전히 현실을 직시하지 못한 채 과거의 영화에 취해 있을지도 모른다. 다시 일어날 힘을 서서히 잃어가며 사라질 수도 있었던 한국 교회에 찾아온 코로나19는 현실에 대한 경종과 함께 본질적으로 변화하지 않으면 살아남을 수 없다는 간절함을 불러일으켰다. 이제는 과거로 돌아갈 수 없다고, 그렇기에 미래를 향해 나아갈 수밖에 없

---

1) Thom S. Rainer, *The Post-Quarantine Church*, (Carol Stream, IL: Tyndale Momentum, 2020), p. 1.

다고 우리를 채찍질한다. 새로운 도전이 우리를 이끌고 있다.

≫ 다음 세대와 교회의 위기

돌이켜보면 한국 교회의 위기는 이미 여러 채널과 지표를 통해 예고되었다. 가장 현실감 있는 신호는 교회 내부, 특별히 다음 세대를 통해 드러났다. 우리 가운데 건강한 대학부와 청년부를 가진 교회는 얼마나 될까? 불과 몇 년 전만 하더라도 대학생 복음화율이 15%대라는 보도가 있었지만, 현장의 목소리는 전혀 다르다. 대다수의 현장 사역자들은 대학생들의 복음화율이 3% 미만이라고 주장한다. 교회 현장도 마찬가지다. 과거와 같이 역동적인 대학부를 가진 교회를 찾아보기가 어렵다. 대학 복음화율 3%가 설득력 있는 이유는 교회학교와 청소년들의 복음화율과도 그 맥을 같이하기 때문이다. 2016년 한 조사에 따르면 교회학교는 반 토막이 났고, 청소년 복음화가 3.8%라는 충격적 조사 결과도 나왔다. 30대 이하 젊은 층에서 교회를 떠난 가나안 성도 비율이 높다는 것을 고려하면, 조사 당시의 청소년들이 자라 대학생이 되고 청년이 된 지금 그들의 복음화율이 3% 미만이라는 수치를 보인 것은 결코 과장이 아니다.

미래학자 최윤식과 최현식은 교회가 직면할 미래를 '붕괴'라는 말로 표현했다. 그들은 다양한 사회학적 데이터 분석을 기반으로 1990년대 후반부터 시작된 교회의 쇠퇴가 2028년이 되면 본격화될 것이라고 예상했다. 젊은 층이 사라진 교회는 사역 동력을 잃고 급격히 노쇠할 뿐 아니라 역사상 한 번도 경험해 보지 못한 재정 압박까지 받게 된다. 빚을 내 건물을 지었던 교회들은 부도 위기에 직면하고 그 결과 2050년이 되면 한국 교회의 절반이 사라질 수도 있다는 시나리오다.[2]

냉혹하지만 다가올 수 있는 미래다. 그런데 답답한 것은 이렇게 뻔한 상황 속에서도 부동의 자세를 취하고 있는 교회의 모습이다. 입으로는 다음 세대를 논하고 교회의 미래를 준비해야 한다고 말하지만 실제로 구체적인 움직임을 보이는 교회는 소수에 불과하다. 어찌할 바 몰라 허둥대는 사이, 쓰나미와 같이 몰아닥치는 문명의 소용돌이는 다음 세대의 생각과 태도, 습관과 행동의 급격한 변화를 초래한다. 그들의 눈에 비친 교회의 모습은 점점 현실과 거리가 멀어지고 부모 세계의 낡은 유산처럼 치부되는 현상이 발생하고 있다. 그 결과 어릴 적부터 부모와 함께 교회를 다니던 아이들조차 청소년이 되고 청년이 되면 교회를 떠난다. 교회 밖 믿지 않는 다음 세대의 선교는 고사하고, 교회 내에 있는 자녀들도 믿음을 지키지 못하게 되는 현실을 직시해야 한다. 이제는 물어야 한다. 왜 우리는 이제껏 교회를 떠나는 수많은 청소년과 젊은이의 소리에 귀 기울이지 않았을까? 왜 우리는 교회 밖으로 빠져나가는 거대한 물줄기를 보면서도 이러한 현상을 심각하게 여기지 못했을까? 근본적인 변화가 필요하다. 무언가를 수리해 다시 사용하는 차원이 아니라 본질적이고 급진적인 개혁을 통해 새로운 판을 짜야 한다. 그렇다면 어디서부터 시작해야 할까. 무엇을 뒤집어 변화시켜야 할까. 그것이 코로나19가 교회 공동체에 던져준 과제이며 숙제라고 나는 생각한다.

≫ 다음 세대가 교회를 떠나는 원인

이 글은 대학생과 청소년 아이들을 둔 부모로서, 오랫동안 청년들과 호흡하

---

2) 최윤식, 최현식, *2020 –2040 한국교회 미래지도2*, (서울: 생명의말씀사, 2015), pp. 50–59.

며 다음 세대를 살리기 위한 개혁을 외쳤던 사역자로서 쓴 고민의 흔적이다. 이를 위해 나는 다양한 책을 참고하고 필드 리서치를 했다. 한국에서 다음 세대 사역을 위해 헌신하고 있는 여러 리더와 심도 있는 인터뷰를 했고 미국의 대표적인 교회들의 사역 방식을 들여다보면서 글을 정리했다. 그러면서 발견한 내용이 있다. 그것은 바로 이벤트와 프로그램으로 사역하는 시대는 끝났다는 점이었다. 과거에는 청소년들을 끌어모을 수 있는 방법이 있었다. 필자가 중고등학교를 다닐 때만 해도 모든 교회가 부흥기에 있었다 할 정도로 많은 어린이, 청소년, 대학생들이 모였다. 교회에서 하는 여름성경학교, 문학의 밤, 수련회, 부흥회 등에는 사람들로 넘쳐났다. 그렇게 해서 새롭게 신앙을 갖게 된 친구들도 많았다. 당시만 해도 교회에서 실시하는 행사나 프로그램만큼 재미있는 일도 없었던 것 같다. 그러나 지금은 완전히 다른 시대가 됐다. 누군가의 말처럼 오늘날 젊은 세대는 다른 세계에서 태어나 다른 세상에서 사는 다른 종족(Different tribes)이다. 마크 프렌스키(Marc Prensky)는 이들을 '디지털 네이티브(Digital natives)'라는 말로, 조쉬 스피어(Josh Spear)는 '본 디지털(Born digital)', 즉 디지털로 태어난 세대라고 표현했다. 이 외에도 'Net 세대(Net Generation)', 'I 세대(I-Generation)', 'Z세대(Generation Z)' 등 다양한 호칭이 있지만, 이들이 디지털 환경에서 태어나 디지털 이민자(Digital immigrants)인 기성세대와는 다른 가치와 삶의 방식을 가지고 산다는 점에는 이견이 없다.

모든 것이 달라졌다. 살아가는 환경과 문화가 달라졌다. 흥미와 관심이 달라졌고 시간을 보내고 관계를 맺고 대화를 나누는 방식 또한 달라졌다. 과거에 대한 이해도, 추구하는 가치관과 진리에 대한 인식적 틀도 달라졌다. 과거에는 흥미로운 이벤트와 좋은 프로그램을 통해 사람들을 교회로 오게 하는 방식이 통했다. 그러나 지금은 이러한 방식이 통하지 않는다. 그들은 무언가를 받아들이기 전에 먼저 이해하고 체험하기 원한다. 즐겁고(fun), 누군가와 함께 할 수 있으며(friends), 좋아할 만한 가치가 있는지(favorite)를 묻는다. 그런 측면에서 다음 세대 사역은 기존 방식과 다른 창의적 접근이 필요하다.

그렇지만 이곳에도 접촉점은 있다. 이들은 그 어느 때보다 급속한 기술 문명의 발전을 누리며 살아가고 있지만, 그 어느 때보다 큰 혼란과 불안을 느끼는 세대이다. 그래서 그들은 묻고 찾는다. '과연 진정한 삶은 어디에서 이뤄지는 것일까?', '참된 가치와 안전은 무엇에 근거하는 것일까?' 그런 맥락에서 이 세대는 교회가 전하는 복음이 참된 진리인지 그 안에 참된 소망이 있는지를 먼저 탐색한다. 삶에 대한 본질적 질문 앞에서 과연 교회는 그들이 이해할 만한 대답과 응답을 주고 있는가? 철저하게 세속화된 세상 속에서 살아가고 있는 세대들을 보호하고 이끌어 줄 준비와 훈련을 시키고 있는가? 냉혹한 삶의 현실에서 상처받은 그들을 품고 치유하며 함께 살아가는 공동체적 경험을 제공하고 있는가? 상대주의와 다원주의로 가득 찬 세상에서 그리스도인으로서 살아가는 가치와 모델을 보여 주고 있는가?

교회 공동체가 가장 기본적인 대응에 실패했을 때 그 결과는 냉혹하다. 우리보다 먼저 이러한 문제를 경험했던 미국의 예를 보라. 놀랍게도 어렸을 때부터 교회에 다녔던 크리스천 자녀가 대학에 들어가면 70-80%가 교회를 떠난다. 이유는 같다. 그들의 눈에 비친 교회는 세상 한복판에서 마주치는 삶의 질문에 대해 만족할 만한 대답을 주지 못하고 있다. 게다가 교회의 위선적이며 나쁜 행동들까지 더해지면서 다음 세대는 기독교에 대한 지적 회의주의(Intellectual skepticism)를 품게 되었다. 키나맨(David Kinnaman)과 매트락(Mark Matlock)은 이러한 이유로 인해 "젊은 비그리스도인들은 기독교를 피하고, 젊은 크리스천은 교회를 포기하고 있다"[3]고 말했다.

>>> New Start

어디에서부터 시작해야 할까. 무엇을 변화시켜야 할 것인가. 앞서 말한 것처럼 이제까지 해왔던 일들을 조금 바꾸고 수정해서는 근본적인 해결책이 될 수 없다. 좀 더 본질적인 차원의 고민을 해야 한다. 지난 10년이 넘는 기간 동안 북미 지역에서 새롭게 부상하고 있는 젊은 교회들을 연구해 오면서 배우게 된 것 중 하나는 젊은이들은 단순하고 유기적이며 분명한 사명을 실천하는 교회에 모인다는 사실이었다. 그들은 기성세대만큼 교단, 신학, 제도, 형식 등을 중요하게 여기지 않는다. 그들에게는 살아 있는가, 진짜인가가 중요하다. "교회가 숨 쉬고 있는가. 예배에 살아있는 영성이 느껴지는가. 진정한 공동체가 존재하는가. 리더가 닮고 싶은 사람인가. 메시지와 삶에 연관성이 있는가. 이 교회에 들어오면 정말 사람이 바뀌는가. 세상에 없는 가치가 발견되고 삶을 던져도 아깝지 않을 만큼의 비전과 활동이 있는가. 재미(fun)가 있고, 친구(friends)가 있고, 가치(favorite)가 있는가?" 이 질문들에 "그렇다"라고 대답할 수 있는 교회에 다음 세대가 몰려왔다. 기존 교회에서는 사라진 젊은이들이 예배당을 가득 채우고 함께 뛰고 열광하며 뜨거운 기도로 발산하며 세상을 섬기기 위해 자신의 재능과 물질을 아끼지 않고 헌신하던 젊은이들. 그런 측면에서 보면 교회가 진짜 교회가 될 때 부흥이 일어난다는 사실을 이 세대에서도 발견하게 된다.

---

3) David Kinnaman & Mark Matlock, *Faith For Exiles*, (Grand Rapids, MI: Baker Books, 2019), p. 5.

≫ 다음 세대를 위한 헌신

이런 교회들은 리더도 젊다는 공통점이 있었다. 물론 이것은 물리적인 나이일 수도 있지만, 다음 세대에 집중하며 그들을 위해 삶을 드린 리더들이 존재한다는 말이 더 맞을 것 같다. 다시 한번, 다음 세대의 사역을 이야기하면서 불편한 이야기를 해 보자. 과연 우리 교회는 다음 세대를 위해 목숨을 걸 사역자가 있는가. 여러분의 교회는 다음 세대를 살리기 위해 최선의 역량을 쏟아붓고 있는가? 만약 여러분이 다음 세대를 위한 사역자라 한다면 과연 이 세대를 위해 자신의 전부를 걸고 사역에 임하고 있는가? 다음 사역을 위해 거쳐 가는 과정이 아니라, 이 세대를 위해 삶을 드리는 헌신이 존재하는가. 만약 여러분이 교사나 멘토, 코치와 같은 역할을 하는 평신도 리더라면, 다음 세대에게 롤모델이 되고 있는가. 적어도 이러한 교회들은 그런 사람들이 있었다. 한국의 경우도 마찬가지다. 현재 한국에서 젊은이들이 모여들고 살아 움직이는 교회들을 보라. 그곳에는 한결같이 다음 세대에 목숨을 건 헌신자들이 있다. 다음 세대를 복음으로 변화시키고 이들을 통해 하나님 나라의 회복과 부흥을 꿈꾸는 거대한 꿈이 그 안에 존재한다. 불이 살아 있을 때 확산될 가능성도 존재한다. 우리 교회 안에 타오르고 있는 뜨거운 불이 있는지 먼저 점검해 보자.

≫ 그들 속으로(Into their culture)

2000년대 초반 이머징 교회(Emerging Church) 현상이 몰아칠 때 가장 큰 이슈 중의 하나는 세상의 문화를 해석하는 방식과 관련이 있었다. 이전까지는 교회는 거룩한 곳이고 세상은 세속적이라는 이원론적 관점이 주를 이루었다.

그러나 이머징 교회는 이러한 구분을 비판하면서, 거룩은 성령의 임재로 인해 이뤄지기에 세속적인 문화와 공간도 거룩해질 수 있음을 상기시켰다. 그러면서 다음 세대를 복음화하기 위해서는 그들을 우리에게 오라(Come to us)가 아닌 우리가 그들의 문화 속으로(Into their culture) 들어가야(Go to them) 함을 주장했다. 이러한 접근은 젊은 교회들에 새로운 상상력을 가지고 사역할 수 있는 자극과 기회를 제공했다. 특정 공간과 방식에 얽매이지 않고 신선하고 새로운 방식이 시도되었다. 교회가 성전이라 불리는 건물을 떠나 카페, 극장, 커뮤니티 센터, 학교, 가정 등으로 찾아가게 된 것도 이 무렵이었다.

한국에서 다음 세대 사역자들을 대상으로 세미나를 할 때였다. 약 300여 명의 젊은 신학생들과 목회자들이 모였다. 20대, 30대 초반의 젊은 사역자들이 겪고 있는 현실과 장벽은 비슷했다. 다음 세대 사역이 갈수록 어려워진다는 고백이었다. 주일마저도 학원에 가야 하는 아이들의 현실과 교회를 향한 냉담한 현실이 사역의 범위를 위축시키고 있었다. 이러한 분위기에 코로나19까지 발생했으니 돌파구를 찾기가 쉽지 않다. 그런데 여기서 생각할 부분이 있다. 만약 우리의 상황을 선교지로 인식하고 다음 세대에게 복음을 전해야 한다는 의식이 형성된다면, 이제 우리의 사역은 그들이 교회를 찾아오게 하는 방식이 아니라 우리가 그들을 찾아가는 방식이 되어야 한다. 그들이 있는 곳에 그들을 만나러 가야 한다. 복음이 필요한 곳에 복음을 들고 침투해 들어가야 한다.

그것이 바로 선교사 예수 그리스도께서 보여 주셨던 모습이었다. 예수님은 성전으로 사람들이 오기를 기다리지 않으셨다. 그분은 자기 자신을 세상으로 보내셨다. 가장 거룩한 하나님께서 가장 세속적인 곳에 있는 사람들을 찾아오셨고 복음을 증거하셨다.

몇 년 전 홍대 앞에 교회를 개척했던 한 젊은 목사님을 만났을 때다. 다음 세대에 대한 뜨거운 비전 때문에 대형 교회 사역을 내려놓고 교회 개척을 시작했다. 그렇지만 사역이 뜻대로 되지 않았다. 기존 교회에서 성공했던 방식들이 개척교회에서는 전혀 통하지 않았던 것이다. 그가 할 수 있는 일은 찾아오지 않는 이들을 찾아가는 것뿐이었다. 밤이면 클럽에 입장하기 위해 긴 줄을 서 있는 청년들, 새벽이면 술에 취해 공허감과 허탈감에 거리를 헤매고 있는 이들에게 따뜻한 차를 대접하고 라면을 끓여주며 만남을 이어갔다. 그것이 접촉점이 됐다. 만남이 지속되면서 그들의 마음이 열리고 대화가 시작되었다. 그들 가운데 갈 곳 없는 몇몇을 위해 함께 거할 수 있는 공간을 마련하고 함께 살면서 복음을 전했다. 그러자 그 안에서 기적이 발생했다. 복음을 받아들이고 예수를 위해 목숨을 거는 젊은이들이 생겼다. 그들이 선교사가 된 것이다. 바로 이 지점에서 중요한 사역의 원리를 발견한다.

1) Understand

다음 세대의 문화로 들어간다는 것은 그들을 찾아 가르쳐 무언가를 교정하기 위함이 아니다. 대신 그들을 이해하고 배우는 것이 먼저다. 10대 사역 전문가인 이튼(David Eaton)과 콜리한(Jeremiah Callihan)은 '컨트롤을 하지 못하고 있다고 느낄 때가 신뢰를 얻을 수 있는 때'라고 말한다.[4] 컨트롤에 대한 유혹을 내려놓아야 한다. 그들이 필요로 하는 것은 정보가 아니다. 앞서 언급한 것처럼, 이들은 앞선 그 어느 세대보다 많은 정보에 노출되어 있다. 몇 번의 클릭을 통해 모든 것을 얻을 수 있다. 오늘날 전 세계 IT 산업을 이끌어 가고 있는 미국의 실리콘 밸리의 기업들을 생각해 보라. 최고의 기술과 지식을 가져

---

4) David Eaton & Jeremiah Callihan, *Engaging Your Teen's World*, (Minneapolis, MN: Bethany House, 2020), p. 31.

야만 입사할 수 있는 이들 기업에 취직하는 인재 가운데 절반 가까이가 대학을 나오지 않은 고졸 학력자들이다. 과거 대학에 가야만 얻을 수 있었던 지식과 기술을 스스로 습득할 수 있는 시대를 젊은이들은 살고 있다. 그런 세상을 살아가는 이들을 기성세대의 지식과 정보로 컨트롤 할 수 있는 때는 지났다.

다음 세대를 이해하기 위한 핵심은 듣는 것(listening)과 연결된다. 다음 세대 전문가들은 한결같이 듣고 배우려는 태도가 문제를 해결하는 시작점이 될 수 있다고 말한다. 듣는 태도는 배움과 존중을 포함한다. 거기에서 새로운 접촉점이 열린다.

팬데믹 시대가 지속 되면서 다음 세대를 위한 사역이 과거와 같이 이뤄지지 않게 되자 필자가 다니고 있던 교회에서도 몇 가지 특별 기획을 하게 되었다. 그중의 하나가 자녀들을 배우는 시간을 가져 보자는 것이었다. 교회학교부터 고등학생들까지 동일한 질문을 주고 그들의 생각을 모았다. 부모에 대해, 교회에 대해, 신앙과 가치에 대해, 꿈에 대해 질문을 하고 그 대답을 모은 영상을 성도들과 공유했다. 그때 알게 되었다. 우리가 다음 세대를 너무 모르고 있었다는 사실을 말이다. 그들의 고민과 아픔뿐 아니라 부모와 교회에 대해 어떤 사랑과 애정을 가졌는지도 알게 됐다. 그동안 우리가 얼마나 표면적으로 아이들을 바라봐 왔는지, 얼마나 많은 오해를 하고 있었는지, 왜 그런 행동을 했었는지도 알 수 있었다. 어떻게 그들과 연결되고 관계를 형성해야 할지, 어떻게 소통할 수 있을지 고민하게 되었다.

이해하려고 노력하는 만큼 그들을 향한 우리의 사랑도 분명히 전달될 수 있다. 맥도웰(Sean McDowell)과 월리스(J. Warner Wallace)는 다음 세대의 문화적 특성을 다음과 같이 요약해 정리했다.

- 그들은 디지털 네이티브이다.
- 그들은 리서처(researcher)들이다.
- 그들은 비주얼 멀티태스커(Visual multitaskers)들이다.
- 그들은 참을성이 약하다.
- 그들은 인종적으로 다양하고 열려 있다.
- 그들은 삶에 대한 경계와 가치가 모호하고 유동적이다.
- 그들은 사회 정의에 민감하다.
- 그들은 실용적이다.
- 그들은 삶의 걱정과 근심, 두려움에 압도됨을 느낀다.
- 그들은 외롭다.
- 그들은 개인적이다.
- 그들은 투명성(transparency)을 추구한다.
- 그들은 종교와 멀어지고 있다.

이러한 특징을 하나하나 곱씹을 필요가 있다. 본 내용을 면밀히 들여다보면 다음 세대에 대한 차이와 더불어 접촉의 가능성도 배울 수 있다. 스마트폰과 소셜 미디어로 익숙해진 삶의 환경 속에서 스피드와 편리를 추구할 수밖에 없게 된 이유도, 즉각적인 반응에 익숙해지면서 인내력이 약해진 배경도 알게 됐다. 디지털 기술의 발전에 의해 전통적인 영역의 경계가 허물어지자 개인과 공적 영역, 가정과 일, 성(sex)의 정체성에 대한 의식과 경계도 모호해지고 있다. 또 이런 문화는 다양한 인종과 성별, 계층에 대한 평등과 정의에 대한 가치를 고취 시켰다. 급격한 문화 변동과 개인주의적 삶은 이들로 하여금 그 어느 세대보다 큰 두려움을 갖게 했고 외로움을 증가시켰다. 누구를 믿어야 할지 불분명해진 시대에 진정한 관계에 대한 갈망은 더욱 커지고 투명성에 대한 가치 또

한 증폭했다.[5]

무엇을 발견하는가? 다르지만 완전히 다르지 않다. 이 짧은 묘사를 통해서도 우리는 동질성과 연민을 느낀다. 알고 이해하는 만큼 더 깊이 사랑할 수 있다. 그동안 우리의 사역이 피상적일 수밖에 없었던 이유가 있다면 그들을 그만큼 알지 못했기 때문일 것이다.

2) Connect

복음은 지식이 아닌 관계를 통해 전달된다. 특히 다음 세대 사역은 더 그렇다. 이 세대가 가진 특성과 문화는 복음과 대립하는 것처럼 보이지만 이들이 그 누구보다 진정한 관계에 목말라 한다는 점에서 복음은 여전히 가능성을 가진다. 교회를 떠나는 미국의 젊은이들이 하는 말이 있다. "This is not my church, but my parents church." 만약 교회에 대한 소속감이 없다면 당연히 머물 이유도 사라진다. 젊은이들이 열광하는 교회들을 가보라. 많은 교회가 "Welcome Home"이라는 표어를 쓴다. 교회의 가치가 '가족(family)' 됨에 있고 이것을 실현하려 애쓴다. 누구에게나 열려 있되 그 안에 그들을 포용하고 사랑과 섬김을 경험할 수 있는 공동체가 있다면 교회의 미래는 달라질 것이다.

미국 시애틀에서 시작해서 지금은 온라인 교회로 전 세계 젊은이들에게 영향을 미치고 있는 'Churchome'의 경우를 보자. 처음 Churchome이라는 앱(app)을 만들고 온라인 교회로 전환을 시도했을 때만 해도 사람들은 그것이 미칠 파

---

5) Sean McDowell & J. Warner Wallace, *So the Next Generation Will Know*, (Colorado Springs, CO: David C. Cook, 2019), pp. 47–62.

동과 영향력을 가늠하지 못했다. 이들은 어떻게 앱을 통해 온라인 교회를 만들고 사역을 시작하게 되었을까? 그것은 이해와 관찰의 결과다. 이들은 처음부터 다음 세대에 초점을 맞춘 사역을 해 오면서 문화가 어떻게 바뀌고 있는지를 보았다. 오늘의 젊은이들은 디지털을 통해 먼저 관계를 형성하고 발전시킨다. 그들에게 복음을 전하기 위해서는 교회가 디지털 세계로 진입해서 연결되어야 한다. 그래서 그들은 과감하게 교회를 건물에서 스마트폰으로 옮기는 시도를 했다. 언제(Any time) 어디서든지(Any place) 영적으로 연결되고 성장할 수 있는 공간을 만들었다. 매일 업데이트 되는 기도와 묵상 콘텐츠, 서로 기도를 요청하고 중보할 수 있는 환경, 자발적으로 소그룹을 형성하고 참여할 수 있는 커뮤니티 기능 등이 추가되었다. 그리고 여기에 한 번의 클릭을 통해 목회자들과 연결되어 대화와 상담을 하고 기도를 받을 수 있는 시스템도 구축했다. 나아가 찾아온 이들에게 지속적인 정보를 보내고 이벤트에 초청하는 등 함께하려는 노력을 멈추지 않았다.

연결이 중요하다. 그들은 SNS를 통해 자신의 가장 행복하고 자랑스러운 모습을 보여 주기에 급급하지만, 그 속에서도 상대적인 열등감과 박탈감을 느끼고 외로워한다. 어릴 때부터 위태로운 부모와 깨어진 가정에서 태어나 치열한 경쟁 속에 내몰린 세대, 남들보다 앞서지 않으면 도태될 수밖에 없고 친구들 사이에서도 소외되지 않기 위해 몸부림치는 세대의 아픔과 고통을 품고 나아가야 한다. '나는 누구인가?', '나는 어디에 속해야 하는가?', '나의 삶의 궁극적 목적과 의미는 무엇인가?' 이러한 존재론적 질문에 교회는 대답을 줄 수 있어야 한다.

여기서 우리는 매우 중요한 사역 원리를 발견하게 된다. 다음 세대를 위해 무엇을 바꾸어야 하는가? 먼저 우리가 바뀌어야 한다. 다음 세대 사역은 인격과 인격이 연결되어 만나는 관계를 통해 이뤄진다. 그들의 문화를 정죄하지 않으며 그들을 있는 그대로 받아들일 수 있어야 한다. 그들을 진정으로 사랑하고 관심을 기울이며, 그들의 이야기를 듣고 나눌 수 있는 관계 형성이 먼저다. 그것이 실마리이다. 그것을 표현할 수 있는 사역 구조를 만들어야 한다. 프로그램과 이벤트 역시 바로 이러한 맥락에서 이뤄져야 한다. 그들을 너무나 사랑하기 때문에, 가장 선하고 좋은 것을 전하고 싶기 때문에 그들의 언어와 문화를 통해 연결되고 전달하려는 노력이 우선되어야 한다. 사랑의 공동체, 포용의 공동체, 그것을 이뤄가기 위한 교회의 진심이 전달될 때 통로는 열린다.

3) Equip

다음 세대를 향한 사역은 분명한 정체성과 소속, 그리고 세상 속에서 자신의 사명을 인식하며 살아 내는 크리스천을 양성할 수 있는가와 직결된다. 안타깝게도 오늘날 많은 교회와 크리스천 가정은 다음 세대의 신앙을 어떻게 유지하고 제자화 할지에 대한 길을 잃어버렸다. 2018년에 있었던 바나 리서치 결과를 주목해 볼 필요가 있다. 어릴 때부터 크리스천 가정에서 자란 18-29세를 대상으로 한 조사에 의하면 22%가 비신자, 30%는 노마드(nomads), 38%는 습관적인 성도, 10%가 헌신 된 제자로 나타났다.

50% 이상은 교회나 신앙을 떠났고, 38%는 한 달에 한 번 정도 교회를 다니지만 제자와는 먼 신앙생활을 하고 있고, 오직 10% 정도만이 성경과 신앙에 대한 신념과 활동을 하고 있었다. 그런데 본 연구는 다른 여타 연구들과 달리 헌신 된 제자로 살게 된 10%에 초점을 맞춰 교회가 어떻게 이런 성도들을 만들어 낼 수 있을지를 심층적으로 다뤘다. 놀랍게도 10%에 속하는 젊은 크리스천들은 자신의 영적 생활뿐 아니라 성경적 세계관을 통한 문화적 분별력, 신앙 공동체에 대한 소속감과 의미 있는 관계 형성, 직업과 소명, 그리스도의 복음을 전하는 선교적 삶 등 모든 면에서 80-90%의 만족도를 나타냈다. 똑같은 신앙생활을 하면서도 이들의 삶은 달랐다. 무엇이 이런 차이를 나타내는 것일까? 교회가 어디에 초점을 맞춰 사역할 때 이런 그리스도인들이 형성되는 것일까? 조사 결과, 그들이 소속되었던 교회 공동체에는 다음과 같은 실천 원리가 존재하고 있었다.

① 예수님과의 친밀감을 형성하는 영성과 분위기
② 복잡하고 두려움이 많은 시대에 문화적 분별력을 형성시키는 근육 형성
③ 고독과 불신의 시대, 의미 있는 세대 간의 관계와 멘토링
④ 직업적 소명과 제자도에 대한 강조
⑤ 대항 문화적 선교(Countercultural mission)에 참여하는 헌신[6]

우리 교회의 다음 세대 사역은 위와 같은 조항에 부합한 사역을 하고 있는가? 교회 안에서 드려지는 예배와 의식 속에서 예수님을 깊이 만나는 친밀감이 형성되며 세상 문화를 향한 성경적 세계관과 분별력을 심어 주고 있는가? 다음

---

6) Kinnaman & Matlock, pp. 28-37.

세대를 사랑하고 돕는 멘토가 있고 세상에서 어떻게 살아야 하는지를 보여 주는 롤 모델이 있는가? 소명 의식을 심어주고 제자로서의 삶을 가르치며 선교사로 살아갈 훈련을 하고 있는가? 위와 같은 의식과 습관, 비전이 형성된 이들은 거친 세상의 도전 속에서도 흔들리지 않고 더 깊은 신앙인으로 살아갈 수 있다. 따라서 다음 세대를 주님의 제자로 세워나가기 위해서는 사역의 방향과 목적이 분명해야 한다. 예배가 라이프스타일이 되고 예수님과의 관계가 깊어질 수 있도록 도와야 한다. 성경 말씀이 일상의 삶과 깊은 연관을 맺으며 거기서 발견되는 지혜와 진리가 세속적인 삶의 영역에 적용될 수 있어야 한다. 교회에 대한 사랑과 소속감을 느끼며 나아가 영적 성장에 영향을 줄 수 있는 롤 모델과 멘토가 필요하다. 하나님께서 각자에게 주신 독특한 은사를 발견할 수 있도록 돕고 직업을 통해 하나님의 영광을 드러낼 수 있어야 한다. 세상 한복판에서 신앙적 신념을 드러내고 자신의 말과 행동을 통해 예수님을 전할 수 있는 사람이 되도록 훈련해야 한다.

지난 70년간 어린이와 청소년 사역을 전문적으로 해 왔던 단체 어와나(Awana)에서 1,000명 이상의 개별 조사를 했던 벨(Valerie Bell) 역시 다음 세대 사역에 대한 핵심 요소를 비슷한 관점에서 주장했다.

· Belong: 사랑과 돌봄을 제공하는 어른들이 이끄는 고도의 관계적인 사역

- Believe: 복음의 능력과 하나님 말씀의 진리에 깊이 뿌리를 내린 성경적 사역
- Become: 신앙 기반 생활의 실제 적용이 가능하도록 디자인된 체험적 사역[7]

전통적으로 기독교 신앙은 '소속 이전에 믿음(Believing before belonging)'을 강조해 왔었다. 그러나 포스트모던 시대에 접어들어서는 그 순서가 바뀌었다. 이 시대의 문화는 '믿음 이전에 소속(Belonging before believing)'을 중시할 뿐만 아니라 실생활에 적용되는 것을 가치 있게 여긴다. 그런 차원에서 다음 세대를 준비시키고 훈련하는 방법은 개별적이며 인격적 관계를 기초로 한다. 과거와 같이 클래스 룸에서 정보를 전달하는 차원의 교육은 더 이상 감동도 변화도 일으키지 못한다. 그들을 진정으로 사랑하고 돌보는 공동체가 필요하다. 그 안에 실제로 사랑을 베풀고 관심을 기울여 주는 누군가가 필요하다. 삶의 롤 모델이 있어야 한다. 그것이 좋은 프로그램보다 앞서 필요한 요소다.

플로리다 올랜도에 있는 한인 교회에 갔을 때다. 이 교회는 성인들이 약 300명 정도 모이는 공동체였는데, 놀랍게도 다음 세대가 장년보다 더 많은 450명이 모이고 있었다. 사실 미국에서는 이런 교회를 찾아보기가 극히 어려울 뿐 아니라 사회 구조상 불가능에 가깝다. 이 교회가 신기하게 느껴졌다. 그런데 현장에 가 보니 궁금증이 풀렸다. 모든 성도가 가족이나 다름없었다. 어른들이 뛰어다니는 아이들의 이름을 부르고, 머리를 쓰다듬어 주고, 안부를 묻는 모습이 자연스러웠다. 자녀들도 함께 모이는 주중 소그룹 모임에는 가장 먼저 아이들을 품에 안고 기도와 축복을 해 준다. 이후 함께 식사를 하고, 그들의 찬양과 신앙고백을 듣고 아이들은 아이들대로, 어른들은 어른들 대로 모여 삶과 말씀을 나누고 기도를 한다. 모두가 부모요 모두가 교사처럼 움직이다 보니, 대

---

7) Valerie Bell, *Resilient*, (Marceline, MO: Walsworth Publishing Company), pp. 168-169.

학 공부를 하기 위해 집을 떠났던 자녀들도 학업을 마치고 나면, 다시 본 교회로 돌아오는 일이 발생했다. 어디를 가도 자신의 교회만큼 따뜻하고 인격적으로 대해 주는 공동체를 만나지 못했기 때문이다.

오늘날 다음 세대 사역을 이야기하면서 그 대안으로 가정과의 협업을 중요시한다. 교회 혼자의 힘으로는 다음 세대를 이끌어 갈 수 없다는 사실을 이제야 발견한 것이다. 그러나 '어떻게'라는 부분에서 고민이 깊어진다. 가정이 흔들리고 깨어지고 있는 상황에서 협업이 이뤄질 수 있을까? 부모 역시 신앙적 도전을 받는 상황에서 자녀 교육이 제대로 이뤄질 수 있을까? 현실적인 문제는 굉장히 많다. 그러나 그럼에도 불구하고 그 원리는 옳다. 그렇기 때문에 교회의 사역이 달라져야 한다. 장년 사역과 다음 세대 사역을 분리해서 생각해 왔던 방식을 바꾸어야 한다. 다음 세대를 한 몸으로 여기고 한 공동체를 세워가는 측면에서 사역이 이뤄져야 한다. 성인을 교육하는 것이 다음 세대를 위한 것이어야 하고, 이해하고 연결되어 사랑의 공동체가 형성되어야 한다. 그러므로 교회는 작은 공동체로 재편되어야 한다. 많은 사람이 모이는 큰 교회라 할지라도 교회를 유지하는 단위는 소규모 공동체로 움직여야 한다. 그 안에서 전인적 만남과 교육이 이뤄져야 한다. 다음 세대를 품고 사랑하고 세워가는 공동체적 노력이 필요하다.

≫ 나가는 말

팬데믹 이후의 다음 세대 사역을 고민하다 보니 구체적인 방법론보다 원리에 집중하게 되었다. 팬데믹 시대를 통과하면서 얼마나 많은 교회와 사역자들이 다음 세대를 위해 노력하고 있는지 우리는 알고 있다. 갑작스럽게 변해버린 상황 속에서 한 영혼이라도 잃어버리지 않기 위해 온라인 예배를 만들고, 줌(Zoom) 미팅을 하고, 집으로 학원으로 찾아가 선물을 전달하고 기도를 해 주는 신실한 모습도 볼 수 있었다. 팬데믹 상황이 많은 교회로 하여금 어쩔 수 없이 새로운 시대에 적응하고 나아가 더 창의적인 사역을 시도하게 만들었다.

위기는 새로운 모험과 도전을 통해 돌파된다. 그런 맥락에서 이 위기는 변화를 위한 변곡점이 될 기회임을 기억하자. 동시에 크고 거대하게 보이는 엄청난 장벽을 앞에 두고 절망하지 않기를 바란다. 지금 우리가 할 수 있는 가장 적극적이고 분명한 사역은 그들을 진정으로 사랑하고 품어 그리스도의 사랑과 연결하는 일이다. 그것을 위해 시도할 수 있는 하나를 시작하는 일이 중요하다. 그들을 진정으로 이해하고 서로 연결되어 그리스도의 복음으로 세상을 살아가며, 나아가 그들이 세상을 변화시키는 사명자로 설 수 있도록 돕는 일이 바로 다음 세대를 향한 교회의 과업이며 사명이다.

다음 세대는 우리가 알지 못하는 엄청난 잠재력과 가능성을 가진 세대다. 그들이 다시 복음으로 돌아와 헌신하기 시작할 때 선교의 방법 역시 혁신적 변화를 이룰 것이다. 이를 위해 더 작고, 더 본질적이고, 더 관계적이고, 더 영적이고, 더 참여적이고, 더 디지털적이며, 더 네트워크화되며, 더 창의적인 사역을 시도하기 바란다. 하나님께서 교회를 사랑하시고 다음 세대를 통해 그 남겨진 사명을 이뤄 가기 원하시기에 그 소망을 붙잡고 변화와 갱신을 이루는 혁신적 사역이 이뤄지기를 간절히 소망해 본다.

Key point

1. 다음 세대와 교회의 위기

미래학자 최윤식과 최현식은 교회가 직면할 미래를 '붕괴'라는 말로 표현했다. 그들은 다양한 사회학적 데이터 분석을 기반으로 1990년대 후반부터 시작된 교회의 쇠퇴가 2028년이 되면 본격화될 것이라고 예상했다. 2050년이 되면 한국 교회의 절반이 사라질 수도 있다는 시나리오다.

2. 다음 세대가 교회를 떠나는 원인

오늘날 젊은 세대들은 '디지털 네이티브(Digital natives)'이다. 급속한 기술 문명의 발전을 누리며 살아가고 있지만, 그 어느 때보다 큰 혼란과 불안을 느끼는 세대이다. 삶에 대한 다음 세대의 본질적 질문 앞에서 과연 교회는 그들이 이해할 만한 대답과 응답을 주고 있는가?

3. New Start

지난 10년이 넘는 기간 동안 북미 지역에서 새롭게 부상하고 있는 젊은 교회들을 연구해 오면서 배우게 된 것 중 하나는 젊은이들은 단순하고 유기적이며 분명한 사명을 실천하는 교회에 모인다는 사실이었다.
"교회가 숨 쉬고 있는가. 예배에 살아있는 영성이 느껴지는가. 진정한 공동체가 존재하는가. 리더가 닮고 싶은 사람인가. 메시지와 삶이 연관성이 있는가. 이 교회에 들어오면 정말 사람이 바뀌는가. 세상에 없는 가치가 발견되고 삶을 던져도 아깝지 않을 만큼의 비전과 활동이 있는가. 재미(fun)가 있고, 친구(friends)가 있고, 가치(favorite)가 있는가?"

4. 다음 세대를 위한 헌신

젊은이들이 모여들고 살아 움직이는 교회들을 보라. 그곳에는 한결같이 다음 세대에 목숨을 건 헌신자들이 있다.

5. 그들 속으로(Into their culture)

복음은 지식이 아닌 관계를 통해 전달된다. 사랑의 공동체, 포용의 공동체, 그것을 이뤄가기 위한 교회의 진심이 전달될 때 통로는 열린다. 그리고 교회는 작은 공동체로 재편되어야 한다. 많은 사람이 모이는 큰 교회라 할지라도 교회를 유지하는 단위는 소규모 공동체로 움직여야 한다. 그 안에서 전인적 만남과 교육이 이뤄져야 한다. 다음 세대를 품고 사랑하고 세워가는 공동체적 노력이 필요하다.

6. 나가는 말

다음 세대가 진정으로 이해하고 서로 연결되어 그리스도의 복음으로 세상을 살아가며, 나아가 세상을 변화시키는 사명자로 설 수 있도록 돕는 일이 바로 다음 세대를 향한 교회의 과업이며 사명이다.

Think point

미 서부 지역에서 다음 세대 사역으로 유명한 마리너스처치(Mariners Church)에 갔을 때다. 넓은 캠퍼스 사이로 세워진 아름다운 여러 건물 중 가장 눈에 띄는 것은 단연 교육부 관련 시설이었다. 어린아이들로부터 청소년들까지 각 세대에 맞는 공간과 구조를 갖춘 모습이 부럽기만 했다. 예배를 마치자 당시 어려서 영어가 서툴렀던 둘째 아이가 말했다. "아빠, 우리 다음 주에 이 교회 또 오면 안 돼요?"

마리너스처치는 처음부터 다음 세대 사역에 초점이 맞춰진 교회로 유명했다. 교회가 급성장할 때 본당보다 다음 세대 시설을 먼저 짓고 그들에게 최적화된 사역을 실시했고 지금까지도 그 열심은 지속되고 있다. 몇십 년이 지났지만 여전히 교회는 아이들과 젊은 세대로 북적인다.

기술의 혁신이 일어나고 문화가 바뀌어도 다음 세대의 원리는 동일하다. 그들을 향한 관심과 사랑이 모든 것을 결정한다. 현대 교회를 보면서 안타까울 수밖에 없는 이유가 여기에 있다. 다음 세대의 중요성을 외치지만 정말 그들을 위해 최선을 다하고 있는지 점검해야 한다.

본 글에서 나타났듯이 다음 세대 사역은 앞으로 더 많은 어려움에 직면할 것이다. 다음 세대는 선교지가 된 지 오래되었다. 이제 교회는 정신을 차려야 한다. 기존의 방식으로는 불가능하다. 그들에게서 듣고 배워 복음을 전할 수 있는 방안을 찾아야 한다. 이들이 하나님 나라의 미래이기에, 교회와 가정이 손을 맞잡고 사역자와 교사 부모가 함께 고민하며 다음 세대를 위한 공동체를 세워야 한다. 형태는 달라도, 좋은 시설과 건물이 없어도, 그것이 있다면 다음 세대는 기성세대를 존경하고 그들의 신앙 유산을 받게 들이게 된다. 우리 교회의 다음 세대는 희망이 있는가. 다음 세대와 함께 하는 꿈을 꾸고 그들로 인해 일어날 부흥을 기대할 수 있기를 바란다.

Discussion

1. 우리 교회의 다음 세대의 현실을 냉정하게 진단해 보고 문제점과 개선점을 찾아보라.

2. 다음 세대 문화를 이해하고 그들과 연결되기 위해 교회가 실시했던 노력과 열매는 무엇이었는가? 그 과정에서 배운 점은 무엇인가?

3. 다음 세대 사역에 대한 청사진을 그려보라. 그들을 어떻게 훈련하고 준비 시켜 세상에 내보낼 수 있을지 구체적인 방안을 제시해 보라.

09
Kevin Lee

미국 바이올라대학교와 탈봇신학대학원
(M.Div.)를 졸업한 Kevin Lee 목사는 현
재 새들백교회 온라인 담당 목사로 사
역하고 있으며, 유튜브 채널 〈미국목사
케빈〉을 운영 중이다. 저서로는 『온라
인 사역을 부탁해』가 있으며, America
Evangelical University(미성대학교)에서
Adjunct Professor를 맡고 있다.

https://saddleback.com/

*유튜브 〈미국목사케빈〉

온라인
사역 전략:
새들백교회를
중심으로

Kevin Lee 케빈 리 **목사**
(Saddleback Church 온라인 담당 목사)

세계 최초로 인터넷에 등장한 미국의 새들백교회. "현재 사람들은 어디에 모여 있는가?"를 고민하던 새들백교회는 1992년 '인터넷'이라는 장소를 찾아냈고, 그렇게 온라인 사역을 시작했다. 도전을 두려워하지 않는 목회자의 마인드와 새들백교회의 온라인 사역 전략과 현황을 살펴보면, 분명 오늘날 한국 교회가 벤치마킹해야할 사역과 비전을 발견할 수 있을 것이다.

온라인 사역 전략:
새들백교회를 중심으로

필자는 한국에서 태어나 11살 때 가족과 함께 LA 지역으로 도미해서 이민 생활을 했다. 사춘기를 지날 즈음에 언어도 통하지 않고, 문화도 전혀 다른 나에게 유일하게 휴식처가 된 곳은 한인 교회였다. 그렇게 학교보다 교회를 열심히 다니다가 수련회에서 예수님을 뜨겁게 만난 후, 평생 하나님의 사랑을 나누며 살겠다고 작정하고 헌신하게 되었다. 그렇게 중학교, 고등학교 생활을 마친 후 Biola University 성경·신학과에 입학했고, 자라온 교회에서 간사로 사역할 수 있었다. 졸업할 즈음 하나님께서는 나를 한 개척교회의 청소년부로 옮기셨고, 그곳에서 2년 반 정도 사역했다. 그 후 하나님께서 생각지도 못했던 새들백교회에서 인턴십을 하게 하셨고, 인턴십을 마친 후에 온라인 사역 담당으로 정식 사역자가 되었다.

현재 미국 교회에서 사역하고 있지만, 이민 교회에서 자랐기 때문에 필자는 한국 교회에 대한 사랑과 관심이 많다. 현재 미국 교회를 섬기다 보니, 감사하게도 한국 교회와 많이 연결되었다. 자연스럽게 협력하고 섬길 수 있는 기회가 많아졌고, 여러 강의와 세미나를 인도하며 한국 교회의 현주소와 필요를 알게 되었다.

>>> 내부자의 관점에서 본 새들백교회

올해 40주년을 맞이한 새들백교회는 미국뿐만 아니라 세계에 있는 수많은 교회에 영향을 주고 있는 교회이다. 2018년 새들백교회의 정식 교역자가 되고 보니 그 영향력이 더 크게 느껴졌다. 미국의 목회자(America's Pastor)라는 별명을 갖고 있는 릭 워렌(Rick Warren) 목사의 영향력과 그의 비전은 새들백교회뿐만 아니라 미국 전역의 수많은 교회를 움직이는 동력이 되었다. 새들백교회에서 배운 보석같이 귀한 교훈이 많지만, 그중에서 몇 가지를 나누려 한다.

첫 번째, 새들백교회가 오랜 시간 영향력 있는 교회가 될 수 있었던 핵심 이유는 담임목회자의 역할이다. 잘 알려진 바와 같이 릭 워렌은 하나님께 평생 한 교회만 섬길 수 있다면 교회를 개척하겠다고 기도했다. 그리고 확실한 응답을 받고 그 당시 미국에서 가장 빠른 속도로 성장하고 있던 오렌지 카운티(Orange County, CA) 지역에 와서 새들백교회를 개척했다. 그렇게 40년 동안 한 교회를 섬기면서 릭 워렌 역시 많은 어려움을 통과해야만 했다. 공격하는 사람도 많았고, 배신하는 사람도 많았으며, 그에 대한 오해는 지금까지도 많다. 그러나 그는 수많은 고통과 어려움을 겪으면서도 굳건히 교회를 세워왔다. 많은 사람은 릭 워렌 목사가 다른 사람보다 탁월한 재능과 능력이 많은 사람이라고 생각할 것이다. 나 또한 그렇게 생각했다. 하지만, 직접 경험하고 오랫동안 교회의 역사를 보니 릭 워렌은 많은 것을 다 잘한다기보다 정말 중요한 것들에 집중해 탁월하게 해내는 유형이었다. 그의 이념과 가치, 사역의 원리는 저서 『목적이 이끄는 삶』에 잘 나와 있다. 대부분 『목적이 이끄는 삶』이 그냥 좋은 글을 담은 베스트셀러인 줄 알지만, 이 책은 새들백교회가 40년 동안 집중해 온 교회의 DNA다. 아무리 좋은 아이디어가 있어도 대계명과 대사명에 나오는 5가지 목적에 속한 것이 아니라면 릭 워렌 목사는 "No"라고 대답했다. 큰 교회 목사라면 다재다능해야 한다고 생각하고 있었던 나에게 그는 그렇지 않아도 됨을 보여 주었다. 그는 교회의 목적을 정확하게 정의하고 40년 동안 집중해 왔다. 매년 교역자들은 교회의 비전인 '목적이 이끄는 교회'의 패러다임을 숙고하고, 성도들과 함께 여러 차례 이야기를 나누며, 오랜 시간 동안 다른 교회에게 전수하는 콘퍼런스를 열었다. 그 결과 릭 워렌 목사가 '목적이 이끄는 교회'에 대해서 이야기를 하면 동역자들은 서로를 쳐다보며 '또 저 얘기 하신다'라는 눈빛을 나눌 정도이다.

두 번째 핵심은 새들백교회는 변화를 두려워하지 않는 교회라는 것이다.

첫 번째 핵심과 반대되는 말 같지만, 그렇지 않다. 교회의 목적이 정확히 세워진 이후에는 그 안에서 창의성을 요구한다. 예배는 교회의 다섯 가지 목적 중 하나이다. 이것은 절대 변하지 않을 것이다. 하지만 예배를 드리는 방법은 계속해서 바뀌어 갈 것이라는 것을 알고 변화를 두려워하지 않으며 도전한다. 찬양의 장르가 벌써 여러 번 바뀌었고, 예배의 순서도 바뀌었으며, 설교 전달 방법도 여러 차례 바뀌었을 것이다. 내가 인턴십을 시작했을 때 인턴십 코디네이터(coordinator)가 여러 가지 과제를 줬는데, 그중 단연 기억나는 것이 있다.

"Hey Kevin, make one mistake a week."

일주일에 한 번은 실수를 하라는 것이다. 이 말에는 일을 대충 처리하여 실수해도 된다는 말이 아니라, 실수할 수밖에 없는 낯설고 새로운 일에 도전하라는 의미였다. 처음에는 환경이 새로워 실수투성이였지만, 금방 적응한 후에는 안전지대만을 찾는 나 자신을 발견했다. 하지만 그때마다 코디네이터는 나에게 물어봤다.

"What new mistake did you make this week?"

"이번 주는 어떤 새로운 실수를 했니?" 이 질문에 대답하기 위해서라도 새로운 것에 도전하려고 했다. 새롭게 도전하고 변화를 두려워하지 않는 문화에서 한 교회가 40년 동안 사역해오니 아마 온라인 사역 또한 그 누구보다 먼저 할 수 있었다. 현재 3,000여 개의 온라인 캠퍼스 소그룹이 있는데, 그 발판이 되었다고 할 수 있다.

≫ 현 미국 교회 온라인 사역 흐름과 특징

현재 미국 교회 온라인 사역은 크게 두 줄기가 있다.

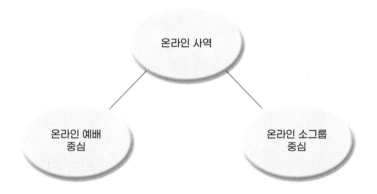

'온라인 예배'를 중심으로 돌아가는 온라인 사역은, 온라인 예배에 참여하는 예배자를 위한 것이다. 예배 중에 채팅이 가능하고, 사회자와 소통이 가능하며, 온라인 헌금을 즉시 드릴 수 있다. 예배를 통해 예수님을 영접하기로 결심을 하면 바로 교역자에게 알려서 도울 수 있게 했다. 온라인 예배를 중심으로 하는 온라인 사역팀의 교직원 구성을 보면, 담임목사, 부목사, Communication pastor, Production pastor, Event coordinator, Volunteer pastor 등 말 그대로 온라인 예배를 잘 드릴 수 있게 맞추어진 구조로 되어 있다.

그와 다른 줄기를 형성하는 한 가지, '온라인 소그룹'을 중심으로 하는 사역은 온라인으로 교회를 찾는 사람을 대상으로 공동체를 형성하는 것을 목적으로 한다. 물론 온라인 예배를 통해 가장 많은 사람이 오지만, 그 사람들에게 영적인 다음 단계(Spiritual next step)를 제공하는 것이 온라인 소그룹인 것이다. 온라인 소그룹이 중심으로 된 교회의 교직원의 구성을 보면 Lead pastor, Small group pastor, Small group coordinator, Community coordinator 등이 있다. 이처럼 공동체를 세우는 것을 우선으로 한다. 새들백교회가 온라인 소그룹을 중심으로 한 온라인 사역의 좋은 모델인데 새들백교회의 온라인 전략, 예배, 소그룹, 훈련, 그 이외 사역들을 어떻게 진행하고 있는지 살펴보자.

≫ 새들백교회 온라인 사역의 시작

새들백교회 온라인 사역은 담임목사인 릭 워렌 목사의 위대한 선견지명으로 시작되었다. 새들백교회는 Internet Explorer 혹은 Netscape가 만들어지기 전인 1992년 인터넷에 처음 등장했다. 당시 최초로 인터넷에 가입한 교회였다고 한다. 이후 2009년에 온라인 녹화 예배를 시작했고, 2011년에 온라인 생방송을 시작했으며 2013년에는 첫 온라인 소그룹이 시작되었다. 이렇게 새로운 온라인 사역이 시작될 때마다 릭 워렌 목사가 교직원들과 함께 물었던 질문은 이것이었다. "현재 사람들은 어디에 모여 있는가?" 이 질문의 답은 1992년부터 현재까지 '인터넷'이다. 교회는 사람이 모인 곳에 세워지는 것이고 예수님은 사람들을 찾아다니시며 사역을 하셨다. 현재 인터넷이라는 곳은(가상으로 모인 곳이지만) 교회가 세워져야 하고 그의 사역이 넘쳐나야 할 곳이다. 코로나19를 교회의 위기가 아닌 기회라고 생각했을 때 우리는 온라인을 통해 가능한 사역의 모습을 제한 없이 상상하고 전략을 세워나갈 수 있을 것이다.

온라인 사역은 코로나19로 인해 언젠가는 다가올 미래 교회의 모습과 사역이 가속화된 대표적인 사례일 것이다. 함께 모이는 것이 본질인 교회는 대면으로 모이지 못하는 시대에 비로소 이미 모여 있던 온라인 세계로 눈을 돌렸고 많은 교회가 온라인 예배를 실시하였다. 예배는 교회의 본질적인 사역이기 때문에, 비대면 상황 속에서 온라인으로 예배를 드릴 수 있는 방법을 찾았지만, 그 외 사역을 온라인으로 어떻게 진행할지는 풀어야 할 과제이다.

≫ 온라인 사역의 전략

교회를 위한 온라인 사역 전략을 세우기 위해서는 그의 목적과 역할을 정의할 필요가 있다. 온라인 사역의 목적은 이 세상 모든 교회의 목적과 다르지 않다. 바로 영혼구원이다. 이 목적은 예수님이 이 세상에 오신 목적이다(마 20:28). 많은 사람은 온라인 사역의 목적은 교회의 목적과 다르다고 생각하지만 그렇지 않다. 온라인 전략은 교회를 위한 전략이다. 그렇기 때문에 교회의 목적인 영혼구원과 구원받은 영혼의 영적 성숙이 곧 온라인 사역의 목적이다.

한 영혼의 신앙 여정을 그림으로 한번 그려보자.

물론 이 그림으로 그 여정을 다 표기하기는 어렵지만 대체로 이러한 모습을 띄고 있을 것이다. 그렇다면 우리가 먼저 생각해봐야 할 것은 한 영혼을 온라인으로 1단계에서 마지막 단계까지 인도할 수 있느냐이다. 믿지 않는 사람이 우리 교회의 온라인 사역을 보았을 때 하나님에 대해 알고 싶은 마음이 들까? 그리고 온라인으로 들어온 사람이 구원받을 수 있는 온라인 시스템이 갖추어져 있을까? 구원받은 영혼에게 가장 필요한 것은 무엇일까? 모든 어린아이가 그렇듯 갓 새로 태어난 영혼은 돌봄을 받아야 한다. 그렇다면 온라인을 통해 구원받은 영혼이 믿음의 공동체에 소속될 수 있는 방법은 무엇인가? 신앙의 기초를 세워갈 수 있는 훈련 프로그램은 무엇인가? 신앙의 기초를 탄탄히 하며, 본인의 삶을 바꾼 복음의 메시지를 나누며 살아갈 수 있도록 돕는 온라인 접촉점이 있는가? 이러한 접촉점을 만드는 것이 영혼구원과 신앙 성숙을 돕는 온라인 사역의 역할이 되어야 할 것이다. 곧 한 영혼이 어느 순간에 있던 그 영혼을 우리 교회 온라인 사역을 통해 다음 단계로 갈 수 있게 도와주는 것이 온라인 사역의 역할이 되어야 할 것이다.

그런데 이것이 온라인으로만 가능할까? 그리고 꼭 필요한 것일까?

먼저 새들백교회에서는 쿼터제로 목표(goal)를 계획(planning)한다. 목표 계획(Goal planning)에는 많은 요소가 있지만, 계획(planning)의 마지막 요소는 내가 계획한 시간표(plan)가 실제로 나타날 것이라는 것을 상상하여 비전 이야기(Vision story)를 창작한다. 매 쿼터마다 하기 때문에 비전 이야기의 내용은 크게 변하지 않는다. 필자도 해야만 하기에 습관처럼 이야기를 만들어 갔다. 그 이야기는 대략 이러하다.

"아이다호(Idaho)주에 사는 50대 여성 수잔(Susan)은 종교와 예수에 대해 큰 관심이 없었다. 그녀는 어려서부터 빠르게 승진하여 회사의 높은 자리에 오르게 되었다. 하루하루 바쁘게 살아갈 뿐이었다. 하지만 부와 명예가 쌓일수록 허무함을 느꼈다. 그녀는 삶의 목적에 대해 검색하던 중 릭 워렌 목사의 설교를 듣게 되었고, 예수님을 영접하였다. 응답기를 통해 그녀가 예수님을 영접한 것을 알게 된 나는 그녀에게 전화해 바로 온라인 소그룹에 속할 수 있게 도와주었고, 소그룹을 통해 세례를 받은 그녀는 현재 집에서 가족, 이웃과 함께 소그룹을 인도하고 있다."

아름다운 이야기이다. 하지만 이 이야기를 창작한 나조차도 가능한 일인지 의심하며 창작했다. 그러던 중 내가 담당하고 있던 소그룹 리더에게 전화 한 통을 받았다. 그는 이렇게 말했다.

"우리 온라인 소그룹에 속한 한 여성이 온라인 예배를 통해 예수님을 영접하고 세례를 받고 싶어 하는데 플로리다에 살고 있습니다. 도와주실 수 있으신가요?"
이 전화를 받고 플로리다에 사는 그 여성과 전화로 이야기를 나누었는데 이러한 내용이었다.

"저는 플로리다에 있는 큰 회사에서 꽤 잘나가는 여성이었습니다. 하나님에 대해서는 알고 있었지만 회사생활이 우선이었던 저에게 신앙은 늘 뒷전이었습니다. 그러다 1년 사이에 자녀 3명 중 2명을 잃게 되었습니다. 그 후 저는 심각한 정신병으로 집 밖으로 나가지 못하게 되었습니다. 그렇게 하루하루 힘들게 살아가고 있던 동안에 친구의 권유로 새들백교회 온라인 예배를 드리게 되었고, 그 순간 회심하여 제 삶을 하나님께 드렸습니다. 그 후 온라인 소그룹에 소속되어 성도들의 위로와 응원을 통해 차차 회복되는 중이에요. 지금도 집 밖으로 나가기는 어려워서, 주일에 동네 친구들, 가족과 함께 TV로 새들백교회의 온라인 예배를 드리고 있습니다."

이 이야기를 들으며 나는 온몸에 소름이 돋았다. 내 비전 이야기가 실제가 된 것이다. 그녀의 간증을 들으며 나의 부족한 믿음을 회개할 수밖에 없었다. 얼마 후 플로리다에서 있는 콘퍼런스에 참석하게 되었는데, 나는 그녀를 만나 세례를 줄 기회까지 얻었다.

기독교에 관심도 없던 한 영혼이 온라인 예배를 통해 예수님을 영접하고 더 나아가 복음을 전하는 것이 가능한 일일까? 충분히 가능하다! 온라인 사역을 통해 삶이 변화된 간증은 수도 없이 많이 들었다. 이제 필자는 비전 이야기를 만들 때 없는 것을 만들어 내는 상상력보다 이미 일어나고 있는 사역의 열매들을 보며 창작하고 있다. 코로나19로 인해 새로운 모습의 사역이 펼쳐지는 이 시국이야말로 우리가 에베소서 3장 20절에 주어진 약속을 붙들어야 할 때라고 생각한다.

우리 가운데서 역사하시는 능력대로 우리가 구하거나 생각하는 모든 것에 더 넘치도록 능히 하실 이에게 엡 3:20

>>> 비신자를 위한 온라인 사역

우리 교회에는 비신자를 위한 온라인 사역이 있는가? 오프라인으로 구제사역을 하고 전도지를 나누는 사역은 자연스럽지만, 온라인으로 행하는 구제사역, 전도사역 등은 보기 드물다. 아무래도 급박하게 온라인으로 전환하다 보니 비신자를 위한 온라인 사역은 생각하지도 못했을 것이다. 하지만 온라인 사역의 목적이 영혼구원이라는 것을 생각해 볼 때 우리는 비신자를 위한 온라인 사역을 꼭 기획해야 한다.

현재 우리 교회 전도사역 중에 가장 큰 열매를 맺고 있는 대표 사역을 온라인으로도 진행할 수 있을지 생각해 보자. 비신자도 참여할 수 있는 상담사역이 있는가? 비신자들의 필요를 채워줄 수 있는 세미나가 있는가? 이러한 것들을 온라인으로 제공함으로 그들이 교회를 친근하게 느낄 수 있게 할 수 있다. 인터넷의 큰 장점 중 하나는 일반적인 교회보다 훨씬 더 편하게 비신자들이 온라인으로 접할 수 있다는 것이다. 이미 비신자들을 위해 오프라인으로 진행되었던 사역이 있다면 그것을 온라인과 함께 전도 목적으로 사용할 수 있을지 생각해보자.

이 부분에 대해서 새들백교회의 온라인 전도사역을 소개할 수 있다. 새들백교회 주 사역 중에는 회복축제(Celebrate recovery)라는 사역이 있다. '회복축제'는 술, 마약, 합법적이지 않은 성관계에 중독된 자들을 돕는 사역이다. 이 사역은 교회의 사역이지만 그것을 모르고 들어오는 사람들이 많다. 그저 이 부분에 대해 도움을 받고 싶어 하는 사람들이 많기 때문이다. 이 사역을 통해 얼마나 많은 영혼들이 예수님을 만나고 구원을 받았는지 모른다. 코로나19 전부터 우리는 새들백교회는 오프라인 사역이 온라인 사역으로 전환하기 힘써왔지만, 회복축제만큼은 쉽지 않았다. 그 이유는 중독 회복의 큰 요소는 공동체에 속함으로 인해 참여자들의 위로와 용기를 받고 하루하루를 이겨내는 것인데, 회복축제를 기획하고 시작한 담당 목사님이 온라인으로는 진정한 공동체를 만들 수 없다고 생각했기 때문이다. 하지만 코로나19로 인해 법적으로 모든 모임이 불가하게 되자 회복축제의 사역자들도 온라인으로 사역을 이어나가는 것을 긍정적으로 기획하기 시작했다. 그 이후 온라인 회복축제 사역이 시작되었고, 회복축제를 시작한 사역자는 매주 교직원 모임에서 얼마나 많은 영혼이 온라인을 통해 예수님께 삶을 드렸는지 나누고 있다.

이렇게 온라인 사역은 모든 것을 새롭게 만들지 않아도 된다. 현재 진행하고 있는 사역 중에서 전도에 큰 열매가 나타나는 사역을 어떻게 온라인과 연결할지 고민하면 분명히 열매가 나타날 것이다.

≫≫ 온라인 예배를 통한 성도 등록

온라인 예배를 통해 영혼구원이 이루어지고 있다. 교회들은 그 사실을 인지하고 있을까? 한국에 있는 많은 교회와 미국의 한인 교회들이 일부 사역을 온라인으로 전환했지만, 이유 모를 답답함과 의문을 가진 채 사역하는 경우가 많다. 그 이유는 사역을 열심히 하지만 열매를 볼 수 없기 때문이다. 이것을 위해 필자는 온라인 사역의 열매를 받을 수 있는 바구니를 준비하라고 권하고 싶다.

온라인 사역의 열매를 받을 수 있는 바구니는 온라인 사역을 진행함과 동시에 성도들이 그 사역에 대한 반응을 담는 것이다. 생소할 수 있겠지만 가장 대표적인 예는 온라인 예배와 함께 디지털 커넥션 카드를 제공하는 것이다. 이미 많은 미국 교회 온라인 예배와 함께 실시하고 있는 디지털 커넥션 카드는 예배 후에 예배에 대한 은혜를 간단한 설문조사 형식으로 성도들이 작성하는 것이다. 한 가지 예로 새들백교회 디지털 커넥션 카드(Digital connection card)를 보면 아래와 같다.

- 오늘 말씀에 대한 나의 반응은:
  □ 예수님을 따르기로 결단했습니다(salvation).
  □ 예수님에 대한 확신이 서진 않지만 궁금합니다(interested).
  □ 교회 정식 성도가 되는 것에 대해 더 알고 싶습니다(membership).
  □ 소그룹에 가입하고 싶습니다(fellowship).
  □ 영적으로 자랄 수 있게 도움을 받고 싶습니다(discipleship).
  □ 세례를 받고 싶습니다(salvation-fellowship).
  □ 교회를 돕는 봉사를 하고 싶습니다(ministry).
  □ 하나님의 사랑을 지역사회와 전 세계에 나누고 싶습니다(mission).

- 나의 기도제목은:

  _____

  _____

- 이름:
- 이메일:
- 전화번호:

□ 나는 오늘 _____ 교회에 처음입니다.

이렇게 디지털 카드를 만들어 놓고, 예배 전과 예배 후에 "디지털 카드를 작성해 주세요"라고 안내하면, 온라인 예배를 드리는 자들과 소통할 수 있는 가장 좋은 채널이 된다. 무엇보다 교회가 온라인으로 하고 있는 사역의 열매를 즉시 볼 수 있는 가장 좋은 도구다. '이러한 설문조사가 효과가 있을까?' 물을 수 있겠지만, 새들백교회뿐만 아닌 많은 미국 교회의 온라인 사역이 바로 이 디지털 카드로 시작된다.

한 가지 예로 미국 캘리포니아 하비스트 크리스천 펠로우십교회(Harvest Christian Fellowship, CA)를 볼 수 있다. 코로나19로 인해 전 미국이 대면예배를 드리지 못했을 때 도널드 트럼프(Donald Trump) 전 대통령은 종려주일에 CA에서 온라인 예배로 드릴 것이라고 트위터에 올렸다. 그 주 CA의 예배 조회수는 1,300만 회였고 무려 11,207명의 영혼이 예수님을 구주로 영접했다. 어떻게 알 수 있었을까? 바로 디지털 커넥션 카드를 통해서였다. 이것이 없었다면 CA 사역자와 직원은 "사람들이 많이 드린 멋진 예배였어"라고 끝났겠지만, 온라인 예배를 통해 11,207명의 영혼이 지옥에서 영원한 천국 백성이 되었음을 알 수 있었다. 이렇게 온라인 사역의 열매를 알 수 있는 바구니를 하나씩 만들어 가야 한다.

>>> 온라인 소그룹

소그룹은 교회에서 매우 중요한 사역 중 하나이다. 그래서 코로나19가 터진 이후 많은 교회가 가장 먼저 온라인으로 전환한 것이 예배이고 두 번째가 소그룹이다. 3년간 새들백교회에서 온라인 소그룹을 담당했고, 현재도 3,000개의 소그룹을 목양하고 있다. 이는 새들백교회 전체 소그룹 3분의 1에 해당한다.

새들백교회가 온라인 소그룹이 잘 될 수 있었던 이유는 온라인 소그룹을 통해 "예배, 친교, 제자훈련, 전도, 선교"의 다섯 가지 목적을 균형 있게 사역했기 때문이다. 새들백교회의 목적 다섯 가지를 그대로 소그룹에서 이루어야 하는 게 온라인 담당목회자로서의 역할이다.

온라인으로는 강의하기가 사실 쉽지 않다. 그래서 가르침이 기반으로 된 소그룹 모델은 온라인으로 전환했을 때 어려움이 많았다. 가르치는 소그룹 리더는 30~45분 동안 본인이 공부해 온 지식을 소그룹 구성원들에게 전해야 하는데, 반응이 보이지 않으니 혼자 얘기하는 것 같아 쉽게 지치기 마련이다. 구성원들 역시도 집중력과 관심을 잃기가 굉장히 쉬운 환경이다. 그렇기 때문에 리더는 활력 있는 모습으로 도전을 주며 다양한 시도를 통해 내용을 전달해야 한다.

그렇다면 대화만 하다가 소그룹 시간이 끝나는 걸까? 그렇지 않다. 배움이 있다. 새들백교회 교육목사들은 소그룹 리더의 부담을 덜어주기 위해 6주 혹은 8주 동안 진행하는 소그룹 커리큘럼을 만들었다. 줌(Zoom)이나 스카이프(skype)에서 진행하는 25분여 정도의 영상 강의다. 영상 강의와 함께 질문과 답변을 나눈다. 리더는 스크린 공유(Share screen)를 통해 비디오 강의를 틀어주어 소그룹 구성원들과 함께 시청한다. 영상이 끝난 후 준비된 질문을 서로 묻고 답하며 소화하는 작업이 이루어진다. 또 배움, 공부가 중심적인 소그룹 모델은 온라인 소그룹을 통해 친교와 지역사회를 섬기는 사역, 전도, 선교의 중요성을 나누며 함께 은혜를 충분히 받을 수 있도록 한다.

≫≫ 온라인 제자훈련

훈련 또한 온라인을 통해 가능하다. 생각해보자. 아이비리그 대학에서도 코로나19 이전부터 온라인 수업을 해왔다. 한국도 그렇겠지만 미국에는 온라인으로만 대학원 수업을 들으며 학위까지 받을 수 있는 프로그램이 많다. 이것은 디지털 수단을 통해 정보를 얻는 것(Information consumption)이 이미 익숙해진 시대라는 것이다. 앞으로는 온라인 교육이 더 자연스러워질 것이다. 원하든 원치 않든 코로나19로 인해 이제는 학생들도 원격 교육을 받고 있고, 앞으로도 마찬가지일 것이다. 이런 상황을 생각해 볼 때, 교회의 온라인 훈련은 필수적이다.

훈련의 세 가지 요소인 교육(information), 개인의 적용(application), 사역자와 훈련자의 관계(relationship)가 있다고 생각해보자. 온라인 훈련이라고 해서 세 가지 요소의 모든 과정이 온라인으로 이루어질 필요는 없다. 훈련이야말로 온라인과 오프라인이 합쳐져서 이룰 수 있는 적합한 사역일지 모른다. 온라인 훈련은 꼭 실시간으로 하지 않아도 된다. 녹화해서 업로드를 해 놓으면 훈련생들이 각자 시간이 날 때에 듣고, 합의 하에 약속을 잡아 정해진 시간에 화상통화방에 모일 것이다. 그렇다면 그 강의를 통해 느낀 것들과 삶에 적용할 것들을 나누는 대화가 주로 이루어지고, 오프라인을 통해 훈련생들과 사역자의 관계를 세워나갈 수 있다. 물론 오프라인으로 이 모든 것을 다 할 수 있으면 더 좋다. 가능하다면 그것을 더 원할 것이다. 하지만 세상은 점점 사람들에게 많은 것을 주고 있다. 맞춤화(customization)와 개인화(personalization)가 중요 가치가 되어가고 있다. 너무나도 바쁜 현대인이 서너 시간을 한 번에 내기란 쉽지 않다. 따라서 각자 편한 시간에 강의를 시청하고, 이후 각자 가능한 시간을 맞추어 2시간 정도 모여서 친교하면 더욱 많은 사람이 참가할 수 있고 만족도 또한 높을 것이다.

⟫ 한국 교회를 위한 제안

이러한 글을 읽고 나면 '우리 교회에도 온라인 전문 사역자가 있으면 좋겠다'라고 생각할 것이다. 그리고 미국 교회는 모든 것이 잘 갖춰져 있으니 가능하다고 생각할 것이다. 하지만 미국 교회에도 온라인 전임사역자가 있는 교회는 많지 않다. 모든 교회가 온라인 전임사역자를 둘 필요는 없다. 단, 모든 교회가 필요한 것은 온라인 전략이다.

대형 교회든 소형 교회든 앞으로 어떻게 전략을 이룰 것인지 계획을 세우는 것이 중요하다. 앞서 말했듯이 교회의 가장 큰 목적은 영혼구원과 영적성숙이다. 우리 교회의 온라인 사역이 두 가지 목적에 어떻게 부합하는지 생각해보고, 하나씩 실행해 나가다 보면 분명히 열매가 나타날 것이다. 그리고 충분한 가능성이 보이면 그때 온라인 전문 사역자를 세우면 된다.

모든 교회가 바로 실행할 수 있는 간단한 온라인 사역을 소개하려고 한다.

• 웹사이트: 오늘날 사람들은 교회를 찾을 때 웹사이트에 방문한다. 웹사이트를 먼저 둘러보고 10초 안에 그 교회에 방문할지 안 할지 마음속으로 결정한다고 한다. 따라서 웹사이트는 교회의 첫인상이다. 그렇다고 웹사이트에 모든 요소를 다 갖추고 있을 필요는 없다. 늘 새로운 콘텐츠를 올릴 필요도 없다. 우리 교회 사역의 특징과 목적을 잘 담은 소개 글이면 충분하다.

• 소셜 미디어와 유튜브: 웹사이트와 함께 교회의 첫인상을 이루는 것은 소셜 미디어와 유튜브일 것이다. 웹사이트는 새로운 콘텐츠를 올리고 업데이트하는 게 어려울 수 있다. 하지만 소셜 미디어는 핸드폰에서 바로 새로운 콘텐츠를 올릴 수 있다는 점에서 굉장히 좋은 도구이다. 웹사이트가 집의 대문이라면 소셜 미디어와 유

튜브는 마당일 것이다. 대문은 바꾸려면 오래 걸리지만, 집 마당은 원하는 대로 언제든지 바꿀 수 있고 새로운 것을 들여와 좋게 만들 수 있다.

- 이메일 주소 관리: 많은 사람이 "이메일의 시대는 지나갔다", "이메일은 더 이상 보내지도, 읽지도 않는다"라고 이야기한다. 그러나 사람은 유익이 된다면 찾아서 읽는다. 새들백교회는 코로나19 이후에 오프라인 성도와 온라인 성도 모두에게 매일 이메일을 보내며 교회 소식을 전하고 소통했다. 읽지 않는다고 보내지 않을 수 없다. 누구도 듣지 않는 것 같아도 복음을 전해야만 하는 것과 같다. 성도들의 이메일 주소를 잘 관리하고 코로나19와 같은 재난의 시대 때는 일주일에 한 번, 그 외에는 한 달에 한 번씩 교회 소식과 성도들에게 도움이 될 만한 내용을 보내며 온라인 사역을 진행하는 것도 좋은 방법이다.

- 교회의 대표 사역부터 온라인 전환: 교회에 없어서는 안 되는 대표적인 사역부터 온라인으로 전환하는 것이 좋다. 제자훈련이 강한 교회는 제자훈련을 먼저 전환하고, 교육부서를 중요시하는 교회는 교육부를 먼저 전환하는 것이다. 전환해 보면, 오프라인 사역만 할 때는 보이지 않았던 보완해야 할 점들이 보이고, 강점 또한 더 뚜렷이 보인다. 온라인 사역의 전환을 통해 기존 사역의 약점과 강점을 파악하고 더욱 건강한 사역으로 이끌어나가는 것이 좋다.

- 열매 확인 데이터: 온라인 사역의 열매를 확인할 수 있는 어떠한 측정이 필요하다. 새들백교회에는 몇 명이 매주 30분 이상 온라인 예배를 드리고 있는지, 매달 얼마나 새로운 소그룹이 시작되는지, 몇 명이 구원을 받았는지, 새가족반을 마쳤는지, 세례를 받았는지 등을 보고하고 있다. 이것은 보고를 위한 보고가 아니라, 온라인 사역의 열매를 보기 위함이다.

>>> 나가는 말: 새로운 사역, 새로운 열매

온라인 사역은 분명히 새로운 사역이다. 언젠가 이루어질 것은 예상했지만, 이렇게 빨리 다가올지 몰랐다. 카메라를 보고 설교를 하는 것, 스크린을 보며 소그룹을 인도하는 것, 질문을 채팅으로 받는 것, 모든 것이 다 새로운 모습이다. 새로운 시대에 온라인 사역을 함께 상상한 이 글에서 마지막으로 강조하고 싶은 것은 분명히 열매도 새로울 것이라는 점이다. 예배 영상을 보고 SNS 메신저로 "은혜받았습니다"라고 말하는 것은, 그저 인사치레가 아닌 새로운 열매로 볼 줄 알아야 한다. 소셜 미디어에 올린 교회 콘텐츠를 성도가 또 다른 누군가와 공유하였다면 그것은 그냥 한 것이 아니라 우리 교회의 사명에 동참하는 모습이다.

온라인 사역을 통해 새롭게 등록하는 성도도 많아질 것이다. 새가족반에서 어떻게 교회를 찾으셨는지 묻는 설문조사가 있다면 '온라인 교회를 통해'라는 칸을 만들어 볼 것을 권유한다. 생각보다 많은 영혼이 그 칸에 체크할 것이다.

온라인 사역은 오프라인 사역의 적(敵)이 아니다. 온라인 사역은 오프라인 사역과 함께 교회의 목적을 이루기 위한 한 가지의 도구이며, 미래 교회를 생각해 볼 때 필수적인 사역이다. 1세기부터 르네상스 시대까지 세상에 선한 변화를 가져다준 것이 교회이다. 교회는 성경 말씀을 바탕으로 하여 예술, 과학, 인문, 정치 등 사회의 선한 변화를 이끌었다. 하지만 어느새 교회의 변화 속도는 느려졌고, 세상의 변화를 따라가지 못하는 모습도 볼 수 있다. 이번만큼은 모든 산업이 온라인을 품으며 질주하듯이 교회 또한 온라인 사역을 품고 선한 변화에 앞장설 수 있기를 소망한다.

Key point

1. 내부자의 관점에서 본 새들백교회

릭 워렌 목사의 특징은 많은 것을 다 잘한다기보다 정말 중요한 것들에 집중해 탁월하게 해내는 목회자라는 것이며, 새들백교회의 특징은 변화를 두려워하지 않는 교회라는 것이다.

2. 현 미국 교회 온라인 사역 흐름과 특징

크게 두 가지 흐름이 있는데, '온라인 예배'를 중심으로 하는 사역과 '온라인 소그룹'을 중심으로 하는 사역이다.

3. 새들백교회 온라인 사역의 시작

새들백교회는 Internet Explorer 혹은 Netscape가 만들어지기 전인 1992년 인터넷에 처음 등장했다. "현재 사람들은 어디에 모여 있는가?" 이 질문의 답은 1992년부터 현재까지 '인터넷'이다.

4. 온라인 사역의 전략

새들백교회에서는 쿼터제로 목표을 계획한다. 목표 계획에는 많은 요소가 있지만, 계획의 마지막 요소는 내가 계획한 시간표이 실제로 나타날 것이라는 것을 상상하여 비전 이야기를 창작한다.

5. 비신자를 위한 온라인 사역

온라인 사역은 모든 것을 새롭게 만들지 않아도 된다. 현재 진행하고 있는 사역 중에서 전도에 큰 열매가 나타나는 사역을 어떻게 온라인과 연결할지 고민하면 분명히 열매가 나타날 것이다.

6. 온라인 예배를 통한 성도 등록

가장 대표적인 예는 온라인 예배와 함께 디지털 커넥션 카드를 제공하는 것이다.

7. 온라인 소그룹

소그룹 리더는 스크린 공유(Share screen)를 통해 비디오 강의를 틀어주어 소그룹 구성원들과 함께 시청한다. 영상이 끝난 후 준비된 질문을 서로 묻고 답하며 소화하는 작업이 이루어진다.

8. 온라인 제자훈련

각자 편한 시간에 강의를 시청하고, 이후 각자 가능한 시간을 맞추어 2시간 정도 모여서 친교하면 더욱더 많은 사람이 참가할 것이고 만족도 또한 높을 것이다.

9. 한국 교회를 위한 제안

웹사이트, 소셜 미디어와 유튜브, 이메일 주소 관리, 교회의 대표 사역부터 온라인으로 전환, 열매 확인 데이터 등을 먼저 시도해보기를 바란다.

10. 나가는 말: 새로운 사역, 새로운 열매

온라인 사역은 오프라인 사역의 적(敵)이 아니다. 온라인 사역은 오프라인 사역과 함께 교회의 목적을 이루기 위한 한 가지의 도구이고, 미래 교회를 생각해 볼 때 필수적인 사역이다.

09

Think point

온라인 사역은 코로나 시대를 통해 교회의 핵심 사역으로 자리잡게 되었다. 이 전까지만 해도 온라인 사역에 대한 인식은 대부분 부정적이었다. 현대인이 가장 많은 시간을 보내고 가장 오래 머무는 공간임에도 불구하고, 온라인을 선교의 영역으로 보지 못했던 것이다. 그러나 코로나19는 온라인 사역에 대한 의식 전환과 더불어 이 시대 교회가 가장 적극적으로 뛰어들어 사역해야 할 분야임을 알게 만들었다.

온라인에서 선교가 가능할까? 물론이다. 미국에서는 코로나19가 발생하자 온라인 교회와 사역에 대한 엄청난 반응이 있었다. 그것은 단지 기존 성도들로부터 생긴 현상이 아니었다. 지역과 언어를 넘어 전 세계적으로 영적 갈망이 생겼고, 수천수만의 비기독교인들이 온라인 사역에 접속했다. 그 과정에서 복음을 받아들이고 그리스도께 삶을 드리는 사람들도 많았다. 이러한 사실은 온라인 세계가 이 시대에 얼마나 중요한 선교지인지를 깨닫게 해 준다.

새들백교회의 온라인 사역은 그런 측면에서 많은 가능성을 엿보게 해 준다. 온라인 사역을 텔레비전 방송 중계처럼 생각해왔던 사람들에게 온라인 사역은 그 이상임을 알게 해 줬다. 새들백교회가 보여 준 것처럼 온라인 사역은 오프라인 사역과 동일 선상에서 이뤄져야 한다. 사람들이 접속하고 머물고 관계를 맺고 함께 할 수 있는 소그룹과 교육, 훈련, 성장, 재생산이 일어나는 장이 되어야 한다. 그런 측면에서 온라인 사역의 일차 대상은 잃어버린 사람들이며, 온라인을 통해 하나님과의 관계 회복과 성장, 제자로서의 삶이 형성되는 사이클을 가져야 한다. 만약 우리의 관점이 바뀔 수 있다면 온라인 사역 전략 역시 새로워질 수 밖에 없다. 큰 그림 속에서 어떤 미디어와 플랫폼을 사용할지, 어떻게 사람들을 만나고 관계를 맺을지, 성장과 성숙을 위한 과정과 그림은 무엇인지, 온라인과 오프라인을 어떻게 연결할지 등 다양한 고민을 해야 한다. 다행인 것은 이 시대에 그런 창의적인 접근과 사역을 하는 교회들이 계속해서 발생하고 있다는 점이다. 지금이 바로 그 여정을 적극적으로 시작할 때이다.

Discussion

1. 온라인 사역에 대한 자신의 이해와 관점은 무엇이었는가? 이 글을 읽고 받은 도움이나 새롭게 배우게 된 점은 무엇인가?

2. 새들백교회는 한 성도의 신앙 여정을 기반으로 한 온라인 사역 전략을 세웠다. 만약 우리 교회 성도들의 신앙 성장을 위해 온라인 사역을 실시한다면 무엇을 중심으로 진행할 수 있을지 또 어디까지 확장할 수 있을지에 대한 가능성과 확장성을 나누어 보라.

3. 선교적 공간으로서 온라인 교회 혹은 온라인 공동체가 필요하다. 우리 교회에 적합한 온라인 플랫폼은 무엇이며 어떻게 활용할 수 있을지 활용 방안을 고안해 보자.

10 / 강준민

서울신학대학교 신학과(B.A.)를 졸업하고,
미국 아주사퍼시픽대학교(M.A., M.Div.)
와 윌리암케리대학교(Ph.D.)에서 수학한
강준민 목사는 미국에서 로고스교회를 개
척하여 담임한 후, 동양선교교회 담임목
사를 거쳐 새생명비전교회를 개척하여 섬
기고 있다. 저서로는 『뿌리 깊은 영성』, 『위
대한 투자』외 60여 권이 있다.

*유튜브 〈강준민 목사 뿌리 깊은 영성〉

변화의 위기를 기회로 만드는 영적 리더십

강준민 목사(LA 새생명비전교회)

위기의 시대일수록 참된 지도자의 진가가 드러난다. 코로나19가 세계를 휩쓴 이후, 급격한 변화의 두려움을 경험한 사람들은 강력한 리더십을 더욱 갈망할 것이다. 이는 교회라고 다르지 않다. 시시각각 변하는 시대 속에서 혼란을 겪은 성도들은 하나님 안에서 세상을 두려워하지 않으며, 위기를 새 변화로 창조할 수 있는 영적 지도자를 원할 것이다. 우리는 그런 지도자가 될 준비가 되었는가? 참된 영적 지도자가 되기 위해서는 어떠한 능력을 가지고, 어떠한 리더십을 발휘해야 할까?

변화의 위기를
기회로 만드는 영적 리더십

≫ 들어가는 말: 리더는 위기를 기회로 만드는 사람이다

위기의 때에 사람들은 지도자를 찾고 바라본다. 위기가 위험과 두려움, 혼돈, 불안을 낳기 때문이다. 위기(危機)라는 한문은 '위험'과 '기회'라는 두 단어의 합성어다. 위기에는 양면이 있다. 위험이 될 수도 있고 기회가 될 수도 있다. 그런 까닭에 위기의 때는 신중해야 한다. 위기를 결코 쉽게 여겨서는 안 된다. 위기는 생과 사가 달린 결정적인 때이다. 안셀름 그륀(Anselm Gruen)은 히포크라테스(Hippocrates)가 내린 위기의 정의를 언급한다.

"그리스 의사 히포크라테스에게 위기는 '어떤 질병의 결정적 국면'을 의미한다. 위기 국면은 병세가 악화되든가 호전되는, 생과 사가 달린 결정적 국면이다. 아직 결정되지는 않았지만 그 경과가 결정되는 국면이다."[8]

죽음의 위기도 잘 관리하면 생명을 살리는 기회로 전환할 수 있다. 그런 면에서 지도자는 위기관리에 탁월해야 한다. 위기관리를 어떻게 하느냐에 따라

---

8) 안셀름 그륀(Anselm Gruen), 「위기는 선물이다」, 바오로딸, p.14

리더십의 진가가 드러난다. 위기관리를 잘 못하면 공동체는 위험에 처하게 된다. 반면에 위기관리를 탁월하게 하면 공동체는 새로운 차원으로 들어가게 된다. 공동체는 생명체와 같다. 위기에 따라 소멸하기도 하고 번영하기도 한다.

지금은 위기의 시대다. 코로나19가 온 세상을 위기에 빠뜨렸다. 사람들은 이 위기의 수렁에서 건져내 줄 수 있는 리더를 찾고 있다. 위기의 순간에 리더는 강력한 힘을 얻게 된다. 위기의 순간에는 리더가 강력한 힘으로 통제를 해도 비난하지 않는다. 하지만 강력한 힘을 잘못 사용하면 상황을 더욱 파멸로 몰아갈 수 있다. 힘은 잘 사용해야 하고 적절하게 사용해야 한다. 그래야 그 힘이 선한 능력을 발휘하게 된다.

위기관리를 잘하기 위해서는 위기를 기회로 만든 인물에게서 배워야 한다. 영적 리더십을 발휘하기 위해서는 언제나 성경으로 돌아가야 한다. 성경에 기초한 리더십을 발휘해야 한다. 변화의 위기를 기회로 만든 성경의 인물들을 통해 배워야 한다. 그들이 사용했던 원리를 배워야 한다. 그 원리를 적용해야 한다. 원리는 영원하지만 그 원리에 대한 적용과 방법은 시대에 따라 변한다. 우리는 과거 역사와 과거의 탁월한 지도자들을 연구함으로 미래를 더욱 선명하게 전망할 수 있다.

"과거를 더 멀리 바라보는 만큼 앞길을 더 멀리 내다볼 수 있다."

– 윈스턴 처칠(Winston Churchill)

성경에서 위기를 기회로 만든 영적 지도자 중의 한 사람을 소개하려고 한다. 그는 다니엘이다. 다니엘은 소년의 때에 유대 땅에서 바벨론으로 끌려갔다. 다니엘 1장의 모습이다. 그것은 그가 경험한 첫 번째 위기였다. 그가 경험한 두 번째, 그리고 세 번째 위기는 각각 다니엘 2장과 6장에 나온다. 모두 생사의 갈림길에 선 위기였다. 하지만 그는 위기들을 기회로 만들었다. 그는 위기를 낭비하지 않았다.

"좋은 위기를 낭비하지 말라." – 원스턴 처칠(Winston Churchill)

그는 위기를 역전의 드라마로 만들었다. 그 드라마의 숨은 주인공은 하나님이시다. 다니엘을 통해 '위기를 기회로 만드는 영적 리더십'의 특징을 살펴보려고 한다.

≫ 영혼이 고요한 리더가 위기를 기회로 만든다

영적인 지도자는 우선 영혼 관리를 잘 할 줄 알아야 한다. 세상의 지도자와 영적 지도자는 다르다. 영적 지도자는 영적인 차원에서 리더십을 발휘하는 사람이다. 영적인 리더십을 발휘하는 리더는 영혼을 늘 고요하게 가꾸어야 한다. 다니엘은 위기 가운데서도 고요한 모습을 보여준다. 그는 침착하다. 허둥대지 않는다. 자기 관리에 탁월하다. 리더는 다른 사람들을 다스리기 전에 자신을 먼저 다스려야 한다. 다른 사람을 관리하기 전에 자신을 먼저 관리해야 한다. 다른 사람을 이끌기 전에 자신을 먼저 이끌어야 한다. 다른 사람을 움직이기 전에 자신을 먼저 움직일 줄 알아야 한다.

위기관리를 잘하기 위해서는 리더가 먼저 자신의 마음 관리를 잘해야 한다. 위기의 때는 두려움의 때다. 지도자를 비롯한 모두에게 두려움이 찾아온다. 두려움은 아주 위험하다. 두려움이 주는 긍정적인 면도 있지만, 부정적인 면이 더 많다. 두려움은 생각을 마비시킨다. 믿음을 약하게 한다. 판단력과 분별력을 흐리게 만든다. 그러므로 지도자는 두려움의 문제를 잘 해결해야 한다.

두려움의 문제를 잘 해결하기 위해서는 두려움의 정체를 파악하고 이해해야 한다. 무엇에든 우리는 정확한 지식을 가져야 한다. 많은 사람이 두려움을 극복하는 법에 관한 책을 썼다. 그 이유는 그만큼 두려움의 문제가 단순하지 않기 때문이다. 많은 사람이 두려움에서 오는 공황장애로 고통을 받고 있다. 두려움은 실제적으로 경험하는 감정이다. 하지만 우리가 경험하는 것처럼 감정은 자주 바뀐다. 생각만 조금 바꾸어도 감정은 바로 바뀐다. 그래서 감정이 중요하지만 감정을 신뢰할 수 없다. 두려움이라는 감정은 때로 어떤 실체 없이 엄습하기도 한다. 마치 그림자 같이 말이다.

"우리가 두려워해야 할 것은 두려움 자체뿐이다."

– 프랭클린 루스벨트(Franklin Roosevelt)

전염병이 창궐할 때 많은 사람이 전염병보다 전염병에 대한 두려움 때문에 죽었다고 한다. 죽음의 그림자를 보고 미리 겁을 내고 죽은 것이다. 전염병은 현실이다. 하지만 전염병에 대한 두려움은 전염병에 대한 그림자이다. 그림자와 실체를 혼동해서는 안 된다. 전염병은 두려움을 줄 만큼 위협적이다. 하지만 두려워해서는 안 된다. 왜냐하면 두려움이 전염병의 문제를 해결해 주지 않기 때문이다. 오히려 고요한 영혼으로 두려움을 바라보고, 두려움을 물리칠 때 위기를 기회로 반전시킬 수 있다.

하나님은 거듭 두려워하지 말라고 말씀하신다. 모세가 죽었을 때 여호수아는 위기를 맞이하였고, 놀라움과 두려움에 휩싸여 있었다. 하나님은 그에게 거듭 "강하고 담대하라"(수 1:6, 7). 또한 "두려워하지 말며 놀라지 말라"(수 1:9)고 말씀하신다. 탁월한 리더들은 두려워하지 않은 사람이 아니라 두려움을 극복한 사람들이다. 여호수아는 두려움을 극복함으로 위기를 기회로 만들었다. 가나안 정복의 사명을 완수했다.

리더가 두려움을 극복하지 못하면 두려움에 정복당한다. 리더는 두려움에 정복되어서는 안 된다. 하나님께 정복되어야 한다. 리더는 두려움에 붙잡혀서는 안 된다. 하나님께 붙잡혀야 한다. 하나님의 말씀에 붙잡혀야 한다. 두려움에 귀를 기울이지 말고 하나님의 음성에 귀를 기울여야 한다. 영적 리더가 두려움을 정복하는 길은 하나님을 경외하는 것이다. 하나님을 경외함은 모든 두려움을 물리치는 성스러운 두려움이다.

"하나님을 두려워하면 아무것도 두려운 게 없지만, 하나님을 두려워하지 않으면 모든 것이 두려워진다." – 오스왈드 챔버스(Oswald Chambers)

"하나님을 경외하는 마음속엔 다른 두려움이 들어올 틈이 없다. 하나님께 대한 경외심으로만 마음을 다스려야 한다. 그렇게 될 때 우리를 얽어매었던 모든 다른 두려움을 떨칠 수 있다." – 찰스 스펄전(Charles Haddon Spurgeon)

영혼이 고요한 리더가 되기 위해서는 문제를 직시하되 하나님을 잠잠히 바라보아야 한다. 우리 영혼은 하나님을 잠잠히 바라볼 때 고요해진다.

나의 영혼이 잠잠히 하나님만 바람이여 나의 구원이 그에게서 나오는도다 시 62:1

잠잠하고 신뢰하여야 힘을 얻을 것이거늘 사 30:15

리더는 자신이 하나님을 잠잠히 바라보는 것도 중요하지만, 자신을 따르는 사람들로 하여금 하나님을 바라보게 만들어야 한다. 모세는 홍해 앞에 섰을 때 위기를 맞이했다. 이스라엘에게 홍해는 생사의 갈림길이었다. 앞은 깊은 바다가 넘실거리고, 뒤에는 애굽의 군대가 추격해 왔다. 앞으로 나아갈 수도 뒤로 물러설 수도 없는 진퇴양난의 위기였다. 그는 두려워 떠는 이스라엘 백성에게 하나님이 행하시는 구원을 보라고 외쳤다. 하나님이 그들을 위해 대신 싸워 주시는 것을 보라고 외쳤다.

> 너희는 두려워하지 말고 가만히 서서 여호와께서 오늘 너희를 위하여 행하시는 구원을 보라… 여호와께서 너희를 위하여 싸우시리니 너희는 가만히 있을지니라 **출 14:13-14**

모세의 영혼은 고요했다. 그는 출렁거리는 홍해와 애굽의 강한 군대를 무시하지 않았다. 이스라엘 백성이 직면한 위협적인 현실을 무시하지 않았다. 하지만 그는 위협적인 환경보다 전능하신 하나님을 바라보았다. 전쟁에 능하신 하나님을 바라보았다. 그들을 지켜보시는 하나님의 눈길을 의식했다. 리더에게 위기는 사람들을 하나님께 이끄는 최상의 기회다.

≫ 위기를 기회로 여기는 리더가 위기를 기회로 만든다

리더에게 가장 중요한 것은 관점이다. 위기를 어떤 관점으로 보느냐에 따라 위기는 위험이 될 수도 있고, 기회가 될 수도 있다. 리더는 위기를 기회로 보는 안목을 가져야 한다. 모든 문제 속에는 양면이 있다. 다니엘 2장에서 다니엘과 세 친구는 죽음의 위기에 처해 있었다. 느부갓네살 왕이 꿈을 꾸었는데, 자신이 꾼 꿈이 생각나지 않았다. 그는 바벨론의 모든 박수와 술객들을 모아 놓고 자신의 꿈을 알아내고 해석하라고 명했다. 그들은 왕이 꿈도 알려 주지 않고 꿈을 해석하는 일은 불가능하다고 말했다. 분노한 느부갓네살 왕이 그들에게 한 말 속에 위기의 양면을 볼 수 있다.

… 너희가 만일 꿈과 그 해석을 내게 알게 하지 아니하면 너희 몸을 쪼갤 것이며 너희의 집을 거름더미로 만들 것이요 너희가 만일 꿈과 그 해석을 보이면 너희가 선물과 상과 큰 영광을 내게서 얻으리라 그런즉 꿈과 그 해석을 내게 보이라 하니 단 2:5b-6

바벨론의 박수와 술객들은 몸이 쪼개어질 수도 있고, 동시에 선물과 상과 큰 영광을 얻을 수 있는 상황에 처했다. 위험과 기회의 기로에 놓인 것이다. 리더는 위기를 맞이할 때 위기를 기회로 여기는 사람이다. 위기 속에는 선물이 담겨 있다. 앞서 언급한 윈스턴 처칠의 말처럼 위기를 낭비하지 않도록 하라. 위기 속에 보물이 담겨 있기 때문이다. 위기를 기회로 여겨야 하는 가장 중요한 이유는 위기를 기회로 여길 때 소망을 품을 수 있기 때문이다. 지도자는 소망을 갖도록 도와주는 사람이다.

인간은 소망하는 존재다. 소망을 품을 때 모든 어려움을 이겨낸다. 다니엘은 소년의 때에 바벨론에 포로로 끌려갔다. 그때 그가 듣고 기억했던 말씀은 특별히 예레미야서다. 다니엘 9장에서 그는 예레미야서를 읽는 중에, 포로 생활 70년이 지나면 회복될 것이라는 하나님의 계획을 깨닫는다. 그가 읽었던 예레미야의 말씀은 예레미야 29장 10절과 11절의 말씀이다. 그는 이 말씀을 통해 소망을 품었다.

여호와께서 이와 같이 말씀하시니라 바벨론에서 칠십 년이 차면 내가 너희를 돌보고 나의 선한 말을 너희에게 성취하여 너희를 이 곳으로 돌아오게 하리라 렘 29:10

여호와의 말씀이니라 너희를 향한 나의 생각을 내가 아나니 평안이요 재앙이 아니니라 너희에게 미래와 희망을 주는 것이니라 렘 29:11

리더는 소망의 원천을 깨우쳐 주는 사람이다. 소망의 원천은 하나님이시다. 하나님은 소망의 하나님이시다. 소망을 충만케 하시는 분이시다. 그런 까닭에 리더는 소망의 하나님을 바라보게 만들어야 한다. 리더를 바라보는 사람들에게 함께 하나님을 바라보자고 외칠 수 있어야 한다. 바울은 소망의 하나님을 전했다.

소망의 하나님이 모든 기쁨과 평강을 믿음 안에서 너희에게 충만하게 하사 성령의 능력으로 소망이 넘치게 하시기를 원하노라 롬 15:13

위기는 끝이 아니라 새로운 시작이다. 하나님은 끝자락에서 새로운 역사를 창조하신다. 사람들의 위기는 하나님의 새로운 기회다.

"그러므로 위기는 기회의 끝이 아닌 실제로 그 기회의 시작일 뿐이며, 위기와 기회가 만나는 곳이며, 미래가 결정되는 곳이며, 사건들이 어느 방향으로든지 전개될 수 있는 개방된 곳이다." – 데이비드 보쉬, 『변화하고 있는 선교』, CLC, 25-26쪽

>> 믿음과 지성의 조화를 이룬 리더가 위기를 기회로 만든다

다니엘은 믿음과 냉철한 지성의 조화를 이룬 리더다. 그는 믿음의 사람이었다. 또한 그는 지성의 중요성을 알았던 사람이다. 그는 하나님을 사랑하는 따

뜻한 마음의 소유자였다. 하나님의 백성들을 긍휼히 여겼던 따뜻한 마음의 소유자였다. 하지만 그는 위기에 처했을 때, 냉철한 지성을 사용해서 위기의 문제를 해결했다.

1) 위기의 때는 뜨거운 감정보다 냉철한 지성을 사용해야 한다

위기의 때는 두려운 때다. 두려울 때 지성이 마비될 수 있다. 그러므로 더욱 냉철해져야 한다. 하나님은 우리 믿음과 함께 지성을 사용해서 위기를 기회로 만들기를 원하신다. 하나님은 지식의 하나님이시다(삼상 2:3). 하나님은 우리에게 지식을 주시고 그 지식을 사용하길 원하신다. 위기의 때는 감정보다 지각을 사용해야 한다.

다니엘은 위기의 순간에 냉철한 지성을 따라 움직였다. 그는 위기를 부정하거나 위기로부터 도피하지 않았다. 또한 그런 일은 결코 일어날 수 없다거나, 가만히 있으면 다 잘 될 것이라고 생각하지 않았다. 그는 왕의 명령이 떨어졌을 때 그 명령은 죽음을 불러오는 두려운 명령임을 알았다. 그때 그는 냉철한 지성으로 누구를 만나야 할지를 생각했다. 그는 하나님께 깊은 기도를 드리기 전에 근위대장을 만났다. 왕의 명을 받들어 바벨론의 지혜자들을 모두 죽이기 위해 급히 나가는 그를 멈추게 했다. 근위대장을 만나 명철하고 슬기로운 말로 그에게 질문했다.

다니엘이 ⋯ 왕의 근위대장 아리옥에게 물어 이르되 왕의 명령이 어찌 그리 급하냐 하니 단 2:15

다니엘은 질문을 통해 먼저 근위대장으로 하여금 생각하게 만들었다. 질문이 아주 중요하다. 질문은 사람들의 생각을 자극한다. 깊이 생각하게 만든다. 위기의 때는 뜨거운 가슴보다 냉철한 지성이 필요하다. 위기의 때에 머리가 뜨거워지면 안 된다. 뜨거워진 머리를 식히고 잠자는 지성을 깨우는 길은 질문하는 것이다.

2) 작은 조치를 먼저 취하는 순발력이 위기를 기회로 만든다

아무것도 할 수 없다고 여겨지는 위기의 순간에도, 그 위기를 모면할 수 있는 작은 조치를 취할 수 있다. 불이 나면 일단 불을 꺼야 한다. 아말렉이 이스라엘 백성을 공격했을 때 모세가 먼저 한 것은 여호수아를 전쟁터에 내 보낸 것이다. 그 후에 그는 기도하러 산으로 올라갔다. 위기의 순간에는 탁월한 분별력이 필요하다. 무엇을 먼저 하고, 무엇을 나중에 할 것인지를 분별해야 한다. 누구를 먼저 만나야 할지를 분별해야 한다.

위기의 순간에 필요한 것은 순발력이다. 순발력이란 위기에 신속하게 반응하는 능력이다. 위기의 순간에는 속도가 필요하다. 쓰러진 환자를 돕기 위해서는 속도가 중요하다. 빨리 전화를 걸어 구급차를 불러야 한다. 가능하다면 응급조치를 취해야 한다. 코로나19가 확산하는 현실은 위기의 순간이다. 빨리 중요한 결정을 내리고 조치를 취해야 하는 상황이다.

위기의 순간에 필요한 것은 행동력이다. 위기의 순간에는 생각만 해서는 안 된다. 분별력을 가진 것과 분별한 것을 행동으로 옮기는 것은 다른 일이다. 분별력과 순발력을 발휘해서 즉시 행동에 옮겨야 한다. 아무것도 하지 않으면 아무 일도 일어나지 않는다.

다니엘은 기도하기 전에 작은 조치를 먼저 취했다. 그는 급히 왕을 만나야 함을 알았다. 왕이 내린 명령을 멈추려면 왕을 만나야 문제가 해결될 수 있기 때문이다. 하지만 그 당시에 왕을 직접 만나기는 어려웠다. 그래서 왕을 만나도록 도와줄 수 있는 근위대장을 찾아갔다.

다니엘은 정말 지혜롭다. 누구를 만나야 직면한 문제를 해결할 수 있는지를 안다. 급박한 위기의 상황에서는 아무나 만나면 안 된다. 위기의 상황을 멈출 수 있는 사람을 만나야 한다. 다니엘 1장을 보면, 다니엘을 도와준 사람이 있다. 환관장 아스부나스다. 그 당시 환관장은 왕의 최고의 신임을 얻은 사람이다. 왕이 환관장 아스부나스에게 포로들 가운데 탁월한 소년들을 뽑아 교육을 시키도록 명했다. 하나님이 다니엘을 도와주시기 위해 환관장에게 은총을 입게 만드셨다(단 1:9).

다니엘은 위기에 처했을 때 자기를 아껴준 환관장 아스부나스를 찾아가지 않았다. 환관장 아스부나스가 다니엘이 직면한 문제를 해결해 줄 수 없었기 때문이다. 우리는 어떤 문제가 생기면 그 문제를 해결해 줄 수 있는 사람을 찾아가야 한다. 아주 가까운 사람이라도 문제를 해결해 줄 수 있는 사람이 아니라면 그를 찾아가면 안 된다. 이전에 도움을 주었지만 지금 도움이 안 되는 사람이라면 찾아가서는 안 된다. 그것은 시간 낭비다. 위기의 순간에는 시간이 정말 중요하다. 그런 까닭에 아무나 찾아가면 안 된다. 현재 직면한 문제를 해결하는 데 도움을 줄 수 있는 사람을 찾아가야 한다. 다니엘은 그런 면에서 아주 명철한 사람이다. 그는 환관장이 아니라 근위대장 아리옥을 찾아갔다. 그에게 왕을 만나게 해 달라고 부탁했다. 근위대장을 통해 느부갓네살 왕을 만났을 때 그에게 시간을 달라고 부탁했다(단 2:16).

하나님을 믿는 믿음은 무모하지 않다. 어리석지도 않다. 영적 리더는 믿음과 냉철한 지성의 조화를 이룰 줄 알아야 한다. 그는 왕의 명령을 우습게 여기지 않았다. 그는 현실을 직시했다. 문제의 심각성과 급박성을 인정했다. 그런 까닭에 그는 필요한 조치를 먼저 취한 후, 문제를 단계적으로 풀어나갔다.

리더의 분별력은 깨어 있음에서 나온다. 리더는 깨어 있는 사람이다. 깨어 있어야 깨달을 수 있다. 먼저 깨달아야 다른 사람을 깨우칠 수 있다. 리더는 앞서 가는 사람이며, 앞서 행하는 사람이다. 리더는 위기에 처했을 때 넋이 나간 사람처럼 앉아만 있어서는 안 된다. 할 수 있는 일을 해야 한다. 우선 작은 조치를 취하는 일부터 해야 한다. 룻기 2장에 보면 나오미를 따라온 룻이 먹을 것이 없는 위기에 처했다. 경제 문제는 생존의 문제다. 코로나19 문제로 수많은 사람이 생계의 위협을 받고 있다. 룻이 먼저 한 일은 작은 조치로 땅에 떨어진 이삭을 줍는 일이었다. 그 첫 걸음을 통해 하나님의 놀라운 일이 전개되었다.

≫ 기도하는 리더가 위기를 기회로 만든다

다니엘은 기도의 중요성을 알고 기도하는 리더였다. 영적 리더십은 하나님 앞으로 나아가는 기도하는 리더십이다. 기도는 하나님께 문제를 가지고 나아가 하나님의 도움을 받는 것이다. 리더는 스스로 기도할 뿐 아니라 다른 사람들을 기도하게 만드는 사람이다.

다니엘은 왕에게 시간을 달라고 부탁한 후, 자기 집으로 돌아와 친구들을 불러 기도 부탁을 했다.

이에 다니엘이 자기 집으로 돌아가서 그 친구 하나냐와 미사엘과 아사랴에게 그 일을 알리고 하늘에 계신 하나님이 이 은밀한 일에 대하여 불쌍히 여기사 다니엘과 친구들이 바벨론의 다른 지혜자들과 함께 죽임을 당하지 않게 하시기를 그들로 하여금 다니엘은 합심기도와 중보기도의 능력을 아는 사람이다. 그의 친구들은 중보기도의 동역자였다. 다니엘은 그들에게 구체적으로 기도제목을 나누었다.

첫째, 왕의 꿈속에 담긴 은밀한 일을 알려 주시도록 중보기도를 부탁했다. 다니엘은 하나님께 기도하면 하나님께서 은밀한 일을 보여 주실 것을 믿었다. 다니엘은 예레미야의 말씀을 잘 알고 있었다. 다니엘은 하나님이 예레미야에게 주신 약속의 말씀을 기억했던 것이 분명하다.

너는 내게 부르짖으라 내가 네게 응답하겠고 네가 알지 못하는 크고 은밀한 일을 네게 보이리라 렘 33:3

우리가 기도할 때 하나님은 세상 사람들이 결코 알 수 없는 은밀한 일을 보여 주신다. 기도는 아무도 알 수 없는 은밀한 일에 대해 계시를 받도록 도와주는 실로 놀라운 일이다.

둘째, 하나님이 그들을 죽음에서 건져 주시도록 중보기도를 부탁했다. 이들의 중보기도는 생명을 구하는 기도였다. 그들의 중보기도에 네 사람의 생명만이 아니라 바벨론의 다른 지혜자들의 생명이 달려 있었다.

셋째, 하나님이 왕과 약속한 시간 안에 응답해 주시도록 중보기도를 부탁했다. 다니엘이 왕을 만났을 때 "시간을 주시면 왕에게 그 해석을 알려드리리이다"(단 2:16)라고 약속했다. 다니엘은 왕께 받은 시간이 길지 않음을 알았다. 분노한 왕이 그에게 충분한 시간을 주지 않았을 것이다.

위기의 순간에 가장 중요한 것은 타이밍이다. 타이밍을 놓치면 위기는 증폭될 수 있다. 만약에 왕과 약속한 시간 내에 기도 응답을 받지 못하면, 그들 모두는 바벨론의 지혜자들과 함께 죽을 것이다. 다니엘은 그의 친구들에게 기도 제목과 함께 왜 기도를 부탁하는지, 언제까지 기도 응답을 받아야 하는지 알려 주었다.

다니엘은 지혜자다. 그는 무엇을, 왜, 그리고 누구에게 구해야 할지를 분별했다. 또한 어떻게 구해야 할지를 분별했다. 그가 아리옥을 만났을 때 '명철하고 슬기로운 말'로 질문을 하면서 도움을 청했다. 왕을 만났을 때 시간을 달라고 구했다. 그는 만나는 대상에 따라 무엇을 어떻게 구해야 할 줄 알았다. 리더는 구하는 사람이다. 중요한 것은 지혜롭게 잘 구하는 것이다. 하나님께든지 사람에게든지 잘 구하는 것이 지혜다.

다니엘이 세 친구에게 기도를 부탁한 후에 자신도 하나님 앞에 나아가 깊이 기도했다. 그가 기도할 때 하나님이 은밀한 것을 환상 가운데 보여 주셨다(단 2:19). 그가 받은 은밀한 것은 느부갓네살 왕의 꿈과 그의 꿈속에 담긴 하나님의 계시였다. 기도 응답을 받은 그는 하나님께 감사 찬양을 올려드렸다.

다니엘이 말하여 이르되 영원부터 영원까지 하나님의 이름을 찬송할 것은 지혜와 능력이 그에게 있음이로다 그는 때와 계절을 바꾸시며 왕들을 폐하시고 왕들을 세우시며 지혜자에게 지혜를 주시고 총명한 자에게 지식을 주시는도다 그는 깊고 은밀한 일을 나타내시고 어두운 데에 있는 것을 아시며 또 빛이 그와 함께 있도다 나의 조상들의 하나님이여 주께서 이제 내게 지혜와 능력을 주시고 우리가 주께 구한 것을 내게 알게 하셨사오니 내가 주께 감사하고 주를 찬양하나이다 곧 주께서 왕의 그 일을 내게 보이셨나이다 하니라 단 2:20-23

기도하면 지혜와 지식과 능력을 얻게 된다. 기도하면 은밀한 일을 보여 주시는 하나님의 놀라운 은혜를 경험하게 된다. 기도하면 문제가 해결되는 것을 경험하게 된다. 여기서 다니엘이 하나님께 감사 찬양을 드릴 때 '내가' 주께 구한 것을 알게 하셨다고 표현하지 않았다. '우리'라고 표현했다(단 2:23). 다니엘은 기도 응답의 은혜를 그의 기도 동역자들과 함께 나눌 줄 알았던 사람이다.

기도 응답을 받은 다니엘은 느부갓네살 왕을 만나 왕의 꿈과 그에 대한 해석을 알려 준다(단 2:24-25). 왕은 다니엘을 통해 하나님께 받은 계시를 들은 후에 그에게 엎드려 절을 하였다. 신하들에게 명하여 예물과 향품을 그에게 선물로 주었다(단 2:46). 느부갓네살 왕은 처음에 약속한 것처럼 그의 꿈과 해석을 보여준 다니엘에게 선물과 상과 큰 영광을 부여해 주었다. 다니엘이 받은 상은 높은 지위였다. 왕이 그를 바벨론 모든 지혜자의 어른으로 삼았다. 그뿐만 아니라 다니엘의 청을 따라 그의 세 친구에게도 관직을 맡겼다(단 2:48-49).

"큰 위기 속에는 큰 기회가 담겨 있다."
"큰 위기를 잘 극복하면 수직으로 상승하는 역사를 경험하게 된다."

다니엘의 생애를 연구해 보면 그가 만났던 큰 위기를 잘 극복할 때마다 수직 상승하는 경험을 하게 된다. 포로로 끌려온 다니엘이 높은 관직을 맡았다. 바벨론 온 지방을 다스리게 되었다. 우리는 여기서 그가 위기를 극복함으로 높은 자리에 올라갔다는 것보다 더 중요한 것을 배워야 한다.

"위기를 잘 극복하면 우리는 이전보다 더 성숙해진다."
"위기를 잘 극복하면 우리는 이전보다 더 지혜로워진다."
"위기를 잘 극복하면 우리는 이전보다 더 믿음이 강해진다."
"위기를 잘 극복하면 우리는 이전보다 더 기도하게 된다."
"위기를 잘 극복하면 그다음에 찾아오는 위기를 더욱 잘 극복할 수 있게 된다."

다니엘 6장을 읽어보면 다리오 왕의 시대에 다니엘이 다시 한번 큰 위기를 만나게 된다. 그를 시기한 고관들이 30일 동안 왕 외에 어떤 신에게나 사람에게 구하면 그를 사자 굴에 던져 넣기로 음모를 꾸몄다. 왕은 그들이 꾸민 음모의 조서에 도장을 찍었다. 정해진 30일 동안에 누구든지 기도하면 사자 굴에 던져 죽이는 조서에 도장이 찍힌 것을 알고도 다니엘은 기도했다. 기도하면 죽는 것을 알고도 기도했다.

그는 위기 때마다 그것을 극복하는 다른 전략을 사용했다. 다니엘 6장의 위기는 자신의 생명에만 관계가 있었는데 그는 누구도 만나지 않고 오직 하나님 앞에 무릎을 꿇고 기도했다.

다니엘이 이 조서에 왕의 도장이 찍힌 것을 알고도 자기 집에 돌아가서는 윗방에 올라가 예루살렘으로 향한 창문을 열고 전에 하던 대로 하루 세 번씩 무릎을 꿇고 기도하며 그의 하나님께 감사하였더라 단 6:10

이때 다니엘의 나이는 85에서 90세 정도로 생각이 된다. 그가 젊은 소년의 때에 바벨론에 와서 이제 거의 70년의 세월이 흘렀다. 그의 지혜와 인격과 믿음이 무르익었다. 하나님에 대한 신뢰가 무르익었다. 그는 기도에 모든 것을 걸었다. 하나님만 의지하는 데 모든 것을 걸었다. 그가 기도했다고 당장 문제가 해결되었던 것은 아니다. 그는 조서에 적힌 것처럼 사자 굴에 던져졌다. 하지만 하나님은 천사를 보내어 사자들의 입을 막았다. 하나님이 그를 건져내셨다. 결과는 역전이었다. 그를 죽이려고 음모를 꾸민 사람들이 사자 굴에 던져져 죽임을 당했다. 그 결과 그는 더욱 존귀하게 쓰임을 받게 되었다. 그는 위기가 기회가 될 때마다 하나님께 영광을 돌린다. 하나님을 선포한다. 그는 참으로 훌륭한 하나님의 사람이었다.

>>> 새 변화에 적응하는 리더가 위기를 기회로 만든다

다니엘은 새 변화에 잘 적응했다. 바벨론에 끌려왔을 때 그는 엄청난 변화를 경험했다. 그는 새로운 이름을 받게 되었다. 새 종교를 만났다. 새 문화를 만났다. 새 학문을 만났다. 낯선 사람들을 새롭게 만났다. 새 일이 주어졌다. 모든 것이 새로웠다. 하지만 그는 잘 적응했다. 하나님을 경외하는 믿음과 헌신에는 변함이 없었다. 하지만 그는 새 변화에 필요한 것들을 잘 배우고 빨리 배웠다. 새 변화를 위한 배움은 필수다. 그래야 잘 적응할 수 있고, 다른 사람들보다 앞서갈 수 있다.

다니엘에게 가장 큰 변화는 예배였다. 그는 더 이상 성전 예배를 드릴 수 없었다. 다니엘이 바벨론에 포로로 끌려올 때 성전은 훼파되었다. 더 이상 성전 예배는 존재하지 않았다. 성전에서 말씀을 가르치던 제사장들을 만날 수 없었다. 그는 너무 멀리 떨어져 있어서 훼파된 성전을 방문조차도 할 수 없었다. 그 야말로 언택트(untact) 시대를 맞이했던 것이다.

하지만 그는 바벨론에서 하나님이 그와 함께하심을 경험했다. 하나님의 터치를 경험했다. 그의 예배는 성전 예배에서 일터 예배로 바뀌었다. 또한 성전 예배에서 가정 예배로 바뀌었다. 그의 예배는 공동체 예배에서 홀로 드리는 예배로 바뀌었다. 그것도 70년 이상을 홀로 예배를 드려야 했다. 설교자 없는 예배였지만 오직 하나님의 임재 앞에서 하나님의 말씀을 의지하면서 예배드렸다. 예루살렘을 향한 문을 열어 놓고 성전을 사모하며 예배를 드렸다. 공동체 예배의 회복을 갈망하며 예배를 드렸다.

유대인들은 12세가 되기 전까지 토라를 암송하여, 머리에 새기고 가슴에 새긴다. 소년 다니엘은 바벨론에 포로로 끌려 온 이후로 그의 마음에 새긴 말씀을 붙잡고 예배를 드렸다. 특별히 그는 예레미야서를 읽으면서 예배를 드렸다.

코로나19는 우리가 그동안 드려온 예배 형식에 놀라운 변화를 만들었다. 교회당에서 모이지 못하고 온라인으로 예배를 드리게 만들었다. 언택트(untact)에서 온택트(ontact)로 이어졌다. 온라인으로 예배드릴 수 있다는 것은 다행스러운 일이다. 다니엘은 온라인으로 예배드릴 수조차 없었다. 그는 오직 하이택트(hightact)를 통해 예배드렸다. 하늘에서 임하신 하나님과의 거룩한 접촉(Holy contact)을 통해 예배드렸다.

리더는 위기의 때에 새 변화를 환영해야 한다. 위기의 때는 새롭게 시작할수 있는 절호의 기회다. 그동안 내려놓고 싶었던 것들을 정리할 수 있는 절호의 기회다. 위기의 때는 빈손의 때다. 하지만 바로 빈손의 때가 새롭게 출발할수 있는 기회다. 새로운 모험을 시도할 수 있는 기회다.

내게 찾아왔던 목회의 위기는 새로운 교회를 시작할 수 있는 기회였다. 모든조직과 교회는 세월이 지나면 본질이 변질하는 경험을 하게 된다. 쓸모없는 규정과 조직과 시스템이 생긴다. 사역이라는 이름 아래 불필요한 회의들과 모임들이 늘어난다. 리더는 새 변화의 순간에 모든 것을 다 내려놓고 새롭게 시작하는 모험에 도전할 수 있다. 그리함으로 사람들을 그들에게 익숙한 자리에서하나님이 원하시는 자리, 곧 낯선 자리로 인도할 수 있게 된다.

필요하다면 어떤 인간관계는 정리해야 한다. 탐 마샬(Tom Marshall)은 사람들과의 관계에도 유통기한이 있다고 가르친다. 음식이나 약품이나 물건만유통기한이 있는 것이 아니라 인간관계에도 있다. 요셉이 애굽에 팔려 갔을 때그의 형제들과의 관계를 잠시 정리하게 된다. 그리고 새로운 관계를 형성하게된다. 요셉은 새로운 만남을 통해 새로운 차원 속으로 들어가게 된다. 똑같은생각과 똑같은 태도와 똑같은 사람들과 만나면 똑같은 결과만 낳는다. 새 변화를 위해서는 새로운 생각, 새로운 태도, 그리고 새로운 만남이 필요하다.

요셉이 보디발의 아내의 유혹을 물리침으로 감옥에 들어갔을 때 그는 새로운 사람들을 만나게 되었다. 그 순간, 보디발과 그의 아내와의 만남의 유통기한이 끝난 것이다. 그리함으로 요셉은 술 맡은 관원장을 만나고, 바로 왕을 만날 수 있는 길이 열린다. 다니엘도 마찬가지다. 고국을 떠나는 순간 그는 익숙한 관계를 떠나 낯선 관계 속으로 들어가게 된다. 새 변화로 가득한 바벨론에서 다니엘은 하나님의 영광을 드러내는 하나님의 사람이 된다.

>>> 나가는 말: 리더는 변화의 위기를 새 변화를 창조하는 기회로 만드는 사람이다

리더는 새 변화에 적응할 뿐만 아니라 새 변화를 창조하는 사람이다. 리더는 새 변화를 만들어내는 사람이다. 리더의 가장 중요한 역할은 새 변화를 만들어내는 것이다. 리더가 새 변화를 만들어내기 위해서는 시대의 변화를 잘 읽어내야 한다. 새 변화에 잘 적응하고, 새 변화를 선용할 줄 알아야 한다.

변화의 위기 가운데 중요한 것이 소통이다. 소통을 새 변화를 창조하는 기회로 여겨야 한다. 소통을 통해 변화하고 있는 정확한 현실을 성도들에게 알려 주어야 한다. 그리고 변화의 시기에 필요한 정보들을 알려 주어야 한다. 코로나19가 시작되고, 주 정부에서 내린 행정 명령이 바뀔 때마다 우리 교회는 정확한 상황을 성도들에게 전달했다. 또한 변화의 시기에 필요한 지혜들을 목회 서신을 통해 계속 소통했다. 코로나19의 변화 속에서 성도들에게 보냈던 목회 서신의 제목을 보면 어떻게 소통했는지를 어느 정도 알 수 있다.

〔고립의 때에 잠잠히 하나님을 바라보는 지혜〕(2020년 3월 1일)
〔어려운 때를 잘 통과하는 지혜〕(2020년 3월 8일)

〔손을 깨끗하게 씻는 지혜〕(2020년 3월 15일)

〔위기의 때에 기본에 충실하는 것이 지혜입니다〕(2020년 3월 29일)

〔변화는 새로운 창조의 시작입니다〕(2020년 5월 24일)

〔고난을 낭비하지 않는 지혜〕(2020년 5월 31일)

〔새 변화를 위해 익숙한 것을 놓아주는 지혜〕(2020년 6월 28일)

〔새 변화에 잘 적응하는 지혜〕(2020년 7월 5일)

〔비우고 새롭게 시작케 하시는 은혜〕(2020년 7월 19일)

〔마음의 응급조치를 하는 지혜〕(2020년 7월 26일)

〔회복력의 세 가지 비밀〕(2020년 8월 2일)

또한 성도들이 하나님의 말씀을 통해 새 변화에 적응하도록 돕는 설교시리즈를 준비하여 말씀을 전했다. 코로나19와 그 변화 때문에 두려워하고 믿음이 흔들리는 성도들을 위해 《견고한 확신과 기도》라는 설교시리즈를 전했다. 또한 《새 변화 속으로 들어가는 용기》와 《새 변화에 함께 하시는 성령님》라는 주제로 설교를 이어갔다. 성도들로 하여금 새 변화를 두려워하는 것이 아니라 환영하고, 변화의 위기를 창조적으로 선용하도록 돕는 일을 해 왔다.

온택트(ontact) 시대의 소통 수단을 선용하여 유튜브 〈감성서신〉을 시작해서 일주일에 2번씩 성도들에게 전달하고 있다. 두려움과 불안의 때에 목회자의 음성을 들려주는 것이 성도들에게 친밀감을 주는 중요한 소통 방법이기 때문이다.

스마트폰에 익숙하지 않은 어른들을 위해 주보와 목회서신 그리고 설교노트를 우편으로 매주 보내드리고 있다. 코로나19로 교회에 나오지 못하는 어른들을 위해 CGN TV 수신기를 설치해드리고, 온라인으로 각 처소에서 예배드릴 수 있도록 최선을 다해 섬기고 있다.

우리 교회는 새 변화에 빠르게 적응하며 말씀을 배우고 나누는 기회들을 새롭게 만들어내고 있다. 코로나19 이후에 온라인 예배와 교육에 필요한 장비들과 도구들을 준비하고 업그레이드했다. 목회자들과 성도들은 온라인 소통 도구들을 빠르게 배우며 활용하고 있다. 줌(Zoom)을 통해 제자반과 성경공부를 진행하고 있다. 온라인으로 임직 훈련을 실시했다. 성도들이 줌(Zoom)을 통해 각종 모임에 참여하고 있다. 줌(Zoom)으로 목자 교육 모임, 목장 모임을 갖고 있으며, 심야 기도회도 매주 가진다. 엄마들을 위한 기도 모임도 마찬가지다.

교회 운영에 중요한 회의도 줌(Zoom)으로 진행하고 있다. 어린이와 청소년들이 온라인 예배뿐만 아니라 줌(Zoom)으로 성경공부와 소그룹모임에 참여하고 있다. 또한 우리 교회가 파송한 세계 곳곳에 있는 선교사님들과 줌(Zoom)을 통해 모임을 가졌다. 이전에 가능하지 않았던 일이 줌(Zoom)이라는 도구를 통해 가능해진 것이다.

또한 변화의 위기와 어려움 중에 있는 커뮤니티를 섬김으로 복음을 전하는 새로운 기회로 삼았다. 교회 주변 이웃들에게 필요한 화장지, 세제, 그리고 마스크를 가장 구매하기 어려웠던 때에 나누어 드렸다. 경찰관들과 장애우를 섬기는 분들과 노숙자들을 섬기는 분들에게 마스크를 전해드렸다. 의료진들에게도 마스크를 전해드렸다. 여러 작은 교회들에 지속적으로 마스크를 전해드렸으며, 우리 교회가 파송한 선교사님들의 자녀들에게도 마스크를 전해 주었다.

변화를 두려워하지 말라. 변화를 환영하라. 새 변화를 선용하고 활용하라. 새 변화를 창조하라. 위기는 새 변화를 창조하는 기회다. 리더는 새 변화 속으로 들어가는 용기가 필요하다. 위기를 기회로 만드는 지혜와 담대함이 필요하다. 무엇보다 영적 리더는 언제나 하나님과 연결되어 있어야 한다. 하나님의 음성에 귀를 기울여야 한다. 하나님이 주도하시는 변화의 파도를 잘 탈 수 있어야 한다. 그때 리더는 변화의 위기를 새 변화를 창조하는 기회로 만들 수 있다. 지금은 어느 때보다 탁월한 영적 리더십이 필요한 때다.

혼돈과 불확실한 시대를 맞이할수록, 새 변화를 선용하고 새 변화를 창조하여 결코 변함없으신 하나님을 전해야 한다. 변하지 않는 복음의 영광을 전해야한다. 영원한 하나님의 나라를 선포해야 한다. 리더는 탁월한 하나님의 지혜를 통해 위기를 기회로 만드는 사람이다. 두려워하고 불안해하는 사람들을 하나님께로 인도하는 사람이다. 탁월한 리더는 위기의 순간에 가장 드러난다. 위기의 순간을 위해 평소에 잘 준비하고 자신을 연마한 리더는 위기의 순간에 더욱 빛을 발하게 된다. 위기를 통해 다니엘처럼 많은 사람을 옳은 길로 인도할 수있게 된다. 리더는 위기를 통해 영혼을 구원하는 기회를 만드는 사람이다. 리더는 위기 가운데 새 변화를 창조하여 사람을 구원하고, 사람을 키우고, 사람을 남기는 사람이다.

지혜 있는 자는 궁창의 빛과 같이 빛날 것이요 많은 사람을 옳은 데로 돌아오게 한자는 별과 같이 영원토록 빛나리라 _단 12:3_

Key point

1. 들어가는 말: 리더는 위기를 기회로 만드는 사람이다

위기(危機)라는 한문은 '위험'과 '기회'라는 두 단어의 합성어. 위기에는 양면이 있다. 위험이 될 수도 있고 기회가 될 수도 있다. 위기를 기회로 만든 영적 지도자 다니엘은 늘 위기를 역전의 드라마로 만들었다.

2. 영혼이 고요한 리더가 위기를 기회로 만든다

영적인 리더는 영혼을 늘 고요하게 가꾸어야 한다. 다니엘은 위기 가운데서도 고요했다. 그는 침착하다. 허둥대지 않는다. 자기 관리에 탁월하다. 리더는 다른 사람들을 다스리기 전에 자신을 먼저 다스려야 한다.

3. 위기를 기회로 여기는 리더가 위기를 기회로 만든다

리더는 위기를 기회로 보는 안목을 가져야 한다. 리더는 소망의 원천을 깨우쳐 주는 사람이며, 사람들로 하여금 소망의 하나님을 바라보게 만들어야 한다. 리더의 분별력은 깨어 있음에서 나온다. 깨어 있어야 깨달을 수 있다. 먼저 깨달아야 다른 사람을 깨우칠 수 있다.

4. 믿음과 지성의 조화를 이룬 리더가 위기를 기회로 만든다

다니엘은 믿음과 냉철한 지성의 조화를 이룬 리더다. 그는 믿음의 사람이었다. 또한 그는 지성의 중요성을 알았던 사람이다.
리더는 위기에 처했을 때, 냉철한 지성을 사용해서 위기의 문제를 해결할 수 있어야 한다.

5. 기도하는 리더가 위기를 기회로 만든다

다니엘은 기도의 중요성을 알고 기도하는 리더였다. 영적 리더십은 하나님 앞으로 나아가는 기도하는 리더십이다. 기도는 하나님께 문제를 가지고 나아가 하나님의 도움을 받는 것이다.

6. 새 변화에 적응하는 리더가 위기를 기회로 만든다

리더는 위기의 때에 새 변화를 환영해야 한다. 위기의 때는 새롭게 시작할 수 있는 절호의 기회다. 목회의 위기는 새로운 교회를 시작할 수 있는 기회였다. 리더는 새 변화의 순간에 모든 것을 다 내려놓고 새롭게 시작하는 모험에 도전 할 수 있다.

7. 나가는 말: 리더는 변화의 위기를 새 변화를 창조하는 기회로 만드는 사람이다

변화를 두려워하지 말라. 변화를 환영하라. 새 변화를 선용하고 활용하라. 새 변화를 창조하라. 위기는 새 변화를 창조하는 기회다. 리더는 위기 가운데 새 변화를 창조하여 사람을 구원하고, 사람을 키우고, 사람을 남기는 사람이다.

10

Think point

진정한 리더십은 위기에서 시작된다. 역사 속 위대한 리더들은 한결같이 위기 속에서 등장했다. 성경의 리더 역시 마찬가지였다. 절망과 고통의 순간 속에서 모두가 낙담하고 있을 때 하나님의 사람은 성령의 음성을 듣고 그의 말에 순종하며 백성을 이끈다. 머리는 냉철하며 가슴은 뜨겁고, 두 손과 발은 사명을 위해 신속히 움직이며, 공동체의 모든 구성원들이 하나님께서 제시하신 목적을 이루기 위해 함께 나아가도록 이끄는 능력, 그것이 바로 리더의 역할이다. 혼돈의 시대 속에서 나는 어떤 리더인가?

- 영혼이 고요한 리더인가.
- 위기를 기회로 여기며 새로운 시작을 이끄는 리더인가.
- 믿음과 지성의 조화를 이루되 냉철한 지성과 순발력과 결단력을 지닌 리더인가.
- 기도하는 리더인가.
- 새로운 상황에 적응하며 대안을 제시하는 리더인가.

모두가 절망을 이야기할 때 깨어있는 리더는 다가올 미래를 직시하며 교회 공동체의 체질과 문화를 변화시키는 사람이다. 실제로 그렇다. 이시대 흔들리지 않는 교회를 보라. 그러한 공동체에는 언제나 남들이 보지 못하는 것을 보고하지 못하는 것을 시도하는 리더가 있다. 그들로 인해 교회는 끊임없이 변하고 움직인다. 결국, 하나님께서 새로운 파도를 만드실 때 그것에 휩쓸려 침몰하지 않고, 파도를 올라타는 생명력이 있다. 역사는 바로 그러한 사람들에 의해 만들어진다.

팬데믹 위기의 시대, 교회가 여전히 소망이 있는 것은 하나님께서 살아계시고, 그와 함께 미래를 준비하는 리더가 있기 때문이다. 과거에 머물지 말고 미래를 바라보라. 깨어 일어나 더 열심히 연구하고 노력하고 연합하여 새로운 길을 향해 나아가길 바란다. 하나님은 지금도 이 시대를 위해 깨어 준비하고 있는 리더를 찾고 계신다. 바로 나 자신이 그런 리더가 되기 위해 노력하는 그 한 사람이길 기대한다.

Discussion

1. 위기를 기회로 바꾸는 리더를 경험해 본 적이 있는가? 그들을 통해 배운 점은 무엇인가?

2. 교회 공동체와 조직을 변화시키는 리더가 되기 위해 자기개발이 필요한 요소와 이를 향상시키기 위해 새롭게 만들어야 할 습관이 무엇인지 생각해 보자.

3. 4차 산업혁명과 포스트 코로나 시대를 위해 필요한 리더 상을 그려 보고, 그러한 리더를 만들기 위해 교회는 어떤 문화를 만들어야 할지 나눠 보자.

11/ JR Woodward

Radford University, George Mason University를 졸업하고, Fuller Theological Seminary(M.A.), University of Manchester(Ph.D.)에서 수학한 JR Woodward는 The V3 Church Planting Movement의 National Director, Missio Alliance와 The Praxis Gathering의 공동창설자이다. 저서로 『Sent to Flourist』, 『The Church as Movement』, 『Creating a Missional Culture』 외 다수가 있다.

*V3 Movement 홈페이지

운동의 구조:
팬데믹은 선교적 제자를 위해 교회를 재조직할 필요성을 어떻게 드러내는가?

JR Woodward

코로나 팬데믹을 지나며 교회는 비대면 예배와 사회적 거리두기 등의 영향으로 공간을 새로운 방식으로 활용할 필요가 생겼다. 우리는 그 새로운 시도를 하기 전, 예수님의 사역을 통해 공간의 활용법을 재발견하고, 오늘날 적용하여 새로운 발전의 가능성을 예측해볼 수 있다. 새로운 선교적 공간에서 이루어지는 제자도의 훈련은 변화무쌍한 새 시대를 살아가야 할 우리에게 더욱 굳건한 믿음을 더해줄 것이다.

운동의 구조:
팬데믹은 선교적 제자를 위해 교회를 재조직할 필요성을 어떻게 드러내는가?

우리는 지금 한 세대를 통틀어, 가장 심각한 혼란을 겪고 있다. 이 글을 쓰고 있는 시점, 코로나19는 전 세계적으로 1억 명이 넘는 사람을 감염시켰고 3,000,000여 명이 넘는 사망자를 낳았다. 경제가 침체하고 실업률이 최고치에 도달하면서, 대부분의 나라가 큰 타격을 입었다.

또한, 미국에서는 지역사회를 보호하고 봉사하라는 부름을 받은 경찰관이 저지른 '조지 플로이드의 살인 사건'을 통해, 미국의 탄생 이후 집단적 정신에 기생했던 인종주의가 소수자를 지속적으로 파괴하고 있음을 다시 한번 보여 주었다. 중국이 구금하고 있는 100만 명이 넘는 위구르인, 카자흐인, 여타 지배적인 무슬림 집단은 비극적인 인권 문제가 어디서나 발견될 수 있음을 보여준다.

팬데믹, 인종적 위기, 경제 침체, 인권 침해, 핵 위험 증가, 기후 변화의 속도…. 그것은 마치 묵시처럼 느껴진다. 얼마나 이 상황이 악화되었는지, 원자 과학자 게시판에서 측정하는 최후의 날 시계는 세계가 파괴되기 100초 전으로 재설정되었다.[9] 계시록의 저자 요한이 우리에게 상기 시켜 주듯 현재 우리는 묵시적 시간을 살아가고 있다. 분명 우리의 세계는 더욱 묵시적으로 느껴지고 있

---

9) Doyle Rice, USA Today, (2020년 1월 23일)
https://www.usatoday.com/story/news/nation/2020/01/23/doomsday-clock-well-find-out-thursday-how-close-we-midnight/4541997002/ accessed August, 1, 2020.

260 | 뉴노멀 시대, 교회의 위대한 모험

다. 묵시문학의 목적은 무언가를 밝히거나 드러내는 것이다. 그러한 측면에서, 지금 하나님은 당신에게 무엇을 드러내고 계시는가? 하나님은 지금 이 시대 교회를 향해 무엇을 말씀하시는가? 또한 당신은 교회를 어떻게 바라보고 있는가?

나는 기도하는 마음으로 질문의 답을 숙고했다. 그 결과 교회가 제자도의 위기에 직면했다는 사실을 분명히 깨달을 수 있었다. 이러한 위기는 최근 몇 년 동안 타락한 주요 지도자들에 의해 더 가시화되었다. 예수께서 교회에 요구하시는 능력이 결여되고 있음이 더욱 분명히 드러나고 있다.

오늘날 우리는 라스베이거스 쇼에 필적할 만한 최첨단 예배를 제작하는 일에는 익숙해졌을지 모른다. 그러나 정작 교회의 가장 기본적인 임무 즉 예수 그리스도를 본받는 사람이 되고 그런 사람을 키우는 일에는 근본적으로 실패한 듯 보인다.

≫ 우리의 공동 임무를 기억하기

우리가 예수께서 "모든 민족으로 제자를 삼고 그들을 삼위일체적 삶 속으로 세례를 베풀도록"[10] 주신 지상명령에 충실하려면 어떻게 해야 할까? 교회는 종교를 상품화하고 성도를 소비자로 바라보며 그들의 수를 증가시키는 데에 치중하는 모습에서 벗어나야 한다. 즉, 교회가 종교적 산업 단지가 되는 것으로부터 벗어야 한다. 동시에 이웃과 사회의 공동선을 추구하는 지속적인 믿음, 굳건한 소망, 희생적인 사랑을 가져야 한다. 곧 예수 백성으로서의 운동을 펼쳐 나가야 한다.

---

10) 이는 달라스 윌라드(Dallas Willard)가 이 구절을 번역하고자 했던 방식이다.

그렇다면 초대교회의 운동을 계승하기 위해 오늘날 교회는 어떤 노력을 해야 하는가? 제자도를 중심에 두어야 한다. 만약 우리가 제자도를 우선순위에 두지 않는 현재의 모습에 머물러 있다면, 초대교회의 운동은 계승해나갈 수 없을 것이다. 이제 우리는 이러한 변화를 일으키는 구조를 만들어내야 한다.

여기서 나는 팬데믹이 선교에 있어 어떠한 변화를 일으키는지를 보고자 한다. 팬데믹은 제자도의 강화를 위한 교회의 재구성을 촉구하고 있다. 이는 하나님이 부당하게 흘러가는 현재 교회 구조를 바꾸도록 허용하고 계심을 의미한다. 또한 교회가 앞으로 보다 선교적이고 역동적인 방식으로 나가길 원하고 계심을 의미한다.

>>> 선교신학 및 운동교회론을 구현하기

교회가 운동이 되어야 한다는 것은 무슨 의미인가?

『운동으로서의 교회 The Church as Movement』에 나는 이렇게 썼다.

운동은 하나님과의 교제 안에서 살라는 부르심에 우리가 응답할 때 발생하는 것이다. 우리는 그분과 더불어 살아가는 삶 속에서 그분의 왕국의 표징, 맛, 도구 역할을 하는 공동체로 살아간다. 곧 임무를 수행하기 위해 보내심을 받았다(행 1:1). 그 운동은 선교를 통해 성숙해져가는 제자들—세상 속에서 세상을 위해 그리스도의 방식으로 살아가는—을 활발하게 양육할 때 발생한다.

운동은 사람들을 선교로 이끄는 구조와 시스템을 개발하는 것이며, 제자도 그룹, 선교 공동체, 교회 간의 네트워크를 재생산하는 것은 그 운동이 가지고 있는 DNA의 자연스러운 일부분이다. 또한 운동은 파급 효과를 낸다: 연못에 바위를 던지면 연못 전체를

덮을 때까지 계속해서 물결이 생성된다.[11]

우리는 제자도를 중심에 두는 것에 대한 의미에 주목하기 전에 먼저 고찰해야 할 것이 있다. 예수 그리스도를 닮고자 하는 사람들을 증가시키는 것에 관한 큰 틀을 살펴보는 것이다. 북미에 기반을 둔 교회 개척 운동 V3을 보면, 교회 개척자들은 선교신학과 운동교회론을 구현할 수 있도록 훈련받는다. 이때 선교신학은 하나님이 선교의 창시자이자 지지자라는 점을 이해시키는 것은 물론 선교를 향한 우리의 자세를 돕는다. 그리고 운동교회론은 하나님의 선교에 참여하는 우리의 역할을 구체적으로 이해할 수 있도록 돕는다.

>>> 선교신학

1950년대 이래 발전해 온 선교신학은 적어도 6가지 요소를 포함한다. 먼저 여기에는 '삼위일체적 선교론, 하나님의 선교(Missio Dei), 하나님의 왕국(통치), 보내심 받은 교회, 선교적 해석학'이 포함된다. 그리고 종종 간과되지만 다른 다섯 가지를 뒷받침하기 때문에 가장 중요하다고 할 수 있는 선교적 영성 또한 여기에 속한다. 선교적 영성 속에서 지도자의 정체성은 자신의 이미지에 사로잡히지 않는다. 그들은 자신 대신 하나님에 기반을 둔 정체성을 갖는다.

삼위일체적 선교론과 하나님의 선교는 각각 하나님의 '사회적 본질'과 '파송하시는 본질'을 의미한다. 태초에 공동체가 있었다. 아버지와 아들과 영은 상호

---

11) J. R. Woodward and Dan White Jr, *The Church as Movement: Starting and Sustaining Missional-Incarnational Communities* (Downers Grove, IL: InterVarsity Press, 2016), 23.

적인 사랑과 봉사를 통해 공동체가 어떤 모습이어야 하는지를 보여 주었다. 레오나르도 보프(Leonardo Boff)가 기록했듯이, "공동체란, 존재하는 가장 깊고도 가장 기초적인 실재이다."[12] 삼위일체적 선교론이 하나님의 사회적 본질에 관하여 말하는 반면에, 하나님의 선교는 하나님의 파송하시는 본질에 관하여 말한다. 우주의 중심에는 선교사 하나님이 존재한다. 아버지께서는 아들을 보내셨고, 아버지와 아들은 그 영을 보내셨으며, 삼위일체 하나님은 우리를 보내셨다. 다시 말해서, 하나님의 그 본성 안에 보내심의 개념이 있다. 하나님보다 더 큰 선교의 마음을 가진 존재는 없다. 그분은 선교의 창시자이기 때문에, 우리는 하나님이 하시는 일을 듣고 관찰하는 것에 우선순위를 두어야 한다.

하나님의 왕국(통치)은 복음이 어떻게 왕과 왕국에 관련될 수 있는지를 보여준다. 복음이란, 타락에 의해 만들어진 포괄적인 분열―우리와 하나님 사이에(신학적), 서로 간에(사회적), 우리 자신 안에(심리적), 모든 피조물과 더불어(생태적)―이 그리스도의 삶과 죽음과 부활을 통해 모두 화해했음을 드러낸다. 이로 인해 우리는 새로운 창조를 통해 만물을 새롭게 하시는 하나님과 함께하게 된다(계 21:1-5).

파송된 사람이 된다는 것은 교회의 선교적 성격을 보여준다. 예수께서 말씀하시길, "아버지께서 나를 보내셨듯이 나도 너희를 보낸다"(요 20:21)고 하셨다. 우리는 보내심을 받은 사람들이다. 베드로는 유대인들에게, 바울은 이방인들에게 보내졌다. 하나님은 당신의 공동체를 누구에게 보내셨는가?

선교적 해석학은 우리로 하여금 성경이 선교사 하나님에 의해 감화되었으며, 선교사에 의해, 선교사를 위해 기록된 책임을 알게 해 준다. 이러한 선교적 해석학은 선교적 렌즈 없이는 성립하지 않는다.

---

12) Leonardo Boff, *Holy Trinity, Perfect Community* (Maryknoll, NY: Orbis, 2000), 3.

이것들은 선교라는 나무의 다섯 가지 신학적 뿌리다. 이것들은 수 세기에 걸쳐 대다수의 교회를 위해 서로 떨어져 발전해 왔던 선교학과 교회론을 재결합시키도록 돕는다. 이것이 다섯 가지 뿌리라면, 선교라는 나무의 토양은 선교적 영성이다. 이것은 하나님의 사랑의 높이, 깊이, 넓이, 길이에 뿌리내린 하나님의 삼위일체에 기반을 둔 삶을 다룬다(엡 3:14-19).

>>> 운동교회론

선교신학은 교회가 세상에서 겸손한 자세를 갖게 하는 기초가 된다. 이와 달리 운동교회론은 그리스도의 방법으로 살아가는 선교적 제자들의 증가를 목격하기 위해 필요한 것이다. 운동교회론에는 다섯 가지 요소가 있다.

첫째, 온전한 복음이다. 우리는 이야기로 형성된 피조물이다. 우리는 이야기 속에서 태어나고 이야기에 의해 자란다. 우리 삶의 모든 중요한 질문들은 이야기로 대답할 수 있다. "나는 누구인가? 나는 어디에서 왔는가? 나는 무엇을 위해 여기 있는가? 죽음 후에는 어떻게 되는가?" 하나님께서는 이에 대한 답을 이야기로 풀어내신다. 영원의 과거로부터 시작하여 영원의 미래에까지 뻗어 나가는 방식으로 풀어내신다. 또한 하나님의 방법대로 피조물을 구원하기 위해 오신 이야기를 놀랍게 풀어내신다. 만약 믿음이 하나의 관념이라면 지성만으로도 충분하겠지만, 믿음은 살아내야 할 삶이기 때문에 우리에게는 이야기가 필요하다.

우리 모두는 어떤 이야기, 곧 어떤 내러티브의 일부이다. 우리가 살아가는 이야기는 우리가 매일 기록하는 하나의 대본을 형성한다. 우리는 하나님의 이야기 속에서 살아가는 사람들을 돕도록 부르심을 받았는데, 그 이야기를 통해 우리는 세상 속 어떤 것은 끔찍하게 잘못되었음을 깨닫게 된다. 또한 더 나은 어떤 것이 다가오고 있음을 인식하게 된다. 곧 만물을 향한 하나님의 화해가 이루어지는 위대한 이야기에 참여하게 된다.

둘째, 증언의 두 지점이다. 우리는 파송된 사람으로서 하나님께 어떤 이웃 및 네트워크로 나를 보내셨는지 물어야 한다. 이웃은 물리적인 지점을, 네트워크는 사회적인 지점을 의미한다.

셋째, 교회 내에 존재하는 세 가지 요소는 '성찬, 공동체, 공동임무'다. 우리가 교회의 본질과 근원적인 기능을 이해할 때, 우리는 하나님께서 우리로 하여금 보내신 사람들을 위한 교회가 된다는 것이 무엇을 의미하는지를 재상상할 수 있다. 이 점에서 우리는 친교(상향), 공동체(내향), 공동 임무(외향)를 중심으로 삶의 규칙과 리듬을 형성해야 한다.

넷째, 소속의 4가지 공간이다. 4가지 공간들에서 어떻게 살아가는지를 통해 제자도의 위치가 결정된다. 우리 삶에 있어 주변부에 머무를 수도 있고 중심부에 위치하게 될 수도 있다. 이러한 공간들은 1960년대 에드워드 홀(Edward T. Hall)에 의해 정의되었으며, 이후 조셉 마이어(Joseph Myers)의 저서 『소속에의 추구 *The Search to Belong*』를 통해 알려졌다. 공간은 크기와 사회적 거리로 정의된다. 이러한 공간들은, 여기서 언급된바, 다른 공간들보다 어떠한 기능을 더 잘 수행한다.

- 친밀한 공간: 당신의 영혼을 드러내어도 좋은 2-3명의 그룹
- 개인적 공간: 당신이 함께 연습하고, 배우고, 성장하는 5-12명의 그룹
- 사회적 공간: 20-50명의 그룹과 함께 하는 참여적 선교 경험
- 공적 공간: 사람들을 분열시키는 이데올로기를 드러내는 방식으로 하나님 나라를 선포하기 위한 70명 이상의 모임

운동교회론을 구현하는 다섯째이자 마지막 중요한 요소는 5중 지성을 개발하는 것이다. 우리가 연합과 성숙을 원한다면(엡 4:1-16), 우리는 하나님께서 몸에 심어놓으신 발생적 암호들을 확인하고, 배양하고, 활성화시켜야 한다. 이를 위해 사도들은 몸을 촉진하고 위임한다. 예언자는 거짓을 폭로하고 반문화적 정신으로 가득 찬 공동체를 구현함으로써 사람들로 하여금 하나님의 통치 아래 살도록 촉구한다. 복음전도자는 사람들을 왕국으로 초대하고 선교를 위해 몸을 자극한다. 목회자는 공동체를 늑대로부터 보호하고 인도한다. 교사는 본문을 해석하고 다른 사람들에게 하나님을 위해 사는 방법을 알려 주는 데 익숙하다. 5중 지성을 갖는 것은 단지 자신의 개인적인 소명을 이해하는 차원에 머무르지 않는다. 이것은 교회의 건강을 검사하는 방법이기도 하다.[13]

>>> 교회의 삶을 재조직할 필요성

선교신학과 운동교회론을 구현하는 것이 무엇을 의미하는지 넓은 시각으로 살펴보았다. 이제 교회의 삶을 재구성해야 할 필요가 있는지 검토해보자. 만약 당신이 선교적 제자를 양성하는 활기찬 제자도 문화를 회중 속에서 키워내고자 한다면, 소속의 4가지 공간에 관하여 깊이 생각해야 한다. 팬데믹은 우리가 교회와 함께 살아가는 방식에 큰 혼란을 주었지만 앞으로 교회로 하여금 새로운 관점을 갖게 하는 기회를 만들어 주었다. 이러한 팬데믹이 교회로 하여금 더욱 성숙하고 활기찬 선교를 함에 있어 어떤 도움을 줄 것인가? 하나님께서는 당신에게 무엇을 드러내시는가?

---

13) 나는 나의 첫 저술에서 5중 지성에 관하여 집약적으로 소개했다. *Creating a Missional Culture* (IVP, 2012).

먼저, 이러한 소속의 4가지 공간들-친밀한, 개인적, 사회적, 공적-이 전형적으로 교회의 삶에서 어떻게 나타나는지 검토해보자. 그런 다음에 예수님께서는 이러한 공간들을 어떻게 사용하셨는지 살펴보자. 당신이 소속의 4가지 공간에 대해 숙고해 볼 때, 당신은 교회가 가장 많은 시간, 에너지 및 자원을 투자하고 있는 공간이 어디라고 생각하는가? 그리고 그 이유는 무엇인가?

내가 이 질문을 북미와 세계 여러 지역의 다양한 콘퍼런스에서 수백 명의 목회자들에게 던졌을 때, 만장일치의 대답은 '공적인 공간'이었다. 사람들은 시간, 에너지 및 자원의 85~90%를 공적인 공간에 사용하고, 나머지는 소그룹 형태로 개인적 공간에 사용한다고 말한다.

소속의 4가지 공간에 관하여 내가 지도자들에게 묻는 다음 질문은 다음과 같다. "당신은 예수께서 시간과 에너지의 대부분을 어느 공간에 바치셨다고 생각하는가?" 이 질문에 대해 숙고할 때, 압도적 다수는 12명의 제자와 함께 했던 공간이라고 대답할 것이다. 물론 베드로, 야고보, 요한은 12명 중에서도 보다 더 주목받았다. 사회학자가 이러한 소속의 4가지 공간을 발견했던 것은 1960년대였지만, 예수께서는 당시의 이러한 공간들에서 직관적으로 살아가셨다. 그분은 3명(야고보, 베드로, 요한)을 신뢰하셨고, 12명을 훈련시키셨으며, 70명을 선교에 동원하고, 군중에게 비유로 말씀하셨다. 예수께서 4가지 공간을 어떻게 사용하셨는지 봄으로써 우리는 무엇을 배울 수 있으며, 이를 통해 교회를 어떻게 구성할 수 있을까?

>>> 현재의 모델과 가정들

많은 교회 지도자들의 상상력을 사로잡은 현재의 모델은 개인적 공간(소그룹)에는 약간의 관심을 기울이면서 공적 공간(주간 예배 모임)에 막대한 투자를 하는 것이다. 이러한 모델을 뒷받침하는 일반적인 가정은 무엇인가?

- 소속의 4가지 공간 중 가장 중요한 공간은 공적 공간이다.
- 우리가 군중을 더 잘 끌어들일수록, 더 많은 제자를 키울 수 있다.
- 우리는 더 많은 사람이 올 수 있도록 가능한 한 가장 역동적인 공적 공간을 가지고 있어야 한다.
- "와보라" 식의 접근은 "가서 함께" 식의 선교적 접근보다 근본적으로 더 중요하다.
- 우리의 주일 모임에 오는 사람들을 늘리는 것은 개인적 공간 및 사회적 공간에서 제자를 늘리는 것보다 제자를 키우는 데 더 강력하다.

>>> 예수와 군중에 관한 가정을 검증하기

예수의 생애를 살펴보면서 이러한 가정 중 몇몇을 검토해보자. 예수께서는 공적 공간을 가장 중요한 공간으로 여기셨는가? 이 공간에서 그분의 목표는 가능한 한 가장 많은 군중을 모아서 결국에는 그들로 하여금 그리스도를 닮아가는 자들로 전환될 수 있도록 하는 것이었다.

예수의 목표가 큰 무리를 세우는 것이었다면, 적어도 누가복음에 따르면 그의 시작은 실패였다. 누가복음에 기록된, 예수께서 고향에서 가르치신 첫째 메시지는, 군중이 그분을 절벽 위에서 던지기 전에 탈출해야 하는 장면으로 끝났다(눅 4:14-30). 군중을 모으는 것이 예수의 목표였다면, 그분의 출발은 대단하지 않았다. 어쩌면 그분의 메시지는 고향 사람들에게 너무 도전적이었을지도 모른다.

예수의 설교의 공통된 요소 중 하나는 그분이 편한 사람(현재의 사회 계약으로 혜택을 받는 사람, 특권을 가진 사람)을 괴롭히고, 방해받는 사람(현재의 사회 계약으로 인해 불이익을 받는 사람, 억압받는 사람)을 평안케 했다는 것이다. 그뿐만 아니라, 많은 사람을 끌어들이는 것에 중점을 두고 살펴본다면, 그는 실력이 모자란 실행가로 간주되어야 한다. 그의 수사적 스타일은 메시지가 단순하고, 관련성이 있고, 명확하고, 무엇보다 매우 실용적이어야 한다고 조언하는 전문가의 입장과 상반되는 것처럼 보인다.

구도자에게 민감한 전문가는 우리의 메시지가 단순하고, 관련성이 있고, 명확하고, 무엇보다 매우 실용적이어야 한다고 말하지만, 그의 수사적 스타일은 그 조언과 상반되는 것처럼 보인다.

공적 공간에서 예수의 수사적 전략은 무엇이었는가? 예수께서는 종종 전복적이고 파괴적인 비유로 말씀하셨으며, 현재의 제국으로부터 혜택을 받지 못하는 대다수의 사람에게 호기심을 불러일으키셨다. 그분이 선택하신 방법은 비유로 말씀하는 것이었다. 이에 대한 고전적인 본문은 씨 뿌리는 사람의 비유(막 4:1-20; 마 13:1-23)이며, 마태복음에서 이 비유는 잡초의 비유로 이어진다.

우리는 예수께서 많은 비유를 사용하여 군중에게 말씀하셨음을 알고 있다. 제자들이 와서 "왜 사람들에게 비유로 말씀하십니까?"라고 물었을 때(마 13:10) 그분은 "이르시되 하나님 나라의 비밀을 너희에게는 주었으나 외인에게는 모든 것을 비유로 하나니"(막 4:11)라고 말씀하셨다. 그런 다음 예언자 이사야를 인용하면서 다시 비유로 말씀하셨다. "이는 그들로 보기는 보아도 알지 못하며 듣기는 들어도 깨닫지 못하게 하여 돌이켜 죄 사함을 얻지 못하게 하려 함이라 하시고"(막 4:12). 이는 결코 간단하지 않으며, 명확하거나 실용적이지도 않다. 사실은 전복적이고 파괴적이며, 우리를 혼란스럽게 한다.

혹자는 예수께서 5,000명에게 말씀하신 후 먹이지 않으셨냐고 이의를 제기할 것이다. 공적 공간을 강조하는 경향이 있는 일부 사람들은 예수의 방법론이 군중을 먼저 끌어들였다는 증거로 이 사건을 지적한다. 카를 파터(Karl Vater)는 〈예수와 군중: 불행한 결혼〉이라는 제목의 아티클에서 다음과 같이 설명한다. "예수는 군중의 가치를 높이 사지 않았다. 심지어 그는 군중을 믿지도 않았다(요 2:23-24). 그러나 그는 그 안에 있는 사람들을 소중히 여겼다."[14] 그는 지적하기를, 성경에 기록된 가장 큰 군중은 오병이어의 5,000명이었는데, 어떤 사람들은 이 기록을 사용하여 우리가 예수님처럼 되기 위해 군중을 모으는 일에 대부분의 시간, 재능 및 자원을 소비하는 일의 중요성을 정당화한다고 한다. 그는 이러한 생각에 의문을 제기한다.

그의 첫째 요점은, 이 특별한 경우에서도 예수께서는 실제로 군중을 피하려 했지만 그들이 예수님을 따라 외딴곳까지 왔다는 것이다. 사람들에 대한 그분의 관심 때문에, 그분은 제자들로 하여금 그들을 먹이도록 하셨다. 둘째, 만약 예수와 복음서 저자들이 그분의 말씀을 들으러 온 사람들의 숫자에 매혹되었다면, 여성들과 아이들을 셈에 포함해야 했다. 그랬다면 보다 인상적이었을 것이다. 마지막으로, 예수와 제자들이 많은 인원을 모으기 위해 세운 전략의 성공으로 큰 무리가 동원되었음에 놀랐으며, 앞으로 어떻게 하면 더 많은 사람을 모을 수 있을지 방법을 논의했을 것이라고 생각하는가?

예수께서는 때때로 군중에게서 벗어나려 하셨고, 군중을 줄어들게 하는 말을 할 수도 있었다. 제자들을 향해서 "너희도 나를 떠날 것이냐?"라고 물은 적도 있었다. 예수께서는 군중이 변덕스러우며, 쉽게 떠날 것을 잘 알고 계셨다. 그리고 스스로 군중에 유혹 받거나 그들의 포로가 되는 것을 허용하지 않으셨을

---

14) Karl Vaters, "Jesus and the Crowds – An Unhappy Marriage" ChristianityToday.com, 2020년 7월 31일에 접속. https://www.christianitytoday.com/karl-vaters/2017/june/jesus-and-crowds-unhappy-marriage.html

것이다. 대신 그는 군중이 자신을 옹립하는 것은 거부했지만, 군중 속의 사람들을 사랑하셨고 그들을 위해 자신을 십자가에 못 박도록 허용하셨다. 또한 예수의 정체성은 아버지에게 기반을 두고 있었다. 그는 자신의 이미지에 사로잡혀 있지 않았다.

만약 우리가 군중이나 공적 공간에 우선순위를 두어야 한다면, 예수께서는 이러한 방법론에 미숙한 실천가로 간주되어야 할 것이다. 소속의 4가지 공간들은 모두가 중요하지만, 군중을 지나치게 강조하는 것은 실수이다. 동시에, 일부 사람들이 공적 공간을 강조하는 것에 대한 반동으로 공적 공간을 덜 강조하는 것 또한 실수이다.

>>> 공공의 메시지는 공적 공간을 요구한다

예수께서는 공적 공간에 있는 군중이 자신을 유혹하는 것을 허용하지 않으셨다. 대신 그분은 유대인과 이방인의 영토에 거하는 군중에게 하나님의 왕국을 선포했다. 예수의 공적 공간 사용은 오늘날 우리의 모습보다 더 자연스러웠다. 그리고 공적 장소에서 설교하심으로써 그분은 자신의 메시지가 광장을 위한 것임을 분명히 하셨다. 그뿐만 아니라, 예수께서는 하나님의 왕국이 가까이 왔다고 설교하시면서 자신의 사역을 시작하셨다(막 1:14-15). 그리고 산상수훈의 공개적 선포를 통해 제자들에게 기도하는 법을 말씀하셨는데, 이때 "아버지의 왕국이 임하시고 아버지의 뜻이 하늘에서와 같이 땅에서도 이루어지소서"(마 6:10)라고 가르치셨다.

예수께서 선포하신 복음은 개인적인 것이 아니라 공적이었다. 또한 사회적이고 우주적인 현실에 관하여 말씀하셨다. 예수의 메시지는 천국에 가는 개인에 관한 영지주의적인 복음이 아니었다. 오히려 천국이 어떻게 지상에 내려올 것인지에 관하여 말하는 왕국의 복음이었다. 보다 더 구체적인 방법으로 우리가 그분의 왕국이 지상에 임하기를 기도한다면, 복음은 다른 세계에 관한 것이 아니라 이 세계에 관한 것이 될 것이다.

우리가 가진 메시지는 사적인 메시지가 아니라 공적인 메시지이다. 우리는 거주하는 이방인으로서, 세상의 방식과는 거리를 두되 동시에 땅의 거주자로 살아가야 한다. 교회는 여기에 존재하는 왕국의 표징, 맛, 도구가 되어야 한다. 우리는 좋은 소식을 공개적으로 선포해야 한다. 공적 공간을 악마화해서는 안 된다. 그렇지 않으면 우리의 복음은 사유화되고 개별화된다. 그뿐만 아니라, 공적 공간이 우상화되어서도 안 된다. 그렇지 않으면 우리는 그리스도가 아닌 군중의 포로가 될 수 있기 때문이다. 우리는 공적 공간을 우상화하거나 악마화하는 대신에, 재상상해야 한다. 제자들을 선교에 동원하는 본 챕터의 요점으로 넘어가야 하므로, 여기서는 이러한 상상을 위한 시간을 따로 마련하지는 않겠다.

≫ 운동을 위한 조직화

팬데믹 시대에 선교를 위해 제자들을 동원하고자 한다면, 모든 교회 지도자들은 이러한 조직적 운동이 무엇을 의미하는지를 생각하고 질문해야 한다. "우리가 재생산하고자 하는 일차적인 공간(친밀한, 개인적인, 사회적인, 공적인)은 무엇이어야 하며 그 이유는 무엇인가?" 운동은 증가를 위한 것이다. 증가는 재생력을 요구한다. 따라서 우리가 증가시키기로 선택한 공간은 모든 신자의 제사장권을 강조하면서 누구에 의해서라도 재생산될 수 있어야 한다.

만약 우리가 1960년대에 에드워드 홀(Edward T. Hall)이 발견했고 예수의 삶에 반영되었던 사회적 실재들에 따라 우리의 교회를 이해하지 못하고, 조직하지 못한다면, 이는 강에서 노를 젓지도 않고 상류로 오르려는 시도와도 같을 것이다. 대신에 우리는 예수께서 4가지 공간들을 어떻게 사용하셨는지, 그리고 그것을 공간에서 어떻게 실천할 수 있는지 검토해야 한다.

≫ 각각의 공간은 나름의 일차적인 목적을 갖는다

4가지 공간들의 갖는 매력은 각각의 공간 - 친밀한(3~4명), 개인적(5~12명), 사회적(20~50명), 공적(70명 이상) - 이 다른 공간에서는 제공할 수 없는 것을 전달하도록 설계되었다는 점이다. 만약 누군가가 공적 공간에 참여하여 그들의 친밀한 욕구가 충족되기를 기대한다면, 그들은 매우 실망할 것이다. 공적 공간은 우리가 우리 자신에 대한 가장 친밀한 것들을 공유할 수 있도록 설계된 공간이 아니다. 이는 친밀한 공간에서 훨씬 잘 이뤄질 수 있다. 반면에 공공의 메시지를 선포하고 추진력과 에너지를 세우고자 한다면, 공적 공간은 이를 잘 전달할 수 있다.

만약 누군가가 소속의 감정을 경험할 수 있는 공동체에서 선교를 위해 살고 싶어 한다고 해 보자. 사실 사회적 공간에서는 이런 경험을 더 잘 실현할 수 있다. 여기에는 20~50명의 사람들이 포함되기 때문에, 이 공간에서는 사람들이 의미 있는 관계를 맺을 가능성이 더 크다. 반대로 누군가가 예수의 성품과 능력을 개발하도록 제자들을 준비시키고자 한다면, 그분이 열두 제자에게 하셨던 것처럼 하면 된다. 개인적 공간보다 더 좋은 공간은 없다. 예수께서는 깊이 있는 제자도가 밀접한 접근을 필요로 한다는 사실을 이해하셨던 것 같다. 또한 인간으로서 우리가 배우는 가장 중요한 교훈은 모방을 통해 전달된다는 것을 아셨던 것 같다. 우리의 말로 교육하거나 가르치는 것은 우리가 훈련시키는 사람들의 마음을 형성하는 반면, 모방은 우리가 준비시키고자 하는 사람들의 마음을 형성한다. 르네 지라르(René Girard)에 따르면, 우리는 모델의 욕구조차 모방하기도 한다.

방금 언급한 이러한 기본 가정들이 정확하다면, 우리가 중점을 두어야 할 가장 중요한 공간은 사회적 공간 내의 개인적 공간이다. 개인적 공간 및 사회적 공간의 성격과 목적을 검토함으로써 이것이 의미하는 바를 살펴보자.

≫ 개인적 공간: 소그룹으로부터 제자도 코어까지

개인적 공간은 오늘날 대부분의 교회에서 소그룹이 운영되는 방식과 확연히 다르다. 소그룹과 제자도 코어의 몇 가지 차이점을 검토해 보자. 크기는 같지만, 각각의 차원을 살펴보면 다른 특성을 가지고 있음을 알 수 있다.

참여자를 고려해 보자면, 대부분의 소그룹은 참여를 원하는 모든 사람에게 개방된 반면, 제자도 코어는 예수의 제자가 되기로 헌신하고 제자화의 길을 가기 위해 출발을 준비한 사람들을 위해 설계되었다. 소그룹은 일반적으로 정해진 시간과 장소에서 진행되는 반면, 제자도 코어의 참여는 마치 예수께서 열두 제자를 불러 모으셨듯이 초대를 통해서만 이루어진다. 회복을 지향하는 소그룹은 대부분 새로운 사람을 환영하는 개방형 성향이다. 이러한 경우 사람들을 환대하려는 특성이 있어서 음식을 나누어 먹기도 하는데, 그렇다고 그룹 내에서 깊은 영적 형성이 반드시 일어나는 것은 아니다. 이와 달리 제자도 코어는 오로지 초대를 통해서만 가능하며, 폐쇄적인 특성을 갖는다. 그것은 사회적 공간에서 선교하며 살아가는 공동체를 발전시킨다는 목표를 가지고 있다. 머리

되시는 그리스도 아래서 살아갈 수 있도록 능력을 나누면서 사람들로 하여금 제자도의 길을 걸을 수 있도록 돕는 것이 목적이다. 제자도 코어는 밀접하고도 폐쇄적인 그룹이지만, 고립된 그룹은 아니다. 그것은 모두에게 관대하고 넓게 열려있는 사회적 공간(선교 공동체)의 중심에 서 있다.

소그룹의 목적은 개인의 성장인 반면, 제자도 코어의 목적은 제자들로 하여금 사회적 공간(선교하고 있는 공동체들)을 시작 및 건설할 수 있도록 성숙을 돕는 것이다. 제자도는 사회적 공간(선교적 공동체)을 세우고 확장시키는 것과 불가분의 관계에 있다. 이처럼 중요한 구조적 연결고리 때문에, 제자도는 이론보다는 실천에 의해 일어난다. 선교에 관하여 설교하는 것보다는 선교에 몰두하는 것을 더 강조한다.

학습의 관점에서 살펴보면, 대부분의 소그룹은 기존의 학습방법을 통해 아이디어를 발견하는 메타 학습 단계에 갇혀있다. 이와 달리 제자도 코어는 통전적인 경험을 위해 설계되었으며, 여기서 메타 학습은 반성적 학습 및 경험적 학습과 결합된다. 메타 학습은 정신에서, 반성적 학습은 마음에서, 경험적 학습은 몸 즉 우리의 손과 발에서 이뤄지는 것이다.

소그룹 또는 성경공부 모임에 전념한다는 것은 일주일에 한 번 공부하기 위해 출석하는 것을 의미한다. 높은 수준의 헌신을 요구하지 않는 것이다. 그러나 제자도 코어의 일부가 된다는 것은, 예수를 따르는 일에 전진하도록 기꺼이 도전을 받으면서 일상생활에서 특정한 규칙과 리듬을 지키기로 약속하는 것을 의미한다.[15] 소그룹의 참여는 낮거나 중간 수준의 단계일 수 있지만, 제자도 코어의 참여 요구는 높은 수준이다. 지원적인 측면에서도, 소그룹은 해당 소그룹의 성격에 따라 낮은 수준에서 높은 수준까지를 아우르지만, 제자도 코어는 항

---

15) 규칙에는 하나의 실천으로서의 영적 훈련이 포함되는 반면, 리듬은 얼마나 자주 이러한 훈련이 실천되는지를 나타낸다.

상 높은 수준의 지원을 제공해야 한다. 대부분의 소그룹은 사람들을 지나치게 도전하거나 긴장시키지 않는 경향이 있는 반면, 제자도 코어는 높은 수준의 지원에 맞도록 높은 수준의 긴장을 요구한다.

소그룹의 리더는 대화가 잘 진행되도록 돕는 훌륭한 촉진자일 필요가 있는 반면, 제자도 코어의 리더는 다른 사람에게 믿고 맡기는 역량을 연습해야 한다. 소그룹 리더와 참여자 간의 관계는 동료와 동료의 관계에 더 가까운 경향인 반면, 제자도 코어에서의 관계는 훈련시키는 자와 훈련받는 자의 관계로서, 겸손하며 정중한 만남을 강조한다. 소그룹의 성장은 대개 주일의 공적 공간에 참석하는 사람들로부터 비롯되는 반면, 제자도 코어는 특정한 장소에서 특정한 사람들과 함께 하는 성육신적 현존을 통한 성장을 추구한다.

오늘날 교회에서 나타나는 전형적인 소그룹 운영 방식과 예수님께서 개인적 공간을 사용하셨던 방식은 다르다. 그 사이의 중요한 차이점을 포착하는 것이 중요하다. 다음의 표는 그 차이점들을 요약하는 데 도움이 된다.

차이의 영역	소그룹	제자도 코어
참여자	누구나	헌신된 제자
참여방식	출석	오로지 초대
그룹	개방 · 폐쇄	폐쇄
목적	참여와 성장	성숙과 증가
빈도	매주 · 서로 다른 주	함께 삶을 나누기
초점	성경공부	제자도의 길
학습	메타 학습	학습 형성
헌신	낮음	높음
약속	낮음–중간	높음
지원	낮음–중간–높음	높음
긴장	낮음	높음
리더	촉진자	훈련된 제자
관계	동료와 동료	훈련시키는 자와 훈련받는 자
성장	첨가	증가

⟫⟫ 제자도의 길을 개발하기

　제자도를 개발하기 위해 학습할 것은 성격 형성, 선교신학, 사역 역량, 선교적 생활 등이 있으며, 학습은 8개월 정도가 이상적이다. 나의 친구 댄(Dan)과 함께 쓴 『운동으로서의 교회』는 각 섹션마다 끝에 주어진 학습 질문을 제공한다. 다음은 제자도 코어를 익힐 수 있도록 고안된 제자도의 한 예시이다. 이러한 특별한 제자도의 8가지 역량은 다음과 같다.

[분배하기]

- 운동 지성: 리더십에 대한 5가지 접근 방식을 가지고, 운동으로서의 교회에서 살아가는 방법을 발견하라.
- 다중심적 리더십: 공유된 리더십을 키우기 위한 번잡하면서도 아름다운 접근 방식을 배우라.

[훈련하기]

- 제자 되기: 모방할 가치가 있으며, 정서적으로 건강한 삶을 배양하는 방법을 검토하라.
- 제자 키우기: 교육, 모방, 몰입이라는 중요한 작업을 통해, 선교를 위한 공동체를 세우는 방법을 탐색하라.

[설계하기]

- 선교신학: 하나님의 사회적 본성 및 파송하시는 본성이 어떻게 교회 되어가는 우리의 길을 알려 주고 만물의 갱신을 통해 어떻게 하나님과 함께하게 되는지를 발견하라.
- 교회 건축: 하나님에 대한, 서로에 대한, 선교에 대한 집단적 소망을 형성하는 공동의 규칙과 삶의 리듬을 만드는 방법을 모색하라.

[행하기]

- 공동체 형성: 공동체 안에서 생명을 부여하고 나누는 삶을 시작하고 유지하는 데 도움이 되는 끈끈한 관습들을 익히라.
- 성육신적 실천: 하나님께서 당신의 이웃이나 네트워크로 당신을 보내신 사람들에게 의도적으로 나타낼 방법에 관한 지혜와 틀을 획득하라.

제자도는 사람들로 하여금 성품과 능력 면에서 예수를 닮을 수 있도록 돕는 의도적이고도 구체적인 방법을 제공한다. 제자도 코어에 참여하는 모든 사람이 갖는 기대 중 하나이자 제자도 위에 있는 존재의 중요한 부분은, 그들이 두세 사람과 더불어 친밀한 공간을 마련하기 위해 헌신한다는 것이다.

>>> 친밀한 공간: 알려지지 않은 존재부터 알려진 존재까지

친밀한 공간은 알려지지 않은 존재로부터 알려진 존재로 이동하는 것과 관련이 있다. 이러한 동료 대 동료의 공간에서 제자들은 승리와 패배, 도전과 기회, 희망과 두려움에 대해 정직하게 반응한다. 교회 개척자들의 훈련에 있어서 우리는 그들에게 교회의 세 가지 요소들 즉 친교, 공동체, 위임에 관하여 질문한다.

- 친교: 하나님은 당신 안에서 무엇을 하고 계시는가?
- 공동체: 하나님은 당신 주위에서 무엇을 하고 계시는가? (이 질문은 신자들의 공동체 내에서의 당신의 관계성에 초점을 맞춘다).
- 공동 임무: 하나님은 당신을 통해 무엇을 하고 계시는가? (이 공간은 신뢰할 수 있는 영적 친구들과 함께 개발된다).

>>> 사회적 공간 이해하기

대부분의 교회가 공공 및 개인 공간을 운영하지만, 사회적 공간을 실천하는 교회는 적다. 따라서 사회적 공간의 역동성에 대한 이해가 부족한 경향이 있다. 사람은 자신의 경험을 토대로 사회적 공간을 소그룹으로 생각하는 경우가 매우 많다. 따라서 소그룹과 사회적 공간을 구분할 필요가 있다.

》》'사회적 공간'과 '소그룹'은 어떻게 다른가?

소그룹과 사회적 공간의 차이점은 먼저 '그룹의 규모'이다. 소그룹은 전형적으로 개인적 공간(일반적으로 5~12명)의 크기로, 최대 15명까지 수용할 수 있다. 보통 사회적 공간(선교적 공동체)은 20~50명의 사람을 수용한다. 두 번째 차이점은 '목적'이다. 대개 소그룹은 성경 공부 모임에 관심을 가지지만, 사회적 공간은 본질적으로 선교하는 공동체를 위한다.

만약 사회적 공간이 단지 공동체와 친교를 위한 또 다른 장소로 사용된다면, 선교가 정체되고 결핍되는 결과를 낳을 수 있다. 사회적 공간은 단지 그리스도인으로 존재하는 데에 초점을 두지 않는다. 그룹이 하나님의 보내심을 받았다고 느끼게 만드는 이웃이나 네트워크를 필요로 하는 이웃에 초점을 둔다.

》》사회적 공간: 공동체로부터 선교 공동체까지

4가지 공간이 갖는 매력은 '다른 공간이 온전히 전달할 수 없는 것'을 각각의 공간이 전달한다는 데에 있다. 이것을 인식하는 것이 중요하다. 예수께서 이러한 공간들을 어떻게 사용하셨는지 살펴보자. 그분은 3명(친밀한 공간)을 신뢰하셨고, 12명(개인적 공간)을 훈련시키셨으며, 70명(사회적 공간)을 선교에 동원하셨고, 군중(공적 공간)에게 비유로 말씀하셨다. 선교야말로 사회적 공간의 중심이었으며, 사실상 사회적 공간은 선교를 위한 공동체에 이상적인 것으로 보인다.

예를 들어, 그리스도인이 아닌 새로운 사람이 소그룹(5~12명)에 들어오면, 그룹 전체를 읽고 자신이 이곳에 적합한지 확인할 수 있다. 그러나 사회적 공간(20~50명)에서는 훨씬 더 이루기 어려운 작업이다. 대신 사회적 공간은 아직 예수를 따르지 않는 사람들이 예수를 따르는 사람들을 만나는 연결고리를 만들기에 이상적이다. 당신에게 20~50명의 새로운 사람들이 있다면, 그들이 그리스도인이든, 비그리스도인이든 상관없이 서로를 연결할 사람을 훨씬 쉽게 찾을 수 있다. 그렇다면 사회적 공간에서 살아가기 위한 '제자도 코어'는 어떠할까?

》》 대본을 뒤집을 필요성

교회가 사회적 공간을 사용하는 방법에 초점을 맞춘 몇몇 조사 프로젝트가 있다. 이 프로젝트에 대한 관찰 및 연구를 통해, 나는 두 가지의 중요한 현실을 발견했다.

- 선교가 사회적 공간의 주된 이유가 아닐 때, 그 그룹은 정체된다.
- 선교가 사회적 공간의 주된 이유일 때, 그 그룹은 번성한다.

나는 이 주제에 관한 목회학박사 과정의 현장 고문이자 심사관이 된 적이 있다. 북서부 태평양을 대상으로 미국에서 수행한 질적 연구 결과, "선교적 공동체(사회적 공간)는 공동체가 선교를 저버릴 때 선교적 참여로 인한 어려움을

겪는다"고 밝혔다.[16)

　이 연구는 선교가 사회적 공간의 주된 이유가 아닐 때 그룹이 정체된다는 나의 첫째 주장을 분명하게 뒷받침한다. 나는 관찰 및 북미·유럽 교회의 개척자들과 대화한 뒤에 이것이 사실임을 발견했다.

　최근에 알파(Alpha) USA의 선임 네트워크 디렉터와 통화를 한 적이 있었다. 알파는 아직 그리스도인이 아닌 이들이 기독교 신앙을 탐구하는 일련의 과정이다. 일반적으로 11주에 걸쳐 진행되며, 매주 함께 식사를 한다. 그것은 영국 런던의 트리니티 브롬튼 교회(Trinity Brompton Church)에서 개발되었으며, 사람들로 하여금 신앙을 갖도록 돕는 유익한 방법이 되어 왔다. 그는 사도적 복음전도자로, 사람들이 예수를 발견하고 따르도록 돕는 일에 큰 기쁨을 느끼고 있었다. 그와 그의 아내는 3년에 걸쳐 애리조나주 피닉스에 '가정 교회'를 개척하는 일에 참여했다. 그 시기가 그들에게는 우울하고 힘들었다. 3년 동안 성장을 경험하지 못했기 때문이었다. 그와 그의 아내는 선교적 방식을 통한 개척을 포기할 준비가 되어 있었다. 그러나 그는 하나님과의 새로운 만남을 통해, 그리고 선교에서 성공을 거두고 있던 지도자들과의 만남을 통해, '대본을 뒤집고' 성취에 있어 극적인 변화를 경험했다. 그들은 어떤 방식으로 대본을 뒤집었을까?

　'공동체'가 사회적 공간의 주요 목표였을 때, 선교는 정체되었다. 그러나 이후 그는 공동체로 하여금 선교를 사회적 공간의 주된 목표로 삼도록 했다. 특별히 그들은 예수께서 깊이 관심을 가지셨던 사람들 — 가난한 사람들, 죄수, 억압받는 사람들, 기록되지 않은 사람들, 그리고 다양한 중독에 포로가 된 사람

---

16) Lloyd Wayne Edward Moritz, "The Nature and Effectiveness of Missional Communities in the Pacific Northwest" D.Min diss., Anderson University School of Theology, 2016. 141.

들-을 향한 선교에 초점을 맞추기 시작했다(눅 4:18). 그렇게 선교를 사회적 공간의 주된 초점으로 삼자 모든 것이 바뀌었다.

지난 1년 반 동안, 그들은 하나의 '가정 교회'를 떠나 12곳 이상의 선교하는 공동체로 나아갔다. 그들은 회복 센터, 교도소, YMCA, 재향군인회, 퇴직자 센터, 심지어 스트립 클럽에도 사회적 공간을 마련했다. 예수님께서 누구나 사랑하신다는 사실을 깨달은 여섯 명의 여성 스트리퍼와 그곳에서 의미 있는 관계를 구축하고 있다. 그는 약 1년 반 전에 대본을 뒤집었고, 현재 선교에서 놀라운 결실을 경험하고 있다. 이 공동체는 사회적 공간을 조직하는 방향으로 선교를 시작할 때 공동의 사명을 함께 수행할 수 있고 더 깊이 있는 공동체를 얻게 된다는 사실을 알게 해 주었다.

>>> 묶여있는 집단과 집중된 집단

인류학자는 사회적 집단화를 이해하는 방법과 관련하여, '묶여있는 집단'과 '집중된 집단'의 개념에 관해 이야기한다. 인류학자이자 선교학자인 폴 히버트(Paul Hiebert)는 이 개념을 선교적 대화에 도입했으며, 마이클 프로스트(Michael Frost)와 앨런 허쉬(Alan Hirsch)는 대럴 구더(Darrell Guder)와 함께 이 개념을 널리 알리는 데 기여했다. 묶여있는 집단과 집중된 집단의 차이를 이해하도록 돕기 위해, 프로스트와 허쉬는 울타리와 우물의 유비를 사용한다. 만약 당신이 가축을 기르고 있고, 단지 3에이커(ac)의 땅만 가지고 있다면, 당신은 가축과 다른 동물들을 보호하기 위해 울타리를 칠 것이다. 그러나 만약 당신이 엄청난 양의 토지를 가진 목장이라서 땅 전체를 둘러싸는 울타리를 칠 수 없다면, 울타리를 치는 대신 우물을 팔 것이다. 가축은 그것들의 물 공급원으로부터 너무 멀리 떨어지지 않기 위해 방황하지 않을 것이라고 가정한 것이다.

동일한 방식으로, 우리가 소속의 4가지 공간들에 관하여 이야기할 때, 개인적 공간은 묶여있는 집단이다. 그것은 단지 초청을 통해 제자가 되고, 제자로 삼으려는 사람들을 위한 것이다. 누가 그룹에 참여하고 있고 누가 그룹 외부에 있는지에 대한 명확한 감각이 있다.

'개인적 공간'이 묶여있는 집단이라면, '사회적 공간'은 집중된 집단으로 살아가기에 가장 적합하다. 여기에는 내부인과 외부인이 없다. 그곳은 모두를 위한 소속의 장소이다. 이 그룹의 중심은 예수님이 되실 것이다. 그분은 생수의 근원이다. 집중된 집단에서는 들어오거나 나가는 것은 문제가 되지 않는다. 어떤 방향으로 가고 있는지가 중요하다. 원 밖에 있는 사람들이 예수를 향해 움직일 수도 있고, 원 안에 있는 사람들이 예수님으로부터 멀어질 수도 있다. 사회적 공간은 사람들로 하여금 예수께서 세상에 공급하시는 생수를 발견하도록 돕는다.

열매를 맺는 사회적 공간은 모든 인간이 소속, 목적, 정의로움 및 아름다움을 향한 배고픔을 가지고 있음을 인식하고, 사회적 공간의 핵심을 구성하는 제자들의 열정에 따라 사명을 조직한다. 사회적 공간을 이끄는 제자들은 자신들의 열정과 이 그룹의 현재적 필요를 검토함으로써 자신들이 보내심 받은 네트워크 또는 이웃이 어디인지를 알아낸다.

≫ 제자들을 선교에 동원하기

사회적 공간에서 살아가는 하나의 방법이란 존재하지 않는다. 당신은 사람들의 제자도 코어(개인적인 걸음)로부터 시작하여, 사회적 공간을 시작할 이웃이나 네트워크를 분별하거나, 기존의 사회적 공간으로 이동하여 그 공간에서 제자도 코어를 구축하는 한 쌍의 제자들을 가질 수도 있다. 어느 쪽이든 목표는 '적어도 절반의 사람들이 비신자(사회적 공간)인 집중된 집단' 내에서 '묶여있는 집단의 제자들(개인적 공간)'을 구축하고 증가시키는 것이다. 다음 그림을 보라.

기억해야 할 몇 가지 일차적 개념은 다음과 같다:

- 당신의 열정과 관심의 분야에서 화평의 사람을 찾기
- 관계망을 이해하기(그들의 오이코스)
- 연결, 공유, 도전적인 이벤트의 흐름을 이해하기
- 열매 맺는 사회적 공간을 위한 공통 요소들

[그림] 많은 비신자들의 집중된 집단 (사회적 공간) 내에 있는 제자들의 묶여있는 집단(개인적 공간)

'화평의 사람'이라는 개념은 성경 전체에서 발견되며, 오랫동안 선교사들에 의해 사용되었다. 톰 볼프(Thom Wolf)는 우리로 하여금 화평의 사람의 본질을 기억할 수 있도록 하는 끈끈한 방법을 제공한다. 그들은 수용적이고 명성이 있으며 사람들에게 우리를 소개한다. 본질적으로, 그들은 그들의 관계망에서 인플루언서(influencer)이다. 그들은 수용적이기 때문에, 기꺼이 당신을 자신의 관계망에 초대한다. 당신이 화평의 사람과 함께 기도로써 여행한다면, 그들의 관계망에서 성령께서 어떻게 역사하시는지를 살피는 것이 중요하다. 이는 당신으로 하여금 가장 적절한 종류의 사건 – 연결하는, 나누는, 또는 도전하는 사건 – 을 식별하도록 돕는다.

연결하는 사건은 그리스도인 친구들이 영적 여정 가운데서 아직 그리스도인이 아닌 친구들과 연결할 수 있는 시간을 갖는 것을 포함한다. 나누는 사건은 이러한 시간 내에 창의적인 방식으로 복음을 나눈다는 점에서 연결하는 사건을 뛰어넘는다. 도전하는 사건은 단지 연결하고 나누는 측면뿐만 아니라, 복음을 분명하게 선포하고 사람들에게 하나님과의 여정 속에서 어디에 있는지를 살피도록 촉구하는 것을 포함한다.

마지막으로, 열매 맺는 사회적 공간에서 발견되는 요소 중 일부에는 함께하는 식사, 의미 있는 주제에 관한 대화의 시간, 공동체를 위한 의미 있는 봉사 등이 포함된다. 소속감, 목적, 정의로움 및 아름다움에 대한 사람들의 배고픔을 깊이 이해하는 사회적 공간이 가장 많은 열매를 맺을 것이다. 많은 사람을 대상으로 한 사회적 공간은 한 달에 두 차례, 개인적 공간은 한 달에 두 차례, 대개 격주로 열린다.

≫ 팬데믹 시대에서 선교를 향한 제자도

팬데믹의 한가운데서, 우리는 교회의 개척자들이 운동을 위하여 잘 조직되고 있고 이를 통해 번성해 나가고 있음을 발견한다. 팬데믹 시대에 가장 위험한 만남은 건물 내부에 공적 공간을 마련하는 것이다. 따라서 의학적 전문성과 과학을 존중하는 정부는 건물 내부에서의 공공 모임을 허용하지 않거나 혹은 사회적 거리두기를 제시한다. 혹은 마스크 및 기타 예방 조치를 전제로 모임을 허용한다.

미국의 많은 주에서는 공적 공간에서의 모임을 허용하지 않지만, 사회적 공간 내에서 개인 공간의 증가에 초점을 맞추는 교회 개척자들을 제재하지는 않는다. 이러한 공간은 더 작기 때문에, 발생하는 일의 성격에 따라, 우리의 개척자들은 줌(Zoom)과 개인적 모임(마스크 및 적절한 사회적 거리두기와 더불어)을 혼합하는 경향이 있다.

예를 들어, 팬데믹 동안에, 제자도 코어(개인적 공간)를 줌(Zoom)으로 진행하거나, 때로는 집 뒷마당에서 마스크를 쓰고 적절한 사회적 거리두기를 통해 진행한다. 사회적 공간과 관련해서는, 안전성이 떨어지는 20~50명 단위의 모임 대신, 제자도 코어에 속한 다른 사람들이 집에서 한 쌍의 손님, 혹은 10명이하의 손님을 응대한다. 그런 다음에 4~5곳의 집이 서로 연결되어 줌(Zoom)을 통해 공동의 사회적 공간을 만든다.

우리의 이웃, 특히 가장 취약한 사람들을 향한 사랑을 전하기 위해 우리는 하나님을 섬기고 사람들을 존중하며, 건전한 의학적 조언을 따라야 한다. 이를 실천하며 사는 국가들은 곡선을 평평하게 만들 수 있었다. 반면, '자유란 내가 하고 싶은 것을 무엇이든 하는 것'이라는 잘못된 자유의 개념을 배척해야 한다.

≫ 결론

팬데믹은 선교하는 제자들을 위하여 교회를 재조직해야 할 필요성을 드러냈다. 운동을 위해 조직된 존재란, 소속의 4가지 공간의 아름다움을 이해하고 각각의 공간이 잘하는 것이 무엇인지 인식하는 것이다. 나는 예수의 방식으로 제자도 코어(개인적 공간)를 통해 제자를 모을 때 가장 효과적인 결과를 맞이할 수 있다고 제안했다. 이러한 제자도 코어와 더불어, 우리는 아직 예수를 모르는 사람들에게 다가가기 위해 사회적 공간을 개발한다.

작가이자 교사인 달라스 윌라드(Dallas Willard)가 세상을 떠나기 전, 나의 친구 한 쌍과 나는 그와 함께 저녁을 먹었다. 식사 도중, 친구 한 명이 그에게 물었다. "왜 서부지역에서는 운동이 일어나지 않습니까?" 그의 대답은 "우리가 예수 그리스도의 제자가 되어 제자를 삼는 데 실패했기 때문입니다"였다.

그런 다음 그는 말했다. "모든 교회는 이러한 두 가지 질문에 답해야 합니다."

1. 제자도를 위한 우리의 계획은 무엇입니까?
2. 우리의 계획이 잘 돌아가고 있습니까?

본 챕터에서 내가 제안하는 것은 다음과 같다.

"우리가 세상을 위하여 선교적 제자를 키우기 원한다면, 교회를 재조직하고 사회적 공간(선교적 공동체) 안에 여러 개인적 공간을 늘려가야 한다."

우리는 흔히 공적인 공간 크기를 키우기 위해 개인적 공간이 존재한다고 생각한다. 나는 공적인 공간이 풀뿌리 운동이 실제로 이루어지는 개인적 공간 및 사회적 공간에 봉사하기 위해 존재한다고 생각하며 그렇게 제안하고 싶다. 제자도는 개인적 공간에서 가장 잘 발생한다. 반면, 성육신적 선교는 사회적 공간에서 가장 잘 발생한다. 공적인 공간은 풀뿌리 운동에 추진력을 제공하며, 개인적 공간은 보다 연약한 제자들을 위해 존재한다.

우리는 묵시의 시대에 살고 있다. 묵시문학의 목적은 특별히 하나님의 목적에 잘 부합하지 않는 경우에 현상을 수면위로 드러내는 것이다. 여기에는 혼란이 따른다. 우리가 경험하고 있는 이 엄청난 혼란 역시 우리가 교회에서 겪고 있는 제자도의 위기를 드러낸다. 나는 예수께서 소속의 4가지 공간들을 어떻게 사용하셨는지 살펴봄으로써 이러한 위기를 다루는 방법을 제안했다. 그것이 불완전하고 완벽하지 않지만, 나는 하나님께서 그분의 목적에 맞게 그것을 사용하실 수 있으며, 그분께서 우리로 하여금 자신이 바라는 것을 볼 수 있도록 눈을 열어주실 것이라고 믿는다.

내가 당신에게 남기고 싶은 질문은 이렇다. "팬데믹은 선교하는 제자들을 위하여 교회의 삶을 재조직해야 할 필요성을 어떻게 드러내는가?"

달라스 윌라드가 말했듯이, "인류의 역사에서 하나님의 목표는 사랑하는 사람들의 포용적 공동체를 창조하는 것이며, 자기 자신을 그 공동체의 주된 지지자이자 가장 영광스러운 거주자로 포함시키는 것이다."[17] 사회적 공간은 공동체의 일부가 되고 싶어 하는 자를 모두 환영하며 하나님을 중심에 두는 포용적 공동체를 키우는 공간이다. 그리고 사회적 공간은 하나님을 중심에 두고 타인 중심적인 삶을 사는 법을 배우는 선교적 제자들의 그룹(제자도 코어)을 가지고 있다.

---

17) Dallas Willard, *Living in Christ's Presence: Final Words on Heaven and the Kingdom of God* (Downers Grove, IL: InterVarsity Press, 2014), 95.

Key point

1. 우리의 공동 임무를 기억하기

초대교회의 운동을 계승하기 위해 교회는 제자도를 중심에 두어야 한다. 팬데믹은 제자도의 강화를 위한 교회의 재구성을 촉구한다.

2. 교회의 삶을 재조직할 필요성

소속의 4가지 공간(친밀한 공간, 개인적 공간, 사회적 공간, 공적 공간) 중에서 예수께서 시간과 에너지의 대부분을 어느 공간에 바치셨다고 생각하는가?

3. 공공의 메시지는 공적 공간을 요구한다

예수께서 선포하신 복음은 개인적인 것이 아니라 공적이었다. 우리가 가진 메시지 또한 사적인 메시지가 아니라 공공의 메시지이다. 우리는 좋은 소식을 공개적으로 선포해야 한다.

4. 개인적 공간: 소그룹으로부터 제자도 코어까지

소그룹의 목적은 개인의 성장인 반면, 제자도 코어의 목적은 제자들로 하여금 사회적 공간(선교하고 있는 공동체들)을 시작 및 건설할 수 있도록 성숙을 돕는 것이다.

5. 제자도의 길을 개발하기

제자도의 8가지 역량은 '분배하기-운동 지성, 훈련하기-제자되기, 제자 키우기, 설계하기-선교신학, 교회 건축, 행하기-공동체 형성, 성육신적 실천'이다. 제자도는 사람들로 하여금 성품과 능력 면에서 예수를 닮을 수 있도록 돕는 구체적인 방법을 제공한다.

6. 대본을 뒤집을 필요성

영국 런던의 트리니티 브롬튼 교회의 사례를 보면 '공동체'가 사회적 공간의 주요 목표였을 때, 선교는 정체되었다. 그러나 선교를 사회적 공간의 주된 목표로 삼자 놀라운 사명을 수행할 수 있었다.

7. 제자들을 선교에 동원하기

사회적 공간의 목표는 '적어도 절반의 사람들이 비신자(사회적 공간)인 집중된 집단' 내에서 '묶여있는 집단의 제자들(개인적 공간)'을 구축하고 증가시키는 것이다. 소속감, 목적, 정의로움 및 사람들의 배고픔을 깊이 이해하는 사회적 공간이 가장 많은 열매를 맺을 것이다.

8. 결론

우리가 세상을 위하여 세상에서 살아가는 선교적 제자를 키우기 원한다면, 많은 사람이 교회를 재조직하고 사회적 공간(선교적 공동체) 안에 여러 개인적 공간을 늘려가야 한다.

JR Woodward의 글은 선교 운동에 관한 서구 교회의 흐름과 특징에 대한 이해를 제공한다. 특히 선교적 공동체로서 하나님 나라 운동에 참여하고 있는 교회들이 어떤 기반과 구조 안에서 사역하고 있는지를 알게 해 준다. 그 기초는 바로 그리스도를 따르는 제자도이다. 같은 맥락에서 우리는 제자도와 목회적 성공의 관계가 무엇인지를 고민하게 된다. 안타깝게도 이제까지 교회는 많은 군중을 모아 놓는 일에 혈안이 되어 있었다. 매주, 매일 제공되는 프로그램과 이벤트를 통해, 남들보다 앞선 서비스를 통해 군중을 모으려 했다.

참된 하나님의 교회는 예수의 제자로서 정체성을 가진 성도들이 함께 주어진 사명을 이루기 위해 공동체를 형성하고, 움직임을 통해 제2, 제3의 제자를 만드는 운동이란 점을 기억해야 한다.

팬데믹 시대, 교회 운동이 가능한가? 물론 그렇다. 그러나 이러한 운동은 그리스도의 심장을 가지고 참된 제자를 만들어 내는 삶에 헌신된 자들이 있을 때 가능하다. 교회는 바로 이것을 위해 존재한다. 그러므로 다시 한번 우리는 교회의 목적과 구조를 점검해야 한다. 참된 생명력을 가진 교회가 되어야 한다. 제자도 코어에 속한 성도들과 선교하는 제자를 만들어 내기 위해 교회를 재조직하는 용기를 가진 교회가 되기를 바란다.

Discussion

1. 우리 교회가 지향해 왔던 사역의 목표는 무엇이었는가? 예수와 군중들의 관계를 통해 우리가 그리스도의 길을 따르고 있었는지 살펴보자.

2. 소그룹과 제자도 코어의 차이를 살피고 어떻게 제자도의 문화를 형성할 수 있을지 나누어 보라.

3. 본 글에서 제시된 4가지 공간에 대한 이해를 바탕으로, 각각의 공간이 갖는 특성을 다시 점검해 보라. 예수를 모르는 사람들에게 다가가기 위해 우리 교회에 적합한 사회적 공간은 무엇이며 어떻게 사용할 수 있는지 나누어 보자.

12/
Neil Cole

California State University, Long Beach(B.A.)와 Grace Theological Seminary(M.Div.)에서 수학한 Neil Cole은 그 후 그는 3500명이 넘는 대형 교회와 여러 지역 교회를 섬겼으며, 가정, 캠퍼스, 구치소, 기숙사 그리고 세계를 가로지르는 비지니스의 장소까지 모든 교회가 작은 '올가닉 교회'가 되도록 돕는 코치이며 운동가이다. Global Organic Church Movement의 기폭제 역할을 감당하고 있으며, Church Multiplication Associates, CMA Resources and Starling Initiatives의 설립자이다.

*Neil Cole 홈페이지

선교적 운동을 위한 실천 전략: 바이러스처럼 되기

Neil Cole

코로나19가 지배한 세상에서 승리하기 위해 우리는 또 다른 바이러스가 되어야 한다. 바이러스가 된다는 것은 변화하는 세상에서 두려워하지 않고 끊임없이 변형·적응하며 예수 그리스도의 사랑을 전파하는 것이다. 이러한 복음 바이러스를 퍼뜨리기 위한 가장 효과적인 방법은 '변혁하는 선교적 그룹'을 통하는 것이다. 선교적인 그룹은 본질을 추구하며, 본질적일수록 단순하다. 복잡한 시스템을 제하고 본질적인 소그룹을 인도한다면 교회에 어떤 변화가 일어날까?

선교적 운동을 위한 실천 전략:
바이러스처럼 되기

하룻밤 사이에 세상이 바뀌었고 우리는 집에 머물도록 강요받았다. 모든 사업체(필수 서비스 업종 제외)는 장기간 문을 닫았다. 우리가 알고 있는 형태의 교회도 문을 닫았다. 우리 모두는 그 문이 다시 열리면 무엇이 남을지 궁금해한다. 어떠한 전문가도 무슨 일이 일어날지 전혀 예상할 수 없지만, 하나님께는 놀라운 일이 아니다. 사실, 그분의 음성은 이러한 모든 것을 통해 우리에게 울려 퍼진다. 우리가 잠시 시간을 내어 팬데믹이 우리에게 무엇을 말하고 있는지를 듣는다면 우리는 그분의 메시지를 들을 수 있을 것이다.

나는 이번 봉쇄가 교회에 미칠 영향을 간략하게 예측하고자 한다. 그런 다음 이러한 팬데믹에서 하나님의 메시지가 무엇인지 살펴보고자 한다. 마지막으로, 살아남는 것이 아닌 이것의 반대편에서 번성할 수 있을 실천적인 방법을 제안하고자 한다. 우리가 종말에 가까워짐에 따라 이 위기를 하나님의 백성이 되기 위한 혼인잔치의 리허설이라고 여기라. 나는 우리가 이것으로부터 기꺼이 배우고 더 잘 준비하기를 원한다.

≫ 세 가지 종류의 교회들

이번 팬데믹에 대한 교회의 대응은 세 가지 종류일 것이다.

1) 영원히 문을 닫는 교회가 있을 것이다

몇몇 교회는 이 팬데믹의 위협으로 오래 살아남을 수 없을 것이다. 꾸준한 십일조와 헌금이 없다면 - 사람들이 목양을 받지 못하고, 더 이상 고용되지 않기 때문에 - 교회의 수입은 빠르게 줄어들 것이다. 높은 금액의 주택담보대출과 직원 급여를 지불하는 교회는 생존의 위협에 처하게 될 것이다.

2) 살아남아 변하지 않는 교회도 있을 것이다

이러한 교회들은 방법을 찾을 것이다. 재산을 처분하고, 직원을 해고하고, 대출을 받고, 합병을 통해 다른 교회들과 자산을 통합하고, 평소처럼 사업에 복귀할 수 있을 때까지 어떤 방식으로 버틸 것인지를 결정할 것이다. 솔직히, 나는 둘째 종류의 교회가 첫째 종류의 교회보다 더 슬픈 결과라고 생각한다. 모든 것을 겪고도 아무것도 배우지 못한다는 것은 진정으로 우울한 일이다. 이러한 전 지구적 심판이 교회 지도자들의 관심을 끌기에 충분하지 않다면, 나는 그들에게 앞으로 다가올 일이 정말 두려울 따름이다.

3) 무언가 특별한 것을 발견하고서 결코 똑같은 상태로 되돌아가지 않는 교회가 있을 것이다

우리 국민은 자신들의 집과 이웃으로 강제적으로 이동했다. 가족에게 더 나은 곳은 어디이겠는가? 그리고 교회는 무엇보다도 하나의 가족이다. 이제 우리는 전문적인 교회 지도자들에게 의지할 수 없기 때문에, 하나님의 백성 모두가 각자가 살아가는 곳에서 교회가 될 것이라는 확신을 갖게 되었다. 일부 교회들은 이러한 과정에서 등장하는 것이 너무나 특별함을 알고서 평소처럼 사업으로 되돌아가고 싶지 않을 것이다. 나는 기꺼이 듣고 적응하려는 사람들을 위해, 교회론의 더 나은 표현이 우리에게 주어져 있다고 확신한다. 이러한 교회들은 이 모든 것을 통해 하나님께서 무엇을 말씀하시는지를 듣고, 새롭게 등장하는 세계에서 훨씬 더 아름다운 열매를 맺을 것이다.

좋은 소식은 첫째 종류에 속했던 교회들도 셋째 종류로 변화할 수 있다는 것이다. 불행하게도, 많은 교회가 둘째 종류의 일부가 될 가능성이 높다. 나는 이러한 위기로부터 영적 각성이 일어날 것이라고 굳게 믿지만, 그것은 새 부대에서 벌어질 것이다. 우리가 헌 부대를 빨리 버려야 새 부대와 더불어 더 큰 추진력을 얻을 수 있을 것이다.

나의 소망은 보다 젊은 세대이다. 나는 우리가 보다 적응력 있고, 기동성 있고, 큰 비용이 들지 않으며 모두에게 권한을 부여하는 재생 가능한 교회론의 유형을 발견할 수 있을 것으로 기대한다. 교회는 삶에서 삶으로 그리스도를 따르는 평범한 이들을 통해 움직일 것이다. 사실 교회는 우리가 이야기하거나 주변의 삶을 조율하는 주요 내용이 아니다. 그것은 예수여야 한다. 교회는 삶을 변형시키는 복음의 산물을 통해 자연스러운 것이 될 것이다. 이제 사람들이 있는 곳이면 어느 곳이나 매주, 매일 교회가 되어 예배하게 될 것이다. 이것이 나의 큰 소망이다.

　하나님께서는 과거에 이스라엘 백성이 처한 상태에서 벗어나도록 강력한 메시지를 보내셨다. 아담과 하와를 동산에서 강제로 쫓아내어 열매 맺고 번성하여 땅을 가득 채우도록 하셨다. 하나님께서는 동일한 이유로 바벨탑의 그림자에서 인류를 강제로 쫓아내셨다. 재앙으로 이스라엘을 이집트로부터 쫓아내셨다. 하나님은 백성의 관심을 얻고 그들을 올바른 길로 이끄시고자 이스라엘을 바벨론의 포로로 만드셨다. 박해를 통해 초대교회를 예루살렘으로부터 흩으셨다. 이러한 각각의 경우마다, 강제적인 준수 그 이상의 것이 있었다. 도전 그 자체로부터 배워야 할 영적인 메시지도 있었다.

　오늘날 우리 또한 통제 불가능한 코로나19 상황에 놓여있다. 이 상황도 하나님의 어떤 메시지가 담겨있다고 본다. 다양한 영적인 악에 맞섰던 출애굽기의 재앙들처럼 바이러스는 우리를 위한 암호화된 메시지를 가지고 있다.

　에베소서 4장 21-24절에 말씀은 우리에게 변화를 위한 패턴을 올바르게 제시해 준다. 그 패턴은 "옛 것을 벗고, 새 것을 입으라"는 것이다. 해체는 구축에 앞서 온다. 나는 하나님께서 우리에게 동일한 패턴으로 말씀하신다고 믿는다. 위기는 우리로 하여금 다시 생각하도록 촉구하고 있으며, 그것은 명백한 해체로부터 시작된다. 그러나 바이러스 자체에 암호화된 또 다른 메시지가 우리에게 전달된다. 그것은 소망, 거듭남, 무언가를 세움에 관한 메시지이다. 우리는 두 메시지를 모두 들어야 한다.

　먼저, 하나님께서 코로나19를 통해 말씀하시는 것을 겸허히 바라볼 때 우리가 하지 말아야 할 7가지의 것을 분명히 밝히고자 한다. 이어서, 코로나19 그 자체가 담고 있는 교훈으로 우리가 무엇을 시작할 수 있는지를 7가지로 제안하고자 한다.

≫≫ 팬데믹을 통해 하나님께서 외치시는 말씀: 멈추라!

1) 예배를 주일 아침 이벤트로 축소하기를 멈추라

주일 이벤트에 대한 의존은 대부분의 교회에서 사형 선고를 받았다. 오늘날 우리가 교회 건물에서 드리는 예배는 설교자에게 의존하고 있다. 하나님께서는 당신의 백성을 위하여 성전 모델을 계획하신 적이 없으시다. 그분의 원래 계획은 성막(이동하는 집)이었다. 하나님으로 하여금 영구적인 주소를 갖도록 원했던 이는 주님이 아니라 인간이었다. 그분은 그것을 허용하셨지만, 그것은 성전으로부터 우리를 해방시키고 다시금 그분의 이동식 집이 되기 위한 건축이었다. 휘장이 위에서 아래로 찢어졌을 때, 성전은 더 이상 필요하지 않게 되었다. 성령께서 우리에게 내려오셨을 때, 우리는 살아계신 하나님의 성전이 되었기 때문이다. 이는 매우 중요하며, 우리 신앙의 중심이 되어야 한다.

주후 70년에 옛 성전이 파괴되었고 2천 년 동안 재건되지 않았다. 그러나 이상하게도 우리는 교회의 성전 모델로 되돌아갔다. 그리고 마치 그곳에서만 예배해야 하고 그곳에만 하나님이 계신 것처럼 강요한다. 우리는 오직 성전 건물에만 지나치게 치중하는 예수 이전의 예배 형태로 회귀하는 것이다.

이번 팬데믹은 우리에게 만회의 시간이며 변화해야 할 시간이다. 신약성경에 나와 있는 교회는 기업, 학교, 주간 이벤트, 로고가 달린 조직, 디렉터와 강령으로 구성된 이사회가 아니다. 교회는 이 지구에서 그분의 사명을 추구하기 위한 영적 가족으로 부르심을 받은 그분의 백성 가운데서의 예수의 임재이다.

2) 숫자를 성공인양 자랑하기를 멈추라

우리는 가끔 큰 숫자를 성공과 동일시한다. 우리는 이것이 분명히 하나님이 원하시는 것이라고 생각하면서 점점 더 많은 숫자를 위해 우리의 삶을 투자했다. 하지만 진짜 이것이 옳은 것일까? 너무나 오랫동안 교회는 인위적인 성공을 위해 부활절 예배를 활용해 왔다. 올해에 어쩌면 하나님께서는 "그러지 말아라"라고 말씀하셨을 것이다. 우리가 모두 집에 갇혀있는 동안 부활절이 지나갔다는 것은 우연이 아니다.

히틀러는 수백만 명의 추종자를 자랑했지만, 예수께는 고작 열둘이었다. 성공은 많은 사람이 같은 노래를 부르고, 같은 메시지를 듣고 집으로 돌아가는 것이 아니다. 예수께서는 많은 군중에 결코 넘어가지 않으셨다. 그분은 그분의 바이러스와 같은 복음의 전달자가 될 수 있는 변화된 삶에 훨씬 더 관심이 있으셨다. 그분이 하늘로 올라가셨을 때 단지 120명의 교회만을 남겨놓으셨다. 예수께서 시작하셨던 것과 같은 배가운동은 대규모의 만남에 많은 것들을 추가하는 대신 작은 단위를 반복적으로 배가시킴으로써 성장했다.

3) 영적인 일을 위해 재능 있고 많이 배운 소수의 지도자들에게 의존하기를 멈추라

매우 재능 있는 소수의 지도자들에 대한 우리의 의존은 우리로 하여금 하나님께서 원하시는 것을 준비하지 못하도록 만들었다. 예수께서 죽었다가 다시 살아나 성령을 보내신 것은 우리 중 소수만이 모든 무거운 짐을 짊어지고 나머지는 청중으로 전락하는 것을 원하지 않으셨기 때문이다. 예수께서 원하셨던 것은 그 이상이었다. 그분은 훨씬 더 많은 것을 위해 대가를 치르셨다. 예수를 통해 구원받은 모든 영혼은 왕국의 배당금을 지불받는 영적 투자의 권리를 가지고 있다. 하나님의 백성은 하늘에 있는 모든 영적 축복으로 복을 받았다. 우리는 하나님의 백성에게 좋은 것을 넣어주려는 노력을 그만두고, 그들에게서 하나님의 것을 빼내 얻기를 시작해야 한다. 이는 완전히 다른 유형의 리더를 필요로 하는 일이다.

4) 교회로 오기를 멈추라, 교회가 되기를 시작하라

우리는 집으로 돌아가고 있다. 신약성경은 하나님의 백성을 가족으로 묘사한다. 가족은 집과 이웃에 속한다. 서로 간에 그리고 이웃을 돌보라. 이것이 진정한 사역이 일어나는 곳이다. 대부분의 사람은 교회를 시작해야 한다는 말을 들으면 겁을 먹는다. 왜 그럴까? 우리가 교회를 복잡하고 전문적인 기술을 요구하는 곳으로 만들었기 때문이다. 만약 같은 사람들에게 타인과 가족을 형성할 수 있는지 물어본다면, 거의 모든 사람이 그렇다고 답할 것이다. 우리는 교회를 웅장한 이벤트나 사업이 아닌 가족으로 이해해야 한다.

5) 대규모 모임을 주된 일로 삼기를 멈추라

오늘날은 많은 사람이 모이는 것을 불법으로 간주하고 있다. 그러나 우리는 이에 대해 화를 내며 칭얼대는 아이가 되어서는 안 된다. 다수가 모일 수 없다면 소그룹을 추구해야 한다. 더 작은 그룹이 우리에게 있어 최선의 소망이다. 소규모 모임은 그리스도를 따르는 자로서 서로를 드러내기에 가장 적합하다. 소그룹은 또한 우리 모두가 하나님께서 주신 선물을 최대한으로 사용할 수 있는 곳이다. 소규모의 영적 그룹은 가족이 다양성과 친밀감을 동시에 가질 수 있는 곳이다. 마지막으로, 소규모 모임을 시작하고 유지하고 증식하는 것이 훨씬 쉽다. 우리는 사실 이러한 과정을 통해 교회로 모였다.

6) 두려워하기를 멈추라

세상, 육체, 사탄, 뉴스 매체는 모두 당신이 두려움에 휩싸이기를 원한다. 우리의 믿음이 인간, 기관, 소속 정당, 정부, 당신의 상관, 우리 자신의 독창성과 발명품에 있다면 두려울 것이다. 이 세상에는 당신에게 제공될 위안이나 안전이 거의 없다. 팬데믹뿐만 아니라, 경제 불황, 실업률 증가, 중산층 감소, 끝없는 전쟁과 전쟁에 대한 소문, 폭동, 불의, 기후 변화 등이 모두 공포를 불러일으키고 있다. 두려움이 우리를 사로잡는다. 세상은 두려움에 올라타고 있지만 우리는 휘둘리지 말아야 한다. 두려움이 만연하도록 두어서는 안 된다. 두려움은 예수님과 함께 공존할 수 없다.

용기는 두려움의 반대가 아니다. 두려움과 용기는 동시에 경험될 수 있다. 용기는 두려움을 극복하는 것이다. 당신이 할 수 없는 것은, 두려움과 사랑에 의해 동시에 움직이는 것이다. 두려움의 반대는 우리의 최고 목표인 사랑이다. "사랑에는 두려움이 없으니 완전한 사랑은 두려움을 내어쫓는다"(요일 4:18). 우리는 사랑을 위해 두려움을 버려야 한다. 두려움은 우리를 그리스도 안에서 행하지 않는 사람으로 드러낸다. 진정한 팬데믹이 두려움인 시대에 우리의 사랑은 눈에 띄도록 바람직한 것으로 고양되어야 한다.

성경은 우리에게 두려워하지 말라고 365차례 말씀한다. 연중 매일 다룰 수 있을 만큼 충분한 숫자의 명령이 있다는 것은 우연이 아니다. 두려움이 우리를 사로잡는 한, 사랑은 작동하지 않는다.

7) 조직의 브랜드를 영성과 동등하게 여기기를 멈추라

어쩌면 우리는 너무나 오랫동안, 그리스도교라는 종교 조직을 우리의 신앙으로 여겨왔는지도 모른다. 이것은 우상숭배이다. 우리의 신앙은 종교 조직이 아닌 생명 되신 예수 그리스도를 믿는 데 있다. 따라서 우리는 종교 혹은 굳어진 조직을 버려야 한다. 우리 신앙의 진정한 힘은 주일 예배로 끝나는 것이 아니라 예수를 섬기는 모든 사람이 삶으로 살아내는 데 있다. 진정한 교회는 그리스도인들로 하여금 가정, 사회, 삶의 모든 현장에서 살아낼 수 있도록 힘을 실어 줄 방법을 끊임없이 찾아야 한다.

≫ 위기를 통해 하나님께서 외치는 말씀: 바이러스처럼 되어라!

1) 우리는 지역에 머무는 데 그치지 않고, 전 지구적으로 나아가야 한다

코로나19는 전 지구적 현상이다. 이는 전염병이 국경을 넘는다는 의미이다. 바이러스는 경계, 당파, 계급, 피부색이나 인종을 구별하지 않으며, 정부 역시 막을 수 없다. 정부는 바이러스를 무기화할 수도 있고 정치화 할 수 있지만 막을 수는 없다.

나는 예수를 향한 우리의 믿음이 문화와 민족주의에 의해 얽매이지 않기를 간절히 바란다. 예수는 어떤 권력이나 변화에 이용되어서는 안 된다. 우리의 시민권은 이 세상이 아니라 하늘에 있다. 우리의 왕국은 모든 부족, 언어 및 국가로부터 비롯된다. 우리의 영적 실천은 모든 문화와 언어가 할 수 있는 그 무엇이어야 한다.

물론 예수의 참된 복음이 바로 그것이다. 불행히도 우리는 예수보다 더 많이 우리의 것을 강조함으로 예수의 것을 더 온전히 전달하지 못했다. 우리는 오직 예수님을 기준으로 삼아 모든 것을 받아들이고 수용해야 한다. 만약 우리가 그리한다면 우리는 세상이 변화하는 모습을 보게 될 것이다.

2) 우리는 빠르게 확산되어야 한다

팬데믹 초기에 코로나19의 재생률은 2~2.5였다. 즉, 감염된 사람이 2, 3명의 타인에게 전염시킨다는 의미이다. 계절성 독감의 재생률은 일반적으로 1~1.3이다. 우리가 "곡선을 낮추는 것"에 관하여 이야기할 때, 이는 질병의 번식 속도의 기하급수적 운동량을 늦추는 것을 나타낸다.

세계보건기구 산하 코로나19 전담팀의 기술책임자인 마리아 반 케르코바 (Maria Van Kerkhova) 박사는 "바이러스의 목표는 더 많은 바이러스를 만드는 것입니다. 그것은 스스로를 재생산하고 싶어 합니다"라고 말했다. 이러한 바이러스로부터 우리가 배울 수 있는 가장 중요한 것은 "우리는 재생산을 원해야 한다"는 것이다.

나는 세상에서 그리스도인의 재생산이 아주 미미하다고 생각한다. 우리가 재생산을 1로만 올릴 수 있다면, 우리는 하룻밤 만에 세상을 바꿀 것이다. 만약 그리스도를 따르는 모든 사람이 단지 한 명의 제자를 재생산한다면, 세상은 극적으로 변할 것이다. 그게 전부이다. 우리가 해야 할 모든 것은 최소한 예수께서 주신 위대한 사명에 순종하는 것이다. 예수께서 제자들에게 주신 마지막 말씀은 우리가 잘 아는 것처럼 마태복음 28장 18-20절의 말씀이다.

예수께서 나아와 말씀하여 이르시되 하늘과 땅의 모든 권세를 내게 주셨으니 그러므로 너희는 가서 모든 민족을 제자로 삼아 아버지와 아들과 성령의 이름으로 세례를 베풀고 내가 너희에게 분부한 모든 것을 가르쳐 지키게 하라 볼지어다 내가 세상 끝 날까지 너희와 항상 함께 있으리라 하시니라 **마 28:18-20**

우리가 이 명령에 순종해서 최소한 한 명의 제자를 만들었다면 우리는 현재 하고 있는 일보다 훨씬 더 세상을 극적으로 변화시켰을 것이다.

실제로, 만약 한 명의 제자가 다른 한 명의 제자를 만드는 데 1년이 걸린다면, 이와 같은 방식으로 다음 해에 두 명이 다시 같은 일을 한다면, 단일 환자가 0일 때 연간 재생산은 1이 된다. 이를 매년 반복하면, 34년 안에 전 세계가 예수님의 제자가 될 것이다. 우리는 반생애 동안에 지구 전체에 도달할 것이다. 이는 최소한의 순종일 뿐이다.

물론 이것은 이상주의적이며 현실이 아닌 순전히 수학에 불과하다. 그러나 간단하고도 강력한 해결책이다. 나는 모든 사람이 제자가 되기를 원한다고 기대하지는 않지만, 그럼에도 불구하고 제자를 재생산할 수 있다. 이는 누군가에게 지나치게 많은 일을 요구하는 것도 아니다. 생각해 보라. 방금 설명한 시나리오의 34년 동안, 누구도 한 명의 제자를 삼는 것 외에 그 이상의 책임을 걸머지지 않아도 되며, 이를 행하기 위한 1년이라는 시간이 통째로 주어져 있다. 이게 전부이다.

우리가 실제로 행하고 있는 그러나 결과물이 없는 다른 일들을 중단하고, 오로지 최소한으로 예수께 순종하면 어떨까? 우리가 위임의 수준을 높이면 어떨까? 그렇게 지나칠 필요가 없다. 이것은 예수의 명령이고, 전 세계가 위태로운 상황이다.

우리는 심지어 세계에 도달하는 데 걸리는 시간을 대폭 단축할 수도 있다.

우리가 한 명이 아닌 두 명의 제자를 만들면 어떨까? 1년이 아니라 6개월 만에 제자가 재생될 수 있다면 어떨까? 단일 환자 0으로 시작하는 대신에, 우리 수천 명이 동시에 이 일을 했다면 어떨까? 우리에게는 반생애가 아닌 단 몇 년 만에 세상을 당장 바꿔낼 힘이 있다. 우리가 다른 일을 해야 할 이유가 어디에 있을까?

이것이 바이러스처럼 된다는 의미이다. 이제 우리가 곡선을 상승시킬 때이다. 본 챕터의 마지막 부분에서, 나는 우리가 실제로 우리의 곡선을 상승시키고 제자들을 빠르게 재생산할 수 있을 매우 단순하고 비용이 들지 않는 방법을 제안할 것이다.

우리는 요구하는 것은 많고 생산하는 것은 거의 없는 일들에 의해 우리 자신이 소비되고 휘둘리지 않도록, 우리의 모든 활동들을 단순화해야 한다. 나는 자주 "제자를 만드는 일에는 한 푼도 들지 않습니다. 단지 당신의 목숨이 들 뿐입니다"라고 말한다. 그게 전부이다.

3) 우리는 우리의 신앙 안에서 사랑을 전염시켜야 한다

재생산하는 일도 좋지만, 우리가 재생산될 만한 가치가 있는 사람이 되는 것이 더 중요하다. 재생산은 모든 생명체의 자연스러운 과정이다. 건강하지 못한 생물은 번식력을 잃는다. 나는 오랫동안 우리 교회가 배가되지 못하는 이유 중 하나가 하나님이 영리하셔서 더 이상 그 이상이 되기를 원치 않으신다고 말하곤 했다. 우리는 번식할 만큼 건강한 사람들이 아니다. 그렇지 않으면 우리는 자연스럽게 재생산될 수 있을 것이다.

바이러스는 세포 속에 들어가 세포를 바꾸고 그 세포의 생명을 사용하여 재생되고 확산한다. 우리의 바이러스인 예수는 선한 전염병이다. 그분은 해치거나 죽이거나 파괴하거나 손상시키지 않는다. 우리의 전염병은 감염된 모든 사람의 몸과 마음을 회복시킨다. 그분은 우리를 번식할 만한 가치가 있는 사람으로 만드실 수 있다.

우리의 영성은 더욱 아름답고 바람직해야 한다. 우리는 예수 바이러스를 지니고 있다. 날이 갈수록 어두워져 가는 세상에서 우리의 빛은 더욱 밝아져야 한다. 우리는 이 세상에 만연한 듯 보이는 추함에 대하여 건전하고 사랑스러운 대안으로 돋보여야 한다. 그러나 불행히도 우리는 중요하지도 않은 산만함에 사로잡혀 결국 쓸데없는 전투를 벌이곤 한다. 그러나 우리 안에는 보물이 있다. 우리는 누구든 상상할 수 있는 것보다 더 깊고 밝은 예수의 보증금을 가지고 있다. 우리는 그 보물을 발견하고 공유해야 한다.

사랑은 새 언약의 총체적 요점이다. 사랑은 또한 증오로 불타오르는 것처럼 보이는 세상 가운데 가장 필요한 것이다. 우리는 이 세상의 사람들에게 우리가 그리스도의 사랑으로 그들을 사랑한다는 것을 보여야 한다. 우리는 더 이상 우리가 반대하는 것들과 연합해서는 안 된다. 미움은 그리스도의 길이 아니다. 하지만 사랑은 그러하다. 사랑은 좋은 사람에게만 받을 가치가 있는 것이 아니다. 그것은 우리가 좋아하거나 우리를 좋아하는 사람들, 또는 우리와 같은 사람들만을 위한 것이 아니다. 우리와 같지 않고 결코 우리를 좋아하지 않을 사람들을 위한 것이다. 진정한 사랑, 하나님의 사랑의 척도는 어떻게 우리가 이 세상에서 미움받는 자, 소외된 자를 대하는지를 통해 판가름이 난다. 그것은 우리를 반대하고 심지어 박해하는 사람들을 향한 우리의 반응에 의해 검증된다. 우리가 세상이라는 무대에서 그 검증에 실패하고 있다는 사실은 뉴스거리도 되지 못한다.

4) 우리는 적응하고 변화해야 한다

바이러스는 살아남기 위해 적응하고 진화한다. 이 때문에 백신을 찾는 일은 어려워진다. 대부분의 바이러스는 이러한 방식으로 존재하기 때문에, 의사는 매 계절마다 독감 예방 주사를 권장한다. 그들은 다가오는 독감 시즌에 최적화될 것으로 예측되는 변이를 학문적으로 추측하고, 해당 독감에 대한 예방 주사를 배포한다. 그러나 이러한 제안은 들어맞을 수도 있고 그렇지 못할 수도 있다. 바이러스도 힘들 것이다. 그것들은 수동적이거나 정체되어 있지 않지만, 약에 의해 공격을 받을 때도 빠르게 적응하여 번식할 방법을 찾아낸다.

그리스도인은 변화에 저항하는 사람들로 유명하다. 사실, 많은 사람은 수백년 전에 그들이 사랑하는 창립자가 확립했던 종교적 시스템을 유지하기 위해여전히 노력하고 있다. 나는 때때로 하늘에 있는 존 칼빈(John Calvin), 존 웨슬리(John Wesley), 마르틴 루터(Martin Luther)가 자신들의 이름을 계속해서 지탱하고 있는 모든 것들을 혼란스럽게 내려다보는 모습을 상상한다. 나는그들이 위에서 우리에게 외치는 것을 본다.

"자라나시오! 변화하시오! 더 나아지시오! 똑같은 일을 계속 반복하지 마시오!" 아무래도 우리는 동일성과 현상 유지에 가치를 둘 뿐만 아니라 변화에 열렬히 반대하는 사람들인 것 같다. 이것은 우리를 연약하게 만든다.

바이러스와 마찬가지로, 우리에게는 더 강력한 영성이 필요하다. 건강한 제자는 이러한 시대에 쉽게 가치를 잃거나 퇴보하지 않는다.

소비자 중심의 교회는 견고한 제자를 결코 생산할 수 없다. 그러한 교회는양질의 오락으로 사람들을 끌어들인다. 당신이 그들을 끌어들였던 것을 계속해서 유지해야 하기 때문에, 당신은 매주 쇼 무대 앞에 서 있어야만 한다. 그들로 하여금 갑자기 봉사받기보다는 다른 이에게 봉사하고 싶도록 만드는, 그들의 음료에 타 넣을 마법의 약은 존재하지 않는다. 아니, 우리는 실습 훈련을 통해 현장에서 제자를 삼는 실제적인 일을 해야 한다. 다른 방법은 없다. 수요일 저녁마다 1시간 예배와 2시간의 성경공부로는 견고한 제자를 만들 수 없다.

바로 이러한 이유 때문에, 오늘날 하나님 나라에서 가장 뛰어나고 빛나는 지도자들이 사역과 교회 그 이상의 사업을 시작하고 있다. 사업은 실생활에서 사람들을 훈련시키고 지역 공동체를 위한 서비스나 상품을 제공하려는 소명이다. 이것은 그리스도인들의 공동체가 전문 사역자들로부터 목양을 받으면서 공동체에는 아무것도 제공하지 않는, 그리고 심지어 그들 몫의 세금도 내지 않는 교회의 일반적인 경험으로부터 급격히 벗어난 출발이다.

우리는 진짜 제자를 키우기 위해 우리가 지금까지 해왔던 방식을 바꿔야 한다. 빈칸을 채우고 구절을 암송하는 워크북으로는 충분하지 않다. 근면, 인내, 자연스럽게 호기심을 갖는 재빠른 마음, 배우고 싶은 열정, 행동을 강요하는 사랑은 우리가 우리의 교회에 배치해왔던 방법들로는 만들어질 수 없다. 우리는 더 나은 방법을 찾아야 한다.

5) 우리는 사역의 일차적 수단으로서 관계를 맺어야 한다

'사회적 거리두기'라는 하나의 표현은 이제 일반화되었다. 바이러스는 우리의 사회적 연결고리에 의해 확산된다. 관계로부터 멀어질수록 전파될 가능성은 줄어든다. 코로나19가 처음 우리를 공격했을 때, 우리는 과감히 사회적 거리를 측정하고, 곡선을 편평하게 만드는 데 성공했다.

관심을 끄는 또 다른 용어는 '전파 사슬'이다. 바이러스성 전염병에서는 모든 사람이 전파자가 될 수 있다. 이 교훈을 배워야 한다. 사회적 거리두기는 전염병의 확산을 막는 데 사용된다. 예수의 왕국의 대리자로서 우리가 그리스도의 전염이 확산되기를 원한다면, 사회적으로 거리를 좁혀야 한다. 관계는 중요하며 우리의 초점이 되어야 한다. 우리는 더 많은 전파 사슬을 만들어야 한다. 사탄이 교회를 비관계적 이벤트로 만들기 위해 열심히 노력한 데에는 그만한 이유가 있다.

복음은 관계의 길 위에서 가장 잘 퍼져나간다. 그리스도인 청중을 빠르게 조사해보면 이러한 사실을 알 수 있다. 성도들에게 어떻게 그리스도께 나왔는지 물어보라. 스스로 나온 사람이 있냐는 질문에는 군중 가운데 한두 사람만이 손을 들 것이다. 그리고 대부분이 믿을 수 있는 친구나 가족을 통해 그리스도께 나왔다고 대답할 것이다.

우리는 관계를 맺도록 만들어졌다. 이는 삶의 변화를 위한 맥락이다. 이를 설명하기 위해 복음서에서 사용된 용어는 오이코스(oikos)라는 단어로, 대부분 '가정(가족 관계의 무대를 의미함)'으로 번역된다. 예수의 가르침은 복음을 가지고 가정에 들어가 거기에 머물면서 복음이 하나의 관계에서 다른 관계로 전파되도록 하는 것이었다. 예수께서는 사도들―그리고 우리에게 다음과 같은 말씀으로 왕국 복음을 전파하는 일에 대해 가르치셨다.

어느 집[oikos]에 들어가든지 먼저 말하되 이 집[oikos]이 평안할지어다 하라 만일 평안을 받을 사람이 거기 있으면 너희의 평안이 그에게 머물 것이요 그렇지 않으면 너희에게로 돌아오리라 그 집[oikos]에 유하며 주는 것을 먹고 마시라 일꾼이 그 삯을 받는 것이 마땅하니라 이 집[oikos]에서 저 집[oikos]으로 옮기지 말라 눅 10:5-7

위의 구절에서, 예수께서는 오이코스(가정)라는 단어를 다섯 차례나 사용하심으로써 관계가 복음 확장의 열쇠임을 강조하셨다. 사실 그분은 길 위에서는 평화(샬롬)의 메시지(복음)로 사람들에게 인사하지 말라고 우리에게 가르치신다(눅 10:4). 다시 말해서, 실제적이지 못하고 진정성이 없고 취약한 관계에서는 전도하지 말라는 것이다. 왜일까? 그분은 그저 천국의 회원 명부에 개종자를 추가하는 것 그 이상을 원하신다. 그는 최소한 바이러스처럼 삶을 변화시키는 복음의 운동을 원하신다.

나는 위의 구절에서 예수의 마지막 말씀이 명령체로 되어 있음을 지적하고 싶다. "이 집에서 저 집으로 옮기지 말라." 그렇다. 그분은 우리에게 다음 가정으로 가지 말라고 명령하신다. 분명한 주님의 뜻은 만족하고, 구원받고, 성화된 '수령자'로부터 복음이 다음 가정에 퍼지기를 원하신다. 그분은 바이러스적인 운동을 원하신다. 관계는 언제나 복음이 전진한다는 의미에서의 길이었다.

기관차가 작동하려면 최소한 세 가지 구성 요소가 필요하다.

1) 기관차
2) 달리기 위한 트랙
3) 움직일 수 있게 하는 에너지

전염병이 작동하려면 최소한 세 가지 구성 요소가 필요하다.

1) 바이러스
2) 그것이 퍼지도록 하는 사회적 연결고리
3) 한 사람에게서 다른 사람에게 퍼지도록 만드는 바이러스 증상

유사한 방식으로, 배가 운동이 확산하려면 세 가지가 필요하다.

1) 예수, 복음(기관차)

2) 메시지를 필요로 하는 상처 입은 사람들과의 연결 관계(트랙)

3) 복음의 능력으로 변화된 삶(전진 운동을 추진하는 에너지)

대부분의 그리스도인은 다른 그리스도인과 좋은 관계를 맺고 있지만, 복음을 필요로 하는 사람들과는 강력한 연결고리를 갖지 못하고 있다. 우리에게는 앞으로 나아가려는 움직임을 위한 트랙이 없다. 증기로 가득 차 있으나 달릴 트랙이 없는 기차는 전혀 쓸모가 없다.

그리스도인이 되고 6개월 정도가 지나면, 그가 가진 의미 있는 관계의 대부분은 다른 그리스도인들과의 관계이다. 그리고 잃어버린 사람들 및 깨져버린 세상과의 관계와 우정은 식었고 살아있지 못하다. 왕국의 복음이 오이코스의 연결고리를 따라 퍼져나가는데도 이미 오이코스 전체가 그리스도인이라면, 어떠한 잠재적인 움직임이라도 탈선하고 만다. 나는 자주 "만약 우리가 그리스도를 위하여 이 세상을 이기길 원한다면, 우리는 흡연 구역에 앉아있어야 할 것입니다"라고 말한다. 우리는 관계에서 관계로 복음이 흐르도록 통로를 만들어야 한다.

그러나 그리스도 안에서 새 생명을 얻은 사람은 같은 생각을 가진 사람들의 영적 가족에게 끌린다. 그리스도를 따르는 사람들은 하나님의 설계에 따라, 그리스도를 따르는 다른 사람들과의 교제를 갈망하는 법이다. 그것은 내재적이면서 자연스러운 의도인데, 이는 대부분의 사람들에게 거듭남 직후의 시일이 오이코스에서 오이코스로의 운동을 확장하는 데 가장 생산적일 수 있음을 의미한다. 시간이 지남에 따라, 복음을 필요로 하는 오이코스에 다리를 연결하는 일은 더 어렵다.

우리는 새로운 그리스도인이 세상의 유혹을 견뎌내기 어렵다고 믿으면서 다른 사람이 그리스도께 나아올 때 의도적으로 장벽을 친다. 우리는 의미 있는 관계적 기회들로부터 전염병을 추출하고, 그러한 기회들을 통해 다른 신자들과만 연결하려는 용기를 얻는다. 우리는 교회라는 세계에서 오랜 시간 동안 사회적 거리두기를 연습해 왔다. 따라서 예수 바이러스를 포함한 채 우리의 곡선을 편평하게 유지해왔다. 우리가 무슨 말을 하든 상관없이, 우리가 우리의 행동을 통해 우리 자신의 방법과 관행이 복음보다는 새로운 신자를 보호하는 데 더 낫다고 믿는다는 것을 보여줌으로써 세상의 어둠으로부터 그들을 보호하기 위해 할 수 있는 모든 것을 다한다. 결국 우리는 복음의 힘을 의심하지 않는 세상을 보호할 뿐인 셈이다.

그리스도를 새롭게 따르는 자들은 옛 삶의 유혹을 이겨낼 수 있을 뿐만 아니라, 나이가 많고 성숙한 형제나 자매보다 차이를 만드는 데 더 적합하다. 왜일까? 신선한 관계의 선(전파 사슬)은 삶의 변화를 가장 필요로 하는 사람들에게 그것을 연결한다. 복음의 변형의 가시적인 현실은 아직 믿지 않는 이들에게 가장 눈에 띄는데, 이는 그들의 친구가 눈앞에서 변화하는 모습을 보기 때문이다. 우리의 영적 사회적 거리두기는 이러한 강력한 전파 사슬을 끊고 바이러스적인 왕국이 나아가도록 유지시킨다.

아마도 새로운 신자를 강화하기 위해 기존의 관계로부터 떠나도록 하는 실천은 사실 효과적이지 않다. 이러한 실천은 사실 새로운 제자의 성장과 성숙을 늦춘다. 다른 사람들에게 좋은 소식을 전하는 것만큼 그리스도인의 영적인 개발을 촉진하는 것은 없다. 청중이 적대적일수록 새로운 신자는 영적으로 보다 성장하여 복음을 수호하고 적대감에 맞선 순종을 실천할 것이다. 힘은 저항을 통해 발달하는 법이다.

새로운 신자를 옛 생활의 유혹과 친구들의 생활 방식으로부터 보호함으로써, 우리는 바이러스적 운동이 일어나기도 전에 멈춰지도록 적과 의도치 않게 공모한다. 우리는 새로운 제자의 성장과 발전도 저해하고 있다. 복음의 핵심 진리는 사랑이다. 사랑은 관계없이 불가능하다. 그러한 사랑을 가장 필요로 하는 사람들과의 관계는 운동의 전진을 위한 열쇠이다. 관계를 사역이 이루어지는 길로 만들어야 할 또 다른 중요한 이유가 있다. 사랑은 우리의 주된 목표이며 사랑에는 관계가 필요하다. 우리는 사랑하는 사람 없이 진정으로 사랑할 수 없다.

나는 이것이 삼위일체적 신격을 주장할 때 매우 중요한 진리가 된다고 믿는다. 성경은 하나님이 사랑이시며 그분이 영원하시다는 것도 말해 준다. 이는 그분이 사랑일 뿐만 아니라 창조 이전에조차 언제나 사랑이었음을 의미한다. 사랑의 초점을 맞출 사람이 없다면 사랑할 수 없다. 하나님 아버지와 아들과 성령은 언제나 서로를 사랑하셨다. 나는 비삼위일체적 일신론 종교에서 대개 가시적인 사랑이 부족하고, 하나님의 구원하심보다는 그분의 진노를 강조한다는 사실을 발견했다.

우리가 그저 2분 거리의 이웃들로 구성된 군중 속의 청중이라면, 우리는 우리가 되고자 하는 사람이 될 수 없다. 우리의 믿음은 서로의 눈을 바라볼 수 있는 테이블 주위에서라야 최선이 된다. 우리는 사회적 거리두기를 멈추어야 한다.

6) 우리는 그리스도의 강력한 사랑으로 사회 전체를 감동시켜야 한다

코로나19는 삶의 모든 것을 바꾸었다. 경제는 침체되고 있고, 교육은 그 자체로 가상의 그림자이며, 성도간 교제도 중단되었다. 병원과 건강관리는 모든 절차를 바이러스의 뒷자리로 몰아넣었다. 물론 좋은 영향도 있다. 일부 기업은 번창하고 있으며, 교통량이 감소하고, 기후가 개선되었다.

예수의 기쁜 소식 바이러스는 주일 10시부터 정오 사이의 일정뿐만 아니라, 사회와 문화 전체를 감염시켜야 한다. 우리는 교회 체제의 거품 속에 은둔하며 페이스북 댓글을 다는 일에 만족할 뿐이었다. 주일 아침에 찬양의 노래를 부르는 대규모 모임을 갖는 것만으로 우리에게 충분했다. 우리는 그러한 평범한 부스러기에 만족한 채, 메인 요리를 놓쳐왔다.

우리는 문화와 사회에 전방위적으로 영향을 끼쳐야 한다. 우리의 성공은 좌석이 아닌 거리에서 발견되어야 한다. 우리는 만남의 장소에서뿐만 아니라 시장에서도 목소리를 내어야 한다. 우리는 세상이 제공하는 것을 모방하는 것이 아니라 더 풍부한 가사를 가지고, 창작자와 연결된 한 사람으로서 창의성으로 예술에 영향을 끼쳐야 한다. 단조로운 세계에 맛을 더하기 위해, 우리는 세상의 소금이라고 불린다. 우리는 반죽 덩어리 전체에 번식하고 영향을 미치는 누룩이라고 불린다. 우리는 어두운 세상 속의 빛이다. 이는 우리가 누구인지에 대한 설명이며, 이러한 특성은 분명해야 한다. 아마도 우리는 훨씬 적은 것들에 지나치게 만족해 왔던 것 같다.

7) 우리는 이 시대를 위해 특별히 준비된 젊은이들에 초점을 맞춰야 한다

코로나19의 특이한 특징 중 하나는 젊은이들을 별로 괴롭히지 않는다는 점이다. 그들은 감염될 수 있고, 바이러스를 옮기고 퍼뜨릴 수 있으며, 무증상일 수도 있다. 우리의 학교는 우리 아이들을 보호하려는 것이 아니라, 교사, 부모, 특히 조부모들을 보호하기 위해 문을 닫았다. 누구나 바이러스를 전파할 수 있지만 특히 젊은 세대가 가장 많이 전파하기 때문이다. 나는 또한 신흥 세대가 이 세상에 가장 큰 변화를 가져올 수 있도록 잘 설계되었다고 믿는다. 밀레니얼 세대와 Z세대에 대해 말해본다면, 그들은 베이비붐 세대만큼 특권을 누리지 못하며, X세대만큼 화가 나 있지 않다. 그들은 소외된 사람들에게 관계적이고 동정심을 갖도록 형성되었다. 그들은 모두를 위한 선함을 원한다.

≫ 제자를 삼기 위한 단순한 방법: 삶의 변혁 그룹(LTG)

바이러스적 운동을 시작하려면, 우리에게는 실제로 삶을 변화시키고 삶을 더욱 전염시킬 수 있는 특별한 훈련이나 교육 없이도 누구나 사용할 수 있을 만한 도구가 필요하다. 바이러스적 운동은 감염된 모든 사람이 다른 사람에게 전파자가 되는 운동이다.

LTG(Life Transformation Group: 삶의 변혁 그룹)는 모든 제자가 두 가지 일을 할 수 있는 하나의 재생 가능한 패턴이다. 다른 제자를 즉각 만들어 내고, 중개자 없이 각 제자를 예수님에게로 연결한다. LTG는 영적 성장 및 발달의 영역에서 개인적 책임을 위해 매주 만나는, 성별이 같은 2, 3명의 인원으로 구성된다. 그룹은 3명 이상으로 성장해서는 안 되며, 4명이라면 단일 그룹이 아닌 2명의 2개 그룹으로 번식해야 한다.

LTG에 필요한 커리큘럼이나 훈련은 없다. 성경 그리고 참가자의 성경에 끼워져 있는 단순한 책갈피만 있으면 된다. LTG는 개인의 영적 성장을 위한 세 가지 본질적인 훈련들로 구성된다. 죄의 고백, 반복적이고 꾸준한 성경 읽기 그리고 예수를 필요로 하는 사람들을 위한 기도이다. 모임 진행도 단순하다. 두세 사람이 모인다. 그들은 캐릭터 대화 질문들이 적힌 카드를 한 장 가진다. 누구나 카드를 읽고 답할 수 있다. 그들은 또한 다음 주에 스스로 읽을 성경 본문을 선택한다. 그들은 매주 20~30장을 읽도록 노력한다. 누군가가 그 정도로 많이 읽어내지 못한다면, 각자 동일한 책을 동일한 양으로 다시 읽는다. 그들은 같은 주에 세 사람 모두가 독서를 마칠 때까지 이를 계속한다. 그런 다음 다른 책으로 넘어간다.

어떤 이들은 독서량이 많다고 생각하지만, 그것을 매주 끝내는 것은 중요하지 않다. 몇 주 만에 마칠 수 있도록, 읽어내는 장의 숫자를 늘려야 한다. 만약 모두가 매주 30장을 완료한다면, 50장으로 과정을 강화하는 것이 좋다. 목표는 빈칸을 표시하는 것이 아니라, 전체적인 맥락에서 성경 전체의 책들을 반복적으로 읽는 것이다. 이러한 유형의 읽기는 대부분의 성경 읽기 프로그램이 그러하듯 1년에 한 번(기껏해야) 모든 책들을 읽는 것보다 훨씬 더 철저한 성경 학습을 가능케 한다. 그룹의 각 사람들은 그들이 그리스도께 나아오기를 바라는 세 사람을 골라 모두 그 이름을 LTG 카드에 적는다. 매일 그들은 각각의 이름 중 하나를 취하여 그들을 위해 기도한다. 성경에 늘 끼워져 있는 그러한 사람을 위해 디자인된 책갈피 카드에는 10개의 기도문이 나열되어 있다.

누군가가 그리스도께 나아오면, 나는 즉시 그와 함께 LTG를 시작한다. 여성이 그리스도께 나아오면, 나는 그가 만날 동성 친구를 찾아준다. 그리스도 안에서 새로운 피조물로서의 첫 호흡부터, 그 제자는 상황 속에서 많은 양의 성경을 취하고 있다. 그들은 자신의 죄를 다른 이에게 고백하고, 친구의 구원을 위해 매일 기도하고 있다(그 친구가 여전히 밀접한 관계에 있는 동안).

자기주도적 발견이 목표이며, 여기서는 어느 누구도 전문가가 아닌 학습자일 뿐이다. 관련된 모든 사람이 그룹의 혜택을 경험하고 있다. 나는 제자를 만들기 위해 LTG에 있는 것이 아니라, 하나의 사람 즉 더 나은 사람이 되기 위해 있다. 책임 소재는 계층 구조 속에서 나의 위나 아래에 있는 사람을 향하지 않고, 측면에 위치한다. 우리 모두는 서로에게 책임이 있다. 우리는 "서로의 짐을 지고" "서로에게 사랑과 선행을 자극한다."

매우 간단한 이 방법은 삶을 변혁시키는 데 중요한 것을 제공한다. LTG 자체가 삶을 바꾸는 것이 아니다. 연약한 자의 정직한 고백을 통해 성경으로 말씀하시는 성령께서 삶을 변화시키신다. LTG는 삶의 변화 요소를 가져다가 모두가 할 수 있고 전 세계의 다른 문화와 언어로 전달할 수 있는 시스템으로 통합시키는 한 가지 방법이다.

제자를 삼고 배가시키는 이 접근법은 모든 사람이 할 수 있을 만큼 단순하다. 그것은 운동을 촉진시킬 수 있는 **빠른** 재생산 수단이다. 어떠한 비용이 들지 않고, 고도로 훈련되거나 교육받은 리더에게 의존하지 않는다. 건물이나 만남의 장소에도 의존하지 않는다. 그것은 깊은 영적 생활에 실제로는 관심이 없는 사람들을 걸러내는 나름의 여과장치를 제공한다. 그리고 그것은 그 자체로 다른 문화, 언어, 국가로 재생산된다. 나는 우리가 그토록 오랫동안 실천하고도 결과를 거의 내지 못했던 다른 모든 종교적 운동들보다 더 두드러지는 그러한 과정을 만들자고 제안한다. 평범한 그리스도인을 희생시키면서 으레 중요한 지도자를 더 많이 만들어내고 마는 값비싸고 복잡한 시스템을 제거하라. 그저 예수의 말씀을 듣고 그분의 말씀을 행하라.

Key point

1. 세 가지 종류의 교회들

1) 영원히 문을 닫는 교회가 있을 것이다.
2) 살아남아 변하지 않는 교회도 있을 것이다.
3) 무언가 특별한 것을 발견하고서 결코 똑같은 상태로 되돌아가지 않는 교회가 있을 것이다.

2. 팬데믹을 통해 하나님께서 외치시는 말씀: 멈추라!

1) 예배를 주일 아침 이벤트로 축소하기를 멈추라.
2) 숫자를 성공인양 자랑하기를 멈추라.
3) 영적인 일을 위해 재능 있고 많이 배운 소수의 지도자들에게 의존하기를 멈추라.
4) 교회로 오기를 멈추라, 교회가 되기를 시작하라.
5) 대규모 모임을 주된 일로 삼기를 멈추라.
6) 두려워하기를 멈추라.
7) 조직의 브랜드를 영성과 동등하게 여기기를 멈추라.

3. 위기를 통해 하나님께서 외치는 말씀: 바이러스처럼 되어라!

1) 우리는 지역에 머무는 데 그치지 않고, 전 지구적으로 나아가야 한다.
2) 우리는 빠르게 확산되어야 한다.
3) 우리는 우리의 신앙 안에서 사랑을 전염시켜야 한다.
4) 우리는 적응하고 변화해야 한다.
5) 우리는 사역의 일차적 수단으로서 관계를 맺어야 한다.

6) 우리는 그리스도의 강력한 사랑으로 사회 전체를 감동시켜야 한다.

7) 우리는 이 시대를 위해 특별히 준비된 젊은이들에 초점을 맞춰야 한다.

4. 제자를 삼기 위한 단순한 방법: 삶의 변혁 그룹(LTG)

바이러스적 운동을 시작하려면, 우리에게는 실제로 삶을 변화시키고 삶을 더욱 전염시킬 수 있는 특별한 훈련이나 교육 없이도 누구나 사용할 수 있을 만한 도구가 필요하다. LTG(Life Transformation Group: 삶의 변혁 그룹)는 다른 제자를 즉각 만들어 내고, 중개자 없이 각 제자를 예수님에게로 연결한다.

Think point

Neil Cole은 21세기 북미지역의 House Church 운동을 불러일으킨 산 증인이다. 시대 변화를 읽으면서 예언자적 역할을 해 왔던 그는 다양한 저서와 강연, 실제 사역을 통해 교회 갱신의 한 축을 감당해 왔다. 그는 언제나 교회의 미래를 염려하고 본질로 돌아갈 것을 외쳐왔다. 특별히 제도화되고 세속화된 교회에 대한 날카로운 비판과 함께 예수께서 보여 주셨던 제자의 길과 그들의 헌신을 통한 재생산의 원리를 설파해 왔다.

현재 북미 지역에서 발생하고 있는 흐름 중 가장 주목해서 보아야 할 현상이 바로 여기에 있다. 올개닉 하우스 처치 운동이 자생적이며 비조 직적 흐름 속에 성장하였다면, 최근에 일어나고 있는 선교적 소그룹 운동은 그 맥을 같이 하지만 더 조직적이고 네트워크화되어 있는 특징이 있다. 예를 들어 영국에서 시작되어 북미 지역에 접목되고 있는 프레쉬 익스프레션스(Fresh Expressions) 운동이나 플로리다 템파에서 시작해 전 미 지역으로 확산하고 있는 언더그라운드처치(Underground Church), 시애틀에서 시작된 소마(SOMA) 등이 대표적인 예라 할 수 있다. 이들은 제자도를 기반으로 일상과 이웃, 관계 중심의 사역을 통해 믿지 않는 사람들을 만나고 복음을 증거하며 재생산이 일어나도록 돕는다. 이들의 특징은 Neil Cole이 이야기한 바와 같이 바이러스와 같은 역할을 함으로 작은 단위가 계속 분가하고 확산하는 모습을 보인다.

팬데믹 이후의 교회의 미래는 바로 이러한 모습에서 발견될 거라 나는 믿는다. 틀과 모양은 다를 지라도 복음의 능력으로 변화된 자들이 모인 교회, 그리고 그들이 마음껏 사역할 수 있는 공간과 자리를 마련해 주는 교회, 새신자들이 제자가 되고 그들이 또 다른 제자를 낳는 개인과 공동체가 있는 교회를 통해 미래의 길은 열릴 것이다.

Discussion

1. 글 서두에 제시된 세 가지 종류의 교회들 중 우리 교회의 미래 모습
은 어디에 속할 것이라 생각되는가? 왜 그렇다고 보는가?

2. 위기를 통해 배우게 되는 7가지 요소와 배가 운동이 확산되기 위한
세 가지 요소에 대한 자신의 의견을 나누어 보자.

3. 삶의 변혁 그룹(LTG) 모델을 우리 교회 공동체에 적용시키기 위해
고려해야 할 부분과 실천 방안을 고안해 보라.

13 / 이상훈

서울신학대학교 신학과(B.A.)와 동대학원
(M.Div.)을 졸업한 이상훈 교수는 미국 풀
러신학교에서 석사(Th.M.)와 박사(Ph.D.)
학위를 받았다. 현재 America Evangelical
University(미성대학교) 총장을 맡고 있
으며, 풀러신학교에서 겸임교수로도 사
역하고 있다. 또한, Missional Church
Alliance 대표 디렉터, 글로벌 워십 미니
스트리 이사로도 활동 중이다. 저서로는
『리폼처치』, 『리뉴처치』, 『리싱크처치』, 『처
치시프트』, 『선교적 교회론과 한국교회』
(공저), 『포스트코로나 시대와 교회의 미
래』(공저)가 있다.

*Missional Church Alliance (MiCA) 홈페이지

미래를 위한
변혁적 교회론

이상훈 교수(AEU 미성대학교 총장)

뉴노멀 시대에 접어들며 온라인에서는 수십만 명을 이끄는 '인플루언서'의 영향력에 주목하기 시작했다. 교회는 위기를 타파하고, 많은 이들에게 효과적으로 복음을 전하기 위해 '선교적 인플루언서'가 되어야 한다. 그러기 위해 우리는 무엇에 집중해야 하는가? Reset, Reactivate, Reimagine, Recreate! 앞으로 나아가야 할 새로운 선교적 사명을 함께 모색해보자.

미래를 위한 변혁적 교회론

이제까지 우리는 다양한 저자의 글을 통해 코로나19 이후를 대비하는 교회의 모습을 살펴보았다. 물론 미래를 예측하는 것만큼 확률적으로나 실제적으로 위험한 일은 없다. 그러나 코로나19는 이제까지 '어쩌면, 언젠가'라고 기대했던 일들이 '이제, 곧'을 넘어 현실 속에서 본격화됐다[18]는 측면에서 지금의 경험은 '이미 와 있는 미래'가 되어 버렸다.

그렇다면 코로나19가 앞당겨 놓은 현실은 어떠한가? 미국의 리서치 기관인 '바나 그룹'에서 발표한 내용을 보자. 코로나19로 인해 온라인 예배를 드려야 했던 2020년 4월 말에서 5월 초 주일 예배 출석에 대한 조사를 실시했다. 코로나 초기 앞선 조사에서는 예상보다 높은 예배 참여율과 적극적인 헌금 등으로 교회의 저력을 보는 듯했다. 그런데 이번 조사는 달랐다. 구체적인 내용을 보면 기존 신자들 가운데 자기 교회의 온라인 예배를 참여한다고 응답한 비율이 35%에 불과했다. 이에 반해 다른 교회에서 예배드리는 14%와 여러 교회를 바꿔가며 참여한다는 성도들도 18%나 되었다. 그러나 더 충격적인 것은 이 기간에 32%의 성도들이 전혀 예배에 참여하지 않았다는 응답이었다. 물론 젊은 세대들의 이탈률은 훨씬 높았다. 무려 50%의 밀레니얼 세대(Millennials)가 예배

---

18) Jason Schenker, 코로나 이후의 세계(The Future after COVID), 박성현 역, (서울: 미디어 숲, 2020).

참여를 중지했다. 불과 몇 달 만에 코로나19가 던져준 충격은 가공할 만한 수준이라 할 수 있다.[19]

한국의 상황은 어떤가? 초기 한국은 세계 어느 국가보다 탁월하게 코로나 사태에 대응해 왔지만, 교회가 직면한 현실은 그렇게 낙관적으로 보이지 않는다. 주일 예배가 재개된 이후 회복률이 50~60%라는 결과가 보고되고 특히 30·40대 세대가 대거 이탈했다는 소식, 친구들의 비웃음으로 더 이상 교회에 나오지 않겠다는 청소년들의 절교 선언에 이르기까지 여러 안타까운 이야기들이 들린다. 코로나19가 종식되어도 20~30%의 성도와 헌금이 줄어들 거라는 예상은 미국과 큰 차이가 없다.

⟫⟫ 미래 시나리오

현 상황 속에서 우리는 몇 가지 시나리오를 그려볼 수 있다. 그러나 아무리 궁리해 봐도 여러 지표와 현실적 상황은 교회의 미래를 긍정적으로 예단하기가 어렵다. 경제적으로 국제적 장기 침체가 지속되고 일반 시민들의 삶이 흔들리면 교회는 직격탄을 받을 것이다. 게다가 젊은 세대가 줄고 전도가 막히면 노령화는 가속화될 것이고, 교회는 그야말로 본격적인 쇠퇴기에 접어들 수밖에 없다. 너무 비관적인가? 아니 그렇지 않다. 어쩌면 가장 현실적이고 이성적인 예상이다. 이미 수십 년 전 유럽 교회가 그랬고 오늘날 북미 교회가 보여 주는 모습이기도 하다. 우리는 스스로에게 속지 말아야 한다. 막연히 잘 될 것이

---

19) Barna, "State of the Church: One in three practicing Christians has stopped attending church during COVID-19," July 8, 2020, https://www.barna.com/research/new-sunday-morning-part-2/?fbclid=IwAR3CU4esH25srvRi2sV mEu3CTQi01eRnixN6LergS-LIBc-vHaw295QKTKk

라는 기대, 곧 수습될 것이라는 기대를 과감히 버려야 한다. 그것이 걱정되는 가. 그럴 수 있다. 그러나 진짜 걱정해야 할 것은 무엇인가? 교회 전문가인 에드 스테처(Ed Stetzer)는 다음과 같이 말했다.

"많은 사람은 교회가 예전으로 돌아가지 못할 것을 걱정한다. 어떤 이는 큰 교회도 같은 운명일 것이라고 말한다…. 그러나 나는 교회가 다시 예전과 같이 될까 봐 그것이 걱정이다."[20]

나 또한 그렇다. 지금 우리는 뉴노멀 시대를 맞이하며 오프라인 성도들의 극적 이탈과 온라인 예배가 가지는 한계 등으로 인해 염려한다. 젊은 세대가 교회를 떠나 교회학교를 열 수 없게 될 것이라는 문제로 고민한다. 그들을 다시 교회로 돌아오게 하기 위해 어떤 전략을 쓰고 어떤 방법을 사용해야 할지가 당장 급하다. 아마도 앞으로는 여기저기서 교회 회복을 위한 프로그램과 세미나가 호황을 누릴 것이다. 성공 사례들이 나오고 그것을 답습하려는 시도가 줄을 이을 것이다. 실제적인 사례와 방법들을 나누는 것은 매우 중요하다. 그런데 이렇게 다급한 상황에도 불구하고 비대면이라는 뉴노멀 시대에 대처하기 위해 진짜 중요하고 시급한 문제가 있다. 바로 교회가 교회 되는 것이다.

>>> 뉴노멀 시대 위기의 교회론

코로나 시대가 교회에 가져다준 진짜 충격은 교회의 수준과 민낯을 적나라

---

20) Ed Stetzer, "Time for a New Normal" Outreach Magazine, July/August 2020, p. 14.

하게 보여 주었다는 데 있다. 코로나19가 시작되고 나서 세상에 희망이 되었던 곳이 어디였던가? 가장 고통스럽고 힘겨운 시간에 의지하고 신뢰할 만한 대상은 누구였는가? 교회가 고통의 밑바닥에 내려가 손을 내밀고 일으켜 주는 사역을 감당했는가? 그동안 우리가 그렇게 외쳤듯이 '교회만이 세상의 희망'이라고, '교회만이 세상을 변화시킬 수 있다'고 말할 수 있는 자격이 우리에게 있는가? 그런 차원에서 지금의 상황은 교회를 새롭게 할 마지막 기회일 수도 있다.

역사적으로 교회는 언제나 위기 가운데 존재해 왔다. 교회는 위기로부터 탄생했고 위기 속에서 성장했으며 위기로 인해 확장되었다. 전염병 역시 마찬가지였다. 초기 로마 시대에 불어 닥친 두 번의 치명적 역병이나 6세기와 중세 시대의 흑사병 등은 발생했을 때마다 국가와 제국의 존립 자체를 흔들 정도로 엄청난 사망자를 냈다. 기존 제도는 무력화됐고 가치관과 세계관도 뒤바뀌었다. 교회 또한 그 여파를 피할 수 없었다. 그런데 놀랍게도 교회는 사라지지 않았다. 오히려 이 기간이 부흥과 영적 갱신의 토대가 되기도 했다. 사회학자 로드니 스타크(Rodney Stark)의 책 『기독교의 발흥』에서 보듯 전염병 속의 초기 기독교 공동체는 마치 이때를 위해 준비된 예비 부대처럼 행동했다. 그는 당시 기록을 기반으로 이런 놀라운 사실들을 기술했다.

- 기독교는 왜 인류가 끔찍한 시대에 봉착하게 되었는지 만족스러운 해명을 제시했고 희망찬, 때로는 활력적인 미래상을 제시했다.
- 초기부터 기독교의 사랑과 선행의 가치관은 사회봉사와 공동체 결속으로 현실화되었다. 재앙이 닥쳤을 때 기독교인은 더 훌륭하게 대처했고 그 결과는 '월등히 높은 생존율'이었다.
- 기독교인의 생존율이 눈에 띌 만큼 월등하다는 사실은 기독교인이나 이교도 모두에게 "기적"으로 비쳤을 것이고, 이는 개종에도 영향을 미쳤을 것이다.[21]

물론 거대한 자연재해나 사회적 재앙이 항상 신앙의 부흥으로 이어진 것은 아니다. 종교가 재앙에 대해 흡족할 만한 답을 주지 못했거나 재앙 앞에서 무익하다는 인상을 줄 때 종교는 치명적인 위험에 처했다.[22] 코로나19가 한국 교회에 던지는 질문 역시 같은 맥락이 아닐까. 삶의 토대가 뒤흔들리는 상황 속에서 교회가 세상에 만족할만한 반응과 대답을 주지 못했기에 오늘의 위기는 더 뼈아프게 다가온다. 세상의 해답이 되는 교회가 되기 위해 우리가 가야 할 길은 무엇인가?

>>> Reset: 교회를 리셋하라

20세기 후반을 지나면서 교회 갱신에 대한 소리가 높았다. 교회의 역사는 언제나 본질을 잃은 제도와 전통에 대한 저항을 통해 갱신을 이뤄왔지만, 오랜 세월 세상의 중심부에서 특혜를 누리고 영향력을 발휘해 왔던 교회가 개혁하는 일은 결코 쉽지 않아 보인다. 한국 교회도 마찬가지다. 도시화와 산업화 시대를 지나면서 성장 일변도의 과정을 통과해 왔던 교회가 원래의 부르심에 맞는 조직과 사역으로 거듭나자는 주장은 변방의 작은 외침에 지나지 않았다. 성장이 멈추고 가나안 성도들이 폭발적으로 증가하고, 젊은이와 다음 세대가 사라지는 와중에도 교회는 변하지 않았다. 마치 브레이크 없는 폭주 기관차처럼 멈추는 것도, 방향을 돌리는 것도 어려웠다. 그런데 브레이크가 걸렸다. "Stop!" 모든 것을 멈추라는 굉음이 들렸다. 그리고 순간 모든 것이 멈췄다. 모임도 예

---

21) Rodney Stark, 기독교의 발흥(The Rise of Christianity), 손현선 역, (서울: 좋은씨앗, 2016), pp. 117-118.
22) 위의 책, 122.

배도 사역도 불가능한 상황이 발생했다. 그러자 평상시 보지 못하던 것들이 보이면서 진짜 교회가 맞이한 위기가 무엇인지를 구별할 수 있게 되었다.

무엇이 위기인가. 진짜 위기는 환경의 급작스러운 변화로 사역이 멈춘 것이 아니다. 이미 교회 안에 생명을 위협하는 치명적 바이러스가 세포 깊숙이 침투해 있었음을 모르고 있었던 것이 위기다. 레너드 스윗(Leonard Sweet)의 표현대로, 세계는 이미 폭파 직전의 불의 고리(Ring of Fire)에 놓여 있고 서구 교회는 멸종 위기에 처했다. 언제부턴가 교회는 재생산 능력을 잃어버렸는데, 이보다 더 심각한 문제는 자신의 질병을 자각하지 못하는 현실이다.[23] 가정과 공동체, 교회와 세상에서 신앙의 능력을 상실한 성도들, 소비주의와 개인주의, 물질만능주의와 이원론적 영성으로 매몰되어 있으면서도 이것이 성경적인 가치인 양 착각하고 있는 현상, 세상의 많은 사람이 교회를 향해 손가락질하고 있는데도 마치 의의 고난을 받고 있는 것처럼 진실을 왜곡하며 스스로를 위로하고 있는 모습들. 이처럼 진짜 위기는 우리 내부로부터 곪아가고 있었다.

하나님의 흔드심은 교회가 스스로를 자각하게 이끄셨다. 바로 지금이 교회를 새롭게 할 때다. 모든 것을 새롭게 리셋(reset)할 때다. 과거의 성공 방식을 더이상 답습하려 하지 말라. 과거는 지났다. 과거에 유효했던 방식도 끝이 났다. 모든 것을 새롭게 시작해야 한다. 그런 측면에서 지금은 과거와 결별할 때다. 생각해 보라. 이제까지 얼마나 많은 사역이 하나님 중심이 아닌 사람 중심으로 이뤄져 왔는가. 프로그램을 만들고, 많은 사람을 모으고, 크고 화려한 건물을 세우는 데 얼마나 많은 힘과 재원을 사용해 왔는가. 사람들의 필요를 채워주고 불편을 최소화하는 데 얼마나 많은 관심을 가지고 집중해 왔는가. 그런 교회에 코로나19는 소비주의적이며 편안함만을 추구하던 기독교 영성에 경종을 울렸

---

23) Leonard Sweet, Rings of Fire, (Colorado Springs, CO: NavPress, 2019), 8.

다. 정말 중요한 것이 무엇인지, 교회 공동체가 꼭 붙잡아야 할 것이 무엇인지를 발견하게 했다.

결국, 우리가 끝까지 붙잡아야 할 것은 단순하다. 예수 그리스도와 복음, 공동체와 예배, 말씀과 기도, 전도와 선교 같은 가장 본질적인 것만 남는다. 이제는 익숙한 이전 상태로 돌아가려는 복원 모드(Recovery mode) 대신 새로운 출발을 위한 초기화(reset) 버튼을 눌러야 한다. 원 상태로 돌아가 미래로의 출발을 해야 할 시간이다. 교회란 무엇인가? 교회는 오직 성령에 의해 태어나고 유지되고 움직이는 하나님 나라 백성의 공동체이다. 그러므로 교회는 오직 하나님의 통치와 다스림을 받는다. 그렇게 형성된 특성과 사명이 결합할 때 교회는 진정한 교회가 된다. 다음의 그림을 보자.

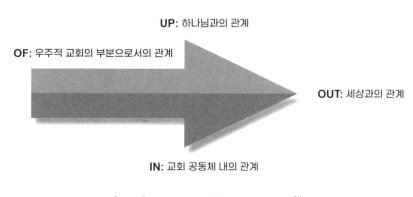

UP: 하나님과의 관계
OF: 우주적 교회의 부분으로서의 관계
OUT: 세상과의 관계
IN: 교회 공동체 내의 관계

[그림 1] 교회의 본질을 형성하는 4가지 관계[24]

진정한 교회는 예수 그리스도를 중심으로 다음 네 가지 차원의 관계성 안에

---

24) Michael Moynagh, Church for Every Context, (London: SCM Press, 2012), p. 108.

서 공고해진다.

첫 번째는 'UP' 하나님과의 관계이다. 교회는 그의 백성 안에 거하시는 하나님의 임재와 내주함(indwelling)에 의해 형성된다. 삼위일체 하나님을 경험하고 그의 영광에 참여함을 통해 성도와 교회는 정체성과 목적을 발견하고 그분의 뜻을 추구하게 된다.

두 번째는 'IN' 내부적 관계의 형성이다. 그리스도로 인해 부름 받은 성도들은 교회라는 울타리에서 서로 사랑을 나누고 세움을 입는다. 세상에서 경험할 수 없는 위로와 격려, 용서와 평화를 누림으로 성도들은 비로소 부르신 사명의 자리에 서게 된다.

세 번째는 'OUT' 세상과의 관계다. 진정한 교회는 그리스도의 이름으로 모인 구별된 공동체이지만, 세상을 향한 섬김의 사명과 함께 온전해진다. 즉, 하나님과의 관계를 통해 사명을 발견하고, 공동체 안에서 회복을 경험한 성도들이 세상을 향해 보냄을 받는다. 마치 성령을 경험한 초대교회 성도들이 핍박으로 인해 흩어진 가운데서도 복음을 전하고 교회를 세워나갔던 것처럼 온전한 그리스도의 제자들은 세상을 섬기고 사랑하고 회복하는 사명을 자신의 것으로 받아들인다.

마지막은 'OF' 보편적 교회의 한 부분(part)으로서 하나님 나라(Kingdom)의 가치를 가진 교회와의 관계이다. 모든 지역 교회는 우주적 교회의 일부분이며 동시에 다양한 장소에서 구체적으로 존재하는 전체 교회이다.[25] 여기서 우리는 하나님 나라를 위해 존재하는 지역 교회의 의미와 연합하는 교회의 모습을 발견한다. 교회는 각자의 생존을 위해서 존재하지 않는다. 교회는 잃어버린 영혼과 세상을 구속하시고자 하시는 하나님의 선교(Missio Dei)에 참여하기 위해

---

25) 위의 책. p. 239.

존재한다.

이렇듯 교회는 하나님과의 관계, 성도와의 관계, 세상과의 관계, 다른 교회와의 관계를 통해 형성되며 운동력을 가진다. 예수의 이름으로 두세 사람이 모인 그곳이 교회라는 사상(마 18:20), 즉 "우리가 교회다"라는 신념이 왜 중요한가? 미로슬라브 볼프(Miroslav Volf)의 말처럼 "하나님의 다스림 없이는 교회도 없고, 교회 없이는 하나님의 다스림도 없기 때문"이다.[26] 교회가 있기에 하나님의 통치가 가시화된다. 그리고 그것은 세상에서 존재(being)하는 성도의 삶(doing)을 통해 드러난다. 일상의 지평 안에서 말씀을 살아내는 성도와 공동체의 삶, 그것이 바로 교회의 본질을 드러내는 지표가 된다.

>>> Reactivate: 체질을 변화시키라

코로나19는 교회의 위기를 깨닫게 했지만, 동시에 새로운 사고와 상상력 또한 불어 넣는 계기가 됐다. 즉, 교회는 건물이 아니며 주일 모임 이상이라는 것을 알게 해 주었다. 물론 이제까지 우리는 수도 없이 이러한 가르침과 설교를 해 왔다. 교회는 건물이 아닌 사람이고 신앙생활은 주일만이 아닌 나머지 6일의 삶 속에서 지속되어야 한다고 말이다. 그렇지만 실제 이것이 행해지는 사역을 하기는 쉽지 않았다. 건물과 주일, 성직자 중심의 전통적 사역의 틀 밖에서 교회를 보는 안목이 약해졌기 때문이다. 그러나 이제는 알게 되었다. 교회는 예배당뿐 아니라 성도가 모여 예배하는 모든 곳이요, 성도 자신이 교회라는 사실을 직접 경험하면서 말이다. 집이 교회가 되고 가족이 교회의 최소 단위가 될

---

26) Miroslav Volf, 삼위일체와 교회, 황은영 역, (서울: 새물결플러스, 2012), p. 11.

수 있다는 것도 체험했다. 성도들은 스스로 신앙을 지키고 가정을 돌보기 위해 주 7일 어디서나 하나님을 예배하고 섬기는 삶이 되어야 함을 알게 되었다. 물론 이것이 기존의 교회 건물과 회중 예배의 중요성을 희석시키자는 의미는 결코 아니다. 우리에겐 공동체로서의 교회와 함께 모일 수 있는 거룩한 공간이 필요하다. 중요한 것은 그 속에 국한되었던 신앙의 울타리를 넘어 세상 속에서 일상의 삶을 통한 예배와 섬김, 사역의 가치가 다시 실행되어야 한다는 점이다. 닐 콜(Neil Cole)은 말한다. 교회는 "하나님 나라를 세상 사람들에게 보여 주는 곳이 되어야 한다." 교회가 단지 예배만 드리러 가는 곳이 아니라 하나님 나라의 사명을 위해 훈련과 보냄을 실천하기 위해 존재해야 한다는 것이다.[27]

다음의 그림을 보자. 앨런 허쉬(Alan Hirsch)는 이제까지 교회가 얼마나 수동적인 성도들을 만들어 왔는지를 다음과 같이 묘사했다.

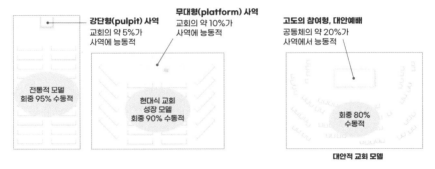

강단형(pulpit) 사역
교회의 약 5%가
사역에 능동적

무대형(platform) 사역
교회의 약 10%가
사역에 능동적

고도의 참여형, 대안예배
공동체의 약 20%가
사역에서 능동적

전통적 모델
회중 95% 수동적

현대식 교회
성장 모델
회중 90% 수동적

회중 80%
수동적

대안적 교회 모델

[그림 2] 교회 모델과 성도의 역동성[28]

27) Neil Cole, 교회 3.0(Church 3.0), 안정임 역, (고양: 스텝스톤, 2012), 42.
28) Alan Hirsch, 잊혀진 교회의 길(The Forgotten Way), 오찬규 역, (서울: 아르카, 2020), p. 96, 98.

전통적 모델(95%)이나 현대적 교회 성장 모델(90%), 이후 대안으로서 이머징 교회 모델(80%) 역시 정도의 차이는 있지만 대부분 성직자 중심의 수동적 성도가 만들어지는 사역 구조를 유지해 왔다. 물론, 교회가 의도적으로 세상과 분리된 수동적 성도를 만들려 한 것은 아니었을 것이다. 얼마나 많은 교회가 세상에서 빛과 소금의 역할을 감당하는 성도가 되어야 한다고 강조해 왔고 또 많은 훈련 프로그램을 동원해왔는지 모른다. 그럼에도 불구하고 성도들은 점점 더 교회 건물 내, 성직자 중심의 사역에 익숙해져 왔다. 이것은 오랜 관행과 구조의 문제가 함께 결합된 결과다.

그렇기 때문에 미래를 준비하는 교회는 반드시 체질 변화를 이뤄야 한다. 무엇보다 선교적 사명을 이루기 위해서는 모이는 교회에서 흩어지는 교회로 사역의 중심축이 움직여야 한다. 이를 위해서 더 단순하고 유기적이며 선교적인 구조가 되어야 한다.

[표 1] 모이는 교회에서 보냄 받은 교회로[29]

모이는 교회	보냄 받은 교회
안전	민첩
강한 제자도	강한 복음 전파
종합적 사역	특수화된 사역
가시적	영향력
중앙집권적	분산화

생존을 위해서도 크고 둔감한 교회는 살아남을 수 없다. 작고 민첩한 교회가

---

29) Fresh Expressions, "Reset: Start Your Church Again After the Quarantine", Fresh Expressions Webinar, 2020. 4. 22.

되어야 한다. 이를 위해 교회는 자신을 구성하고 움직이는 단위를 조정해야 한다. 미국에서는 코로나19로 인해 교회 문이 닫혔을 때 충격을 받지 않고 오히려 더 활발하게 움직인 그룹이 있었다. 그들은 소위 말해 소그룹 단위를 기반으로 세워진 선교적 교회들이었다. 대표적으로 언더그라운드 처치 네트워크(Underground Church Network)나 마이크로 처치(Microchurches), 가정 교회(House Churches), 혹은 선교적 공동체(Missional communities)들로 구성된 교회들이었다. 그들은 원래부터 세상을 위해 존재하며 선교를 목표로 하는 작은 공동체를 지향했기 때문에 코로나19가 발생하자 오히려 민첩하게 움직이며 세상을 섬기며 복음을 전하기 위해 자신의 역량을 총동원했다. 웹을 기반으로 세미나를 열어 정보와 자료를 공유하고, 서로를 자극하고, 창의적 사역을 위해 끊임없이 움직였다. 물론 이런 운동에는 중·대형 교회도 포함되어 있었다. 그러나 그들도 역시 보냄(sending)과 분산화(decentralization)를 통한 선교적 소그룹 중심의 체질을 형성하고 있었기 때문에 이 기간을 능동적으로 반응할 수 있었다. 마치 분권화된 조직 구조를 가지고 창의적 대응을 할 수 있는 조직만이 위기 상황에서 자생력과 새로운 개체로 성장할 수 있다는 브라프먼(Ori Brafman)과 벡스트롬(Rod A. Beckstrom)의 주장과 같이[30] 미래 교회는 사명 중심의 공동체가 되기 위해 작고 민첩하고 유기적이며 선교적인 구조로 체질을 변화시켜야 한다.

그렇다면 과연 민첩하고 유기적이며 선교적인 구조란 어떤 모습일까?

---

30) Ori Brafman and Rod A. Beckstrom, The Starfish and the Spider: The Unstoppable Power of Leaderless Organizations (New York, NY: Protfolio/Penguin Group, 2006).

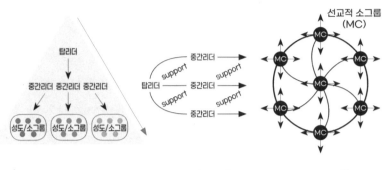

[그림 3] Top-Down의 전통적 구조   [그림 4] 소그룹 중심의 유기적 구조[31]

　전통적 구조는 위로부터 아래로 이어지는 Top-Down 형식이다. 그 속에서 소그룹은 교회를 유지하기 위한 방편으로 존재했다(그림 3). 반면, 새로운 구조는 소그룹 자체를 자생적으로 형성 및 재생산하고, 교회는 그러한 그룹들이 세상을 섬기고 복음을 전할 수 있도록 인력과 재정, 프로그램을 서포트(support)한다(그림 4). 당연히 교회 구조는 단순해지고(simple), 사역은 유기적이며(organic), 내용은 선교적(missional)인 특징을 갖는다.

　이를 좀 더 확대해 본다면, 선교사로서의 개인을 세우고, 그 개인이 있는 가정이 교회가 되며, 가정과 가정이 만나 선교적 소그룹을 형성하고, 선교적 소그룹이 모여 허들(Huddle: 50~100명 사이의 중형 사이즈)을 형성하고, 허들이 모여 캠퍼스 교회가 되고, 캠퍼스 교회가 모여 하나의 교회를 이루는 모습을 상상해 볼 수 있다. 이러한 교회는 리더십이 분산될 뿐 아니라 많은 평신도 리더를 필요로 한다. 사역의 틀과 내용이 변하지 않고서는 이런 교회를 만드는 것은 불가능하다. 사역의 변혁이 이루어지는 것이다.

---

31) 이상훈, "생명을 살리는 역동적 공동체로 거듭나라", 월간교회성장, 2020.7. p. 66, 68.

유기적이고 자생적이며 선교적인 리더와 소그룹이 존재하는 교회가 살아있는 교회다. 공장에서 똑같은 제품을 대량생산하던 근대주의적 사역은 이제 끝났다. 지금은 개별적이고 독특하며 특색 있는 맞춤형 사역이 요구되는 시대다. 틀에 박힌 것은 환영받지 못한다. 틀 밖에서 자유를 누리되 자신의 가치와 재능이 존중되고 펼쳐질 수 있기를 원한다. 복음은 개인을 속박하지 않는다. 세상 속에서 자신의 존재를 통해 하나님 나라를 증거하는 역동적 성도를 만들고, 이들이 모여 자발적이고 자생적인 소그룹 기반의 사역을 할 수 있는 문화를 조성해야 한다.

≫ Reimagine: 세상과 함께하라

데이브 기븐스(David Gibbons)는 "교회는 빌딩에 대한 것이 아니다. 그 안에서 무엇이 발생하고 있느냐에 대한 것이다"라고 말했다.[32] 교회는 고체가 아니라 주변 환경과 변화에 민감하며 스며들 수 있는 유연성을 가진 액체(Liquid Church)가 되어야 한다.[33]

세상과 호흡하며 함께하는 교회가 되기 위해 기억해야 할 가장 기본적인 선교학적 원리가 있다. 그것은 바로 세상으로부터 듣고 배우는 일이다. 그리스도의 성육신을 보라. 하나님 역시도 복음을 전하기 위해 자신의 방법을 포기하셨다. 하나님의 아들인 예수께서는 이곳에 오셔서 인간의 말과 문화를 배우시고, 우리의 방식으로 사랑을 표현하셨다. 교회는 들어야 한다. 듣지 않고 배우지

---

32) Dave Gibbons, Small Cloud Rising, (Irvine, CA: Xealots), 30–31.
33) Pete Ward, Liquid Church, Hendrickson, 2002.

않는 교회는 과거 교회가 세상의 중심이었던 크리스텐덤(Christendom)의 환각에 여전히 사로잡혀 있는 것과 다르지 않다. 세상을 위해 존재하려면 세상으로부터 듣고 배워야 한다.

둘째는 세상의 아픔에 참여하는 일이다. 복음은 약한 자들을 향한 공감과 참여를 통해 그 의미가 드러난다. 예수께서는 "건강한 자에게는 의사가 쓸 데 없고 병든 자에게라야 쓸 데 있느니라 나는 의인을 부르러 온 것이 아니요 죄인을 부르러 왔노라"(막 2:17)고 말씀하셨다. 실제로 그는 죄인의 친구(마 11:19)가 되셨다. 코로나 사태로 인해 세상은 각박해지고 아파하고 있다. 그런데 문제는 이 고통이 서막에 불과하다는 점이다. 더 큰 혼란과 아픔이 전 세계적으로 발생할 수도 있다. 경제의 문제, 소외의 문제, 정신의 문제, 각종 상처와 스트레스, 상실의 아픔에 노출된 사람이 많다. 누가 그들의 친구가 되어줄 것인가. 누가 그들을 돌봐주고 보듬어 줄 것인가. 그것이 바로 교회의 책임이다. 교회는 예수 그리스도께서 그러하셨던 것처럼, 나를 위해 존재하지 않고 타인을 위해 존재해야 한다. 교회는 타자를 위해 존재할 때만 진정한 교회가 된다는 본회퍼(Dietrich Bonhoeffer)의 말처럼 낮고 연약한 자들을 위한 교회가 되어야 한다.

세 번째는 세상의 필요를 채우는 교회다. 자기 자신을 내어 주기까지 사랑하셨던 예수의 사랑은 죽음의 위협도 초월한다. 오늘날 우리가 이야기하는 순교적 영성은 의지적으로 죽기 위해 자신을 꺾는 모습이 아닌 그리스도의 사랑에 압도된 성도들이 그 사랑을 전하는 삶에서 발현되는 현상이다. 교회가 자신이 아닌 타인을 위해 존재할 때, 그것은 그들과 함께할 뿐 아니라 그들의 필요를 파악하고 채워 주는 것을 동반한다.

필자는 최근 아웃리치 매거진(Outreach Magazine)을 보고 큰 감동을 받았다. 거기에 여러 교회가 코로나 팬데믹 기간 동안 실천했던 일들이 나열되어 있었는데, 매우 실제적이고 피부에 와 닿는 일들이 기록되어 있었다. 예를 들면 이런 것들이다.

- 일주일에 세 번씩 이웃을 위해 음식을 나누어 주었다.
- 노숙자를 위한 세탁과 샤워를 할 수 있는 트레일러를 설치했다.
- 지역 상권을 위해 선물 카드를 사서 나누었다.
- 지역 병원의 의료 봉사자들을 위해 보호 장비를 제공했다.
- 지역의 호텔을 개조해 쉘터를 제공했다.
- 가난한 이웃을 위해 식당에서 식사를 구매해 배달했다.
- 마스크를 만들어 초등 대응 요원들에게 전달했다.
- 의사와 간호사들을 찾아가 기도해 주고 환호해 주며 응원했다.
- 이웃을 위해 코로나19 응급 대응 키트와 식량 패키지를 만들어 전달했다.
- 성도들이 코로나19로 수술해야 하는 환자를 위해 헌혈에 참여했다.
- 지역의 작은 교회들을 위해 온라인 비디오와 라이브 스트리밍 강의를 열었다.
- 지역 공동체를 돕기 위한 온라인 소통 프로그램 훈련을 했다.
- 교회 건물과 운동장을 졸업식과 공적 활동을 위해 제공했다.
- 홈페이지에 도움이 필요한 사람과 도움을 줄 수 있는 사람들이 소통할 수 있는 공간을 만들고 활용했다.
- 코로나19에 걸린 고립된 이웃에게 필요한 음식과 용품을 제공하는 서비스를 시작했다.
- 재난에 대응할 수 있는 팀을 만들고 빠르게 대응했다.

물론, 이 모든 사역이 한 교회에 의해 이뤄진 것은 아니다. 각자 상황에 맞게 주어진 자원을 활용한 섬김이었다. 큰 교회는 큰 교회대로 작은 교회들은 작은 교회대로 자신의 역할을 감당했다. 그런데 이 사역이 모이자 너무나 아름다운 하나님 나라의 모형이 만들어졌다. 마치 모자이크처럼 다양한 조각이 모여 위대한 예술 작품이 된 것이다.

그것이 참된 교회의 모습이다. 그리스도의 심장을 가진 교회는 사회적으로 약자일 때에도, 박해와 고난의 순간에도, 전염병이 돌고 생존의 위기가 닥칠 때도 언제나 복음을 위해 세상을 섬기고 사랑하는 일을 멈추지 않는다. 이 시대의 교회는 의도적이며 성육신적 방식을 통해 이웃 속으로 들어가야 한다. 그 속에서 복음을 보여 주고 살아낼 수 있어야 한다. 세상에서 경험할 수 없는 진정한 공동체, 대항 문화적이며 동시에 대안 사회의 역할을 하는 공동체가 될 때 교회는 비로소 세상의 희망이 된다.

이처럼 교회가 규모나 프로그램, 이벤트가 아니라면 작은 교회에도 희망이 있지 않을까? 작기 때문에 가능한 친밀성과 관계성을 극대화하고, 개인적 코칭과 멘토링을 통해 그리스도의 제자를 만들며, 우리 공동체만이 할 수 있는 독특한 사역과 사명에 집중할 수 있다면 그때 교회는 작지만 강한 교회가 될 수 있다. 모든 교회가 사명을 가지고 있다는 것을 믿는가? 작기 때문에 사명이 없는 교회는 없다. 성도 한 사람 한 사람이 그리스도의 제자요 선교사로 세워진다면, 세상을 향한 사역은 거기서부터 시작된다. 왜냐하면, 우리의 사명은 교회 건물보다 크기 때문이다.[34]

의도적이며 성육신적인 사역을 감당하기 위해 다음과 같은 원리들을 기억하자. 첫째, 더 이상 큰 교회를 모방하려 하지 말라. 둘째, 의도적으로 우리와 함께 하는 이웃들로부터 들어야 한다. 셋째, 모든 것을 해야 한다는 중압감에서

---

34) Karl Vaters, 작고 강한 교회(Small Church Essentials), 조계광 역, (서울: 생명의말씀사, 2018), 282. 작은 교회를 위한 양육과 멘토링은 본 책 14장을 참조하라.

벗어나라. 넷째, 우리는 우리가 할 수 있는 어떤 것을 하되 이웃의 필요와 내부적 자원이 만나는 것을 실시한다. 다섯째, 자선적 교회가 되어야 한다. 이를 위해 교회는 세상의 변화와 필요에 항상 열려 있어야 한다. 무엇이 문제인지, 이웃이 필요로 하는 것이 무엇인지, 그리고 우리가 무엇을 할 수 있는지를 통해 하나님의 이끄심을 찾고 순종할 때 교회는 세상과 함께하는 성육신적 사역을 감당할 수 있다.

>>> Recreate: Untact에서 Ontact으로, 다시 Contact으로 중심축을 바꾸라

코로나19가 가져다준 가장 강력한 충격과 교훈은 비대면, 비접촉 사회의 도래로 발생한 라이프스타일이다. 인간이 서로 대면하지 않고 살아간다는 것은 상상 밖의 일이었다. 그런데 지금은 그것이 현실이 되었고, 사람들은 그러한 상황에 또 적응해 가고 있다. 기업들은 이미 언택트 비즈니스 전략을 세워 비대면 시대를 대비하고 있다. 결국 세상의 이러한 흐름은 언택트 시대를 안착시키고 홀로 살아가는 다양한 방식을 만들어 낼 것이다.

언택트와 함께 떠오르는 말이 온택트(ontact) 문화이다. 사회적 거리 두기로 혼자 시간을 보내야 하는 사람들을 위해 외부와 연결해 주는 온라인 문화 형성이 중요하다는 것이다. 교회 역시 언택트에서 온택트로의 흐름에 빠르게 동참하고 있다. 유튜브나 소셜 네트워크를 통해 예배 실황을 중계하고 다양한 온라인 콘텐츠를 만들어 성도들을 양육하고 훈련하는 일에 열심이다. 이러한 흐름은 작은 교회들에도 좋은 기회가 되고 있다. 사회는 이미 자본과 노동, 기술 집약적인 TV 중심에서 1인 미디어 시대로 변해 가고 있다. 과거 미디어는 대형 교회가 아니고서는 생각조차 할 수 없는 영역이었지만 지금은 교회의 크기를 떠나 차별화된 콘텐츠를 통해 누구나 활용할 수 있는 도구가 되었다. 온라인과 미디어 사역은 코로나19 이후 더욱 발전할 선교 영역이다.

실제로 코로나19는 온라인 사역의 가능성과 한계를 동시에 보여 주며 교회의 미래를 도전하고 있다. 한 예로 밀레니얼 세대 이후의 종교 동향을 살펴보자. 현재 북미와 유럽의 경우 가장 빠르게 성장하고 있는 종교 그룹은 'None'이라고 불리는 사람들이다. 아이러니하게도 이들은 종교에 무관심한 사람들이다. 숫자로 본다면 여기에 속한 사람들이 북미와 유럽 대부분의 지역에서 두 번째로 큰 종교 그룹을 이룬다. 지난 10년 동안 미국에서는 'None'에 속한 사람들이 천주교, 주류 개신교, 비기독교 신앙인들의 수를 추월했다. 한마디로 종교에 무관심한 사람들이 급속도로 늘어나고 있는 중이다. 젊고 어릴수록 종교에 관심이 없다. 이들을 종교로부터 앗아간 곳은 어딜까? 바로 가상공간이라는 온라인 세계다. 인터넷에서 이뤄지는 모든 활동과 커뮤니티는 24시간 동안 생각과 삶을 지배한다. 따라서 이들에 대한 선교적 대응 없이 교회의 미래를 논하는 것은 불가능하다.

그러나 코로나19 초기 교회는 놀라운 현상을 목격했다. 코로나19로 인한 공포가 확산하자 온라인상에서 희망, 기도, 신앙과 같은 주제에 대한 관심이 폭발적으로 늘어났던 것이다. '빌리 그래함 전도 협회(BGEA)'의 경우, 코로나 사태가 발생한 후 한 달 만에 웹사이트를 방문한 사람이 173,000명에 이르렀고, 그중 10,000명 이상이 예수를 믿는 사건이 발생했다. '글로벌 미디어 아웃리치(GMO)'나 'Cru', 'InterVarsity'의 온라인 사역 역시 유사한 일이 발생했다. 에드 스테처(Ed Stetzer)는 "역사적으로, 우리는 발과 대면 방식을 통해 행하는 복음전도를 늘 생각해 왔다…. 그러나 21세기 사람들은 전자와 아바타가 포함될 수 있는 것도 괜찮다고 느낀다"라고 이 현상을 평가했다.[35]

온라인 사역에 많은 노력을 기울여 왔던 하비스트 크리스천 펠로우십교회(Harvest Christian Fellowship, CA)의 담임목사인 그렉 로리(Greg Laurie)는 온라인을 통한 디지털 예배가 새로운 부흥의 채널이 될 수 있다고 주장한다. 코로나19로 예배 참석이 금지된 첫 주일, 무려 25만 명이 CA의 온라인 예배에 참석했다. 한 달이 지난 4월 말에는 백만 명 이상이 지역과 국경을 넘어 예배에 참석했다. 더 놀라운 사실은 18세에서 35세 사이에 속한 밀레니얼 세대의 참여도가 한 달 사이에 235%나 증가하였다는 사실이다. 생각해 보라. 이 세대에 속한 사람들은 하루에 2,617번 전화기를 만지고, 그 중 84%의 사람들은 핸드폰 없이 하루도 지낼 수 없는 새로운 부족(New tribe)이다.[36] 그런 그들이 두려움과 공포 속에서 공허감을 느낄 때 영적 안내자를 찾는다는 사실이 입증되었다. 따라서 우리는 이곳을 선교지로 여기고 복음을 전하기 위한 최선의 노력이 필요하다. 단 '디지털 네이티브'들이 24시간 연결되어 있고 머무는 장소에서 선교를 실천하기 위해서는 디지털 이민자들인 기성세대의 기준으로 사역을 해서는 안 된다. 이 사역은 완전히 틀 밖에서(Out of box) 상상하고 체험하고 시도되어야 한다. 남들이 가지 않은 새로운 길을 개척해야 한다. 자신만의 재능과 관심, 부르심을 놀이와 재미, 의미 등과 결합시켜 창조적 공간을 창출해야 한다.

온라인 사역은 사역의 상상력을 새로운 지경으로 인도한다. 다음의 그림을 보자.

---

35) David Roach, "Coronavirus Searches Lead Millions to Hear about Jesus", Christianity Today, 2020. 4. 7. 〈https://www.christianitytoday.com/news/2020/april/coronavirus-searches-online-converts-pray-cru-bgea-wmo.html〉
36) Greg Laurie," Digital Worship May Create America's Next Spiritual Awakening", Harvest.org, 2020. 4. 14. 〈https://harvest.org/resources/gregs-blog/post/digital-worship-may-create-americas-next-spiritual-awakening/〉

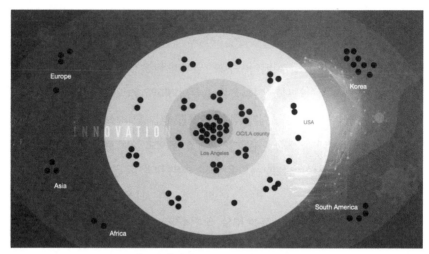

[그림 5] 세계를 교구 삼는 온라인 사역

이 그림은 디지털 트렌스포메션을 혁신적으로 이룬 교회의 미래를 생각하며 그려본 모습이다. 마치 교회 밖에서 설교하는 것이 금지되어 있던 시절, "전 세계가 나의 교구"라고 외치며 복음을 전했던 존 웨슬리(John Wesley)의 고백처럼 이제는 온라인을 통해 지역과 언어와 문화를 넘어 복음을 전하고 신앙 공동체를 형성할 수 있는 통로가 마련되었다. 온라인을 통해 복음을 듣고, 훈련을 받고, 소그룹을 형성하고 끊임없이 연결되는 시스템을 생각해 보라. 교회가 위치해 있는 한정된 지역을 넘어 타지역과 나라, 대륙으로 퍼져갈 수 있다. 실제로 최근에는 그런 모습으로 확장되고 있는 교회와 단체들이 부상하고 있다.

물론 이것은 대형 교회의 전유물이 아니다. 얼마 전 100여 명 정도의 성인 성도가 모이는 교회에 갔을 때다. 그 교회는 담임목사의 사무실이 1인 방송국처럼 바뀌어 있었는데, 매주 예배, 성경 공부, 영성 훈련, 교육, 성도들과 비신자들이 궁금해하는 주제들을 수준 높게 만들어 유튜브에 올렸다. 최소의 인원으로 양질의 콘텐츠를 만들어 꾸준히 소통하자 반응이 나타났다. 교회의 기존 성도들뿐 아니라 멀리 있는 사람들까지 참여하기 시작했다. 그 결과 지금은 타 지역에 있는 성도까지 포함한 온라인 교구가 만들어져 사역의 지경이 훨씬 넓어졌다. 어쩌면 평생 제한된 성도들만을 대상으로 사역해야 할 수도 있는 상황에서 확장성과 영향력이 전 세계로 퍼지는 일이 발생했다. 바로 디지털과 온라인이 있기 때문에 가능한 일이다.

온라인 사역과 관련해 기억해야 할 또 한 가지 사역 원리가 있다. 그것은 '언택트'에서 '온택트'로, '온택트'에서 다시 '콘택트'로 옮겨 가는 사역의 흐름을 만드는 일이다. 온라인은 누구나 쉽게 접근할 수 있으며 또 언제든지 떠날 수 있는 특성이 있다. 온라인 교회를 생각하기는 쉽지만, 오프라인에서처럼 헌신도가 높은 성도를 만나는 것은 어렵다. 그렇기 때문에 어떻게 이들을 복음에 접촉시키고, 다시 신앙 공동체로 포함되게 할 것인가는 계속 고민하고 풀어야 할 과제다. 가장 이상적인 것은 온라인에서 오프라인 커뮤니티로 이어지는 것이다. 새들백교회(Saddleback Church)의 경우 수천 개의 온라인 커뮤니티가 있어 전 세계 어디서나 접속할 수 있고 연결될 수 있지만, 그들의 목적도 온라인 커뮤니티에서 오프라인 커뮤니티로 이어지는 것이다. 당연히 사역의 특성과 내용에 따라 이 원칙이 반드시 적용될 필요는 없다. 온라인 특성에 따라 유연하고 자율적이며 인 앤 아웃(In and out)이 자유로운 공동체 형성도 그 자체로 충분히 의미가 있다.

온라인과 디지털은 그 자체가 선교적 도구이면서 동시에 하나님 나라를 위한 교회 연합의 틀 또한 될 수 있다. 미국의 Right Now Media나 크레이그 그로쉘(Craig Groesche)이 이끄는 미국 최대 온라인 교회인 라이프교회의 경우에는 타 교회를 위한 디지털 플랫폼을 제공한다. 다양한 콘텐츠가 생성되고 공유될 수 있는 발판이 제공되자 교회들이 서로 연합하고 상생할 수 있는 하나님 나라의 생태계가 마련되었다. 이곳에서 교회들은 서로의 필요와 가진 자원을 나눈다. 그렇게 만들어진 콘텐츠는 선교지의 약한 교회를 돕고 아시아와 아프리카, 중동과 남미 아마존에 이르기까지 순식간에 도달한다. 이런 선교적 도구를 최대한 활용하는 것이야말로 교회의 의무가 아닐 수 없다.

≫ 선교적 크리에이터(Missional creator)의 꿈을 꾸라

코로나19가 교회에 던진 과제는 너무나 무겁다. 솔직히 언제 끝날지도 모르는 이 상황을 대면하고 풀어가는 일 자체도 버겁다. 그러나 지도자는 미래를 보아야 한다. 당장의 문제를 넘어 내일을 보고 미래를 살아야 한다. 그것이 지도자의 역할이다. 더 치열하게 공부하고, 예측하고, 시나리오를 만들며, 꿈을 꾸어야 한다. 시대에 짓눌린 지도자를 따를 사람은 아무도 없다. 탁월한 영성가이면서, 미래의 예언자이고, 나아가 새로운 문화를 창출하고 사역을 촉진시킬수 있는 리더가 되어야 한다. 그러므로 시대를 비관하지 말라. 이 시대에도 하나님은 일하고 계신다. 우리의 사명은 우리보다 앞서 행하시는 하나님을 믿고, 어떻게 그 사역에 동참할 것인가 분별력을 가지고, 새로운 영역에 자신을 던지는 용기와 결단을 갖는 것이다. 놀랍도록 창의적인 하나님께서는 오늘도 우리의 생각과 범주를 벗어난 방식으로 세상을 흔드신다. 그렇게 세상의 관성과 질서를 재편하고 계신다. 우리가 가장 절망스럽게 느끼는 그곳에서 하나님의 희망은 솟아나고 있다. 그것을 믿음으로 보고 참여하는 교회가 되어야 한다. 그것이 선교적 크리에이터(Missional creator)의 운명이고 가야 할 길이다.

Key point

1. 미래 시나리오

지금 우리는 뉴노멀 시대를 맞이하며 오프라인 성도들의 극적 이탈과 온라인 예배가 가지는 한계 등으로 인해 염려한다. 이처럼 다급한 상황에도 가장 중요하고 시급한 문제는 바로 교회가 교회 되는 것이다.

2. 뉴노멀 시대 위기의 교회론

역사적으로 재앙에 대해 흡족할 만한 답을 주지 못했거나 재앙 앞에서 무익하다는 인상을 줄 때 종교는 치명적인 위험에 처했다. 오늘의 위기가 더욱 뼈아프게 다가오는 이유이다.

3. Reset: 교회를 리셋하라

하나님의 흔드심은 교회가 스스로를 자각하게 이끄셨다. 모든 것을 새롭게 리셋(reset)할 때다. 우리가 끝까지 붙잡아야 할 것은 단순하다. 예수 그리스도와 복음, 공동체와 예배, 말씀과 기도, 전도와 선교 같은 가장 본질적인 것이다.

4. Reactivate: 체질을 변화시키라

분권화된 조직 구조를 가지고 창의적 대응을 할 수 있는 조직만이 위기 상황에서 자생력과 새로운 개체로 성장할 수 있다. 미래 교회는 사명 중심의 공동체가 되기 위해 작고 민첩하고 유기적이며 선교적인 구조로 체질을 변화시켜야 한다.

5. Reimagine: 세상과 함께하라

세상과 호흡하며 함께하는 교회가 되기 위해 기억해야 할 가장 기본적인 선교학적 원리는 세상으로부터 듣고 배우는 일이다. 또한 세상의 아픔에 참여하는 일이며, 세상의 필요를 채우는 교회가 되는 것이다.

6. Recreate: Untact에서 Ontact으로, 다시 Contact으로 중심축을 바꾸라

가장 이상적인 사역은 온라인에서 오프라인 커뮤니티로 이어지는 것이다. 온라인 특성에 따라 유연하고 자율적이며 인 앤 아웃(In and out)이 자유로운 공동체 형성은 그 자체로 충분히 의미가 있다.

7. 선교적 크리에이터(Missional Creator)의 꿈을 꾸라

시대에 짓눌린 지도자를 따를 사람은 아무도 없다. 탁월한 영성가이면서, 미래의 예언자이고, 나아가 새로운 문화를 창출하고 사역을 촉진시킬 수 있는 리더가 되어야 한다.

13

Think point

지금까지 우리는 코로나19로 촉발된 팬데믹 상황 속에서 교회가 어떻게 대처해 왔고 또 어떤 모험을 실시해 왔는지, 또 교회가 붙잡아야 할 운동의 기반과 방향은 무엇인지 살펴봤다. 미래는 아무도 알 수 없다. 그렇기 때문에 미래는 우리에게 두려움의 대상이고 또한 경외의 대상이다. 그러나 분명한 점은 하나님은 역사의 주인이시고 교회는 그 하나님의 역사에 참여하는 존재로서 부름을 받았다는 사실이다. 그렇기에 교회는 과거에 머물 수 없다. 그런 관점에서 진정한 교회론은 항상 미래 지향적이다.

교회를 리셋하고 체질을 변화시키고 세상과 함께하고 중심축을 바꾸는 문제는 교회가 살아남기 위해 행하는 의식이 아니다. 교회는 시대적 사명을 감당하기 위해 "re-form"을 추구해 왔다. 역사적 교회는 언제나 둘 사이의 긴장 가운데 존재해 왔다. 과거에 머물려는 관성과 미래를 향해 나아가려는 운동 사이에 존재하지만 결국은 미래를 선택했다.

오늘 우리에게 필요한 것은 성령의 이끄심에 민감하게 반응하며 사명을 감당할 수 있는 유연성이다. 누군가의 말처럼 교회는 '명사'가 아니라 '동사'이어야 하고, 끊임없는 변화와 움직임을 통해 변하지 않는 복음을 변화하는 시대에 전하는 사역을 능동적으로 감당해야 한다. 다시한번 이 시대의 교회를 보라. 팬데믹에도 흔들리지 않고 더욱 역동적으로 움직이는 교회들, 다음 세대를 품고 연결되며 소망이 되는 교회들은 한결같이 기존 범주에 머물렀던 교회들이 아니다. 그들에게는 하나님 나라를 향한 꿈과 비전이 있고, 그것에 기초한 파괴적인 자기 혁신과 변혁, 열방을 품는 열정이 있다. 그것이 한계를 넘게 만든다. 우리를 하나님의 비전으로 이끈다. 살아 있다면 자기 한계와 담장을 넘어 새롭게 하시는 하나님의 능력을 붙잡고 나아가길 바란다. 우리보다 크신 하나님을 신뢰하고 새로운 꿈을 꾸면서 그 길을 가는 교회가 되길 바란다.

Discussion

1. 뉴노멀 시대를 통과하며 갖게 된 교회론적 고민은 무엇인가? 우리가 지닌 교회론은 과거 지향적인가 아니면 미래 지향적인가? 이 시대에 필요한 교회론적 성찰을 심도 있게 나눠보자.

2. 미래 지향적 교회가 되길 위해 체질 변화가 필요하다. 성도가 주체가 되어 움직이는 교회를 만들기 위해 우리에게 익숙한 탑-다운형 리더십이 아닌 수평적 리더십을 형성할 수 있는 방안을 제시해 보자.

3. 새로운 교회론은 언제나 세상과 함께 하는 교회를 상상할 때 이루어진다. 우리가 가지고 있는 자원은 무엇이며 세상에서 어떻게 활용할 수 있을 것인가? 온라인과 오프라인 모두를 생각해 보자.

| 에필로그: 나가는 말 |

『뉴노멀 시대, 교회의 위대한 모험』은 코로나19 상황 속에서 각 교회가 행했던 반응과 성찰에 대한 일종의 보고서이다. 선교적 교회를 꿈꾸는 목회자이자 운동가로서 함께한 저자들은 역사상 그 누구도 경험해 보지 못한 상황 속에서도 교회다움의 길을 찾으려 많은 노력을 기울였다. 물론, 새로운 길을 걷는 개척자들에게는 항상 도사리는 불확실성으로 인해 느껴지는 불안감과 두려움이 있다. 그래서 그 길은 외롭고 힘들다.

교회 공동체에도 그랬다. 코로나19는 우리에게서 많은 것을 빼앗아 갔다. 그리고 변화하지 않으면 생존할 수 없다는 교훈도 남겨주었다. 그렇게 21세기 교회는 다시 새로운 여정을 시작해야 했다. 시대에 적응해야 할 뿐 아니라 더 능동적이고 창의적인 대응을 통해 새로운 길을 만들어 가야 한다. 지난 1년은 그러한 시도를 했던 시간이었다. 돌이켜보면 생각보다 잘 견디고 이겨낸 부분이 많다. 나심 탈레브(Nassim Nicholas Taleb)의 표현처럼 코로나 상황에서 많은 교회가 '안티프래질(antifragile)'의 특성을 보여 주었다. 적응을 넘어 위협과 고난 속에서 더 강해지는 생명력을 지닌 교회, 바로 성령이 주인 되실 때 나타나는 모습이다. 우리의 여정 역시 그랬다. 『뉴노멀 시대, 교회의 위대한 모험』의 집필에 참여한 교회들과 기관들뿐 아니라 함께 고민하며 참된 교회의 길을 찾아갔던 많은 교회가 그 증인이다.

책의 초안이 정리되고 몇몇 저자들과 모임을 가질 때였다. 그중 한 분이 이런 고백을 했다.

"지난 1년, 코로나19와 함께 정말 열심히 달려왔습니다. 참 많은 고민과 노력을 기울였고 또 그만큼 많은 일을 했습니다. 그런데 여전히 만족할 수가 없습니다. 코로나19의 상황 속에서 정말 후회 없는 사역을 했는지, 이것이 최선인지 생각해 봅니다. 아무리 생각해 봐도 아직도 해야 할 일이 너무 많습니다. 우리의 사명은 이제 시작입니다."

코로나19의 종식 후 과거를 되돌아보면서 우리는 과연 어떤 이야기를 하게 될까? 정말 후회 없이 살았다고, 하나님의 마음을 읽고 최선을 다했다고 말할 수 있는 교회가 될 수 있을까? 이 말이 우리 모두를 뜨겁게 만들었다.

아마도 '열심'이란 단어는 코로나19를 헤쳐나가기 위해 몸부림쳤던 모든 이들의 고백일 것이다. 그만큼 상황이 급박했다. 그러나 이제는 '열심'의 수준을 넘어서야 한다. 좀 더 본질적인 관점에서 현재를 조명해 보아야 한다. 생존이 아니라 '사명'의 관점에서 자신을 보고 세상을 보아야 한다. 새로운 시대에 새로운 도전이 필요하다. 더 창의적이고 모험적인 사고와 시도를 통해 새로운 길을 만들어야 한다. 그것이 코로나19 이후를 살아갈 수 있는 유일한 방법이다.

나는 이 책이 그런 면에서 도움이 되었으면 좋겠다. 코로나19의 터널을 거쳐 온 여러 교회들의 이야기를 통해 함께 그 길을 걸어온 동료들이 있었음을 확인하고 다시 용기를 내 남겨진 과업을 이룰 수 있는 촉매제가 되기를 바란다. 한 장, 한 장 내용을 읽어가며 자신을 바라보고 새로운 사역을 위한 상상력이 되

살아나기를 바란다.

현실을 보면 이 기간을 통해 주어진 것이 많았음을 또한 발견하게 된다. 보이지 않는 길 속에 비친 자신과 교회, 그리고 그 길에 함께 걷는 '우리'라는 공동체가 있음으로 미래는 여전히 소망이 있다. 무엇보다 이 시간을 통해 교회를 깨우고 흔들어 사명의 길을 가게 하시는 하나님을 바라보게 된 것이 얼마나 다행인지 모른다. 성도 수와 재정, 건물의 크기가 성공인 줄 알았던 거짓 신화는 무너지고 목숨을 걸고 지켜야 할 사명과 본질이 무엇인지 자각하게 됐다.

'미래 교회'를 원한다면 더 단순하고 더 강하고 더 유기적인 교회가 되기를 소원하라. 예수께서 보이신 모습처럼, 사람을 회복시키고 세워가는 사역을 통해 생명을 낳는 공동체가 되기를 꿈꾸라. 우리의 미래는 바로 그러한 운동을 지지하고 돕는 유기체요 조직체인 교회가 될 때 희망이 있다. 세상에 존재하지 않는 공동체, 세상과 함께하되 세상과 대비되는 존재로서 세상을 변혁시키는 참된 공동체가 되기를 바란다. 코로나19의 거친 풍랑을 헤쳐나가고 있는 이 땅의 모든 교회가 참된 '그리스도의 교회'가 되는 그날을 바라보며 다시 위대한 모험을 위해 전진하는 교회가 되기를 간절히 소원해 본다.

뉴노멀 시대,
교회의
위대한
모 험

초판 1쇄 발행   2021년 6월 1일
  3쇄 발행   2021년 11월 1일

지은이   강준민 권혁빈 김병삼 김우준 김지훈 송병주 이상훈
             이정엽 황덕영 Kevin Lee   Neil Cole   JR Woodward

발행인   이영훈
편집인   김영석
편집장   김미현
기획·편집   김나예
제작·마케팅   박기범
디자인   유혜연

펴낸곳   교회성장연구소
등 록   제 12-177호
주 소   서울시 영등포구 여의공원로 101 CCMM빌딩 703B호
전 화   02-2036-7922
팩 스   02-2036-7910
홈페이지   **www.pastor21.net**
쇼핑몰   **www.icgbooks.net**

ISBN | 978-89-8304-309-2

"무슨 일을 하든지 마음을 다하여 주께 하듯 하라" (골 3:23)

교회성장연구소는 한국 모든 교회가 건강한 교회성장을 이루어 하나님 나라에 영광을 돌
리는 일꾼으로 성장하는 것을 목표로, 목회자의 사역은 물론 성도들의 영적 성장을 도울 수
있는 필독서를 출간하고 있다. 주를 섬기는 사명감을 바탕으로 모든 사역의 시작과 끝을 기
도로 임하며 사람 중심이 아닌 하나님 중심으로 경영한다. "무슨 일을 하든지 마음을 다하
여 주께 하듯 하라"는 말씀을 늘 마음에 새겨 하나님께서 주신 사명을 기쁨으로 감당한다.